NECESIDAD
DE
LIBERTAD

EDICIONES UNIVERSAL, Miami, Florida, 2001

REINALDO ARENAS

NECESIDAD
DE
LIBERTAD

·-EDICIONES UNIVERSAL

Primera edición de *Necesidad de Libertad*,
Kosmos - Editorial, S.A., México, 1986

Primera edición de Ediciones Universal, 2001

Composición de María C. Salvat Olson
Edición revisada por José Abreu Felippe

Dibujo en la portada por Jorge Camacho
Diseño de la portada por Luis García-Fresquet

Foto del autor en la cubierta posterior por Néstor Almendros

EDICIONES UNIVERSAL
P.O. Box 450353 (Shenandoah Station)
Miami, FL 33245-0353. USA
Tel: (305) 642-3234   Fax: (305) 642-7978
e-mail: ediciones@ediciones.com
http://www.ediciones.com

Library of Congress Catalog Card No.: 2001092804
I.S.B.N.: 0-89729-955-8

A los diez mil ochocientos cubanos
que a riesgo de sus vidas se asilaron
en la embajada del Perú en La Habana
en 1980, haciendo posible el éxodo
del Mariel y, por lo mismo, la existencia de este libro y la mía.

ÍNDICE

REYNALDO ARENAS

EL MUNDO ALUCINANTE

NOVELA

Escribe el autor: "Esta es la vida de Fray Servando Teresa de Mier. Tal como fue, tal como pudo haber sido, tal como a mí me hubiera gustado que hubiera sido. Más que una novela histórica o biográfica, pretende ser, simplemente, una novela". Una novela de aventuras en la que la poesía vence a la lógica y el coraje de un hombre por alcanzar la libertad se impone a toda clase de infortunios. Alegre, desenfadada, picaresca, imaginativa, recrea no sólo la vida de un hombre excepcional sino también el mundo contradictorio y sorprendente en que le tocó vivir. * Nacido en Cuba el año 1943, el autor es uno de los escritores jóvenes más originales de su país y de América Latina. Reside en La Habana.

ESCRITORES DE LENGUA ESPAÑOLA

EDITORIAL DIÓGENES, S.A. MÉXICO

I

PRÓLOGOS

UNO

LAS DICTADURAS fomentan la opresión, las dictaduras fomentan el servilismo, las dictaduras fomentan la crueldad: más abominable es el hecho de que fomentan la idiotez. Botones que balbucean imperativos, efigies de líderes, vivas y mueras prefijados, muros exornados de nombres, ceremonias unánimes, la mera disciplina usurpando el lugar de la lucidez... Combatir esas tristes monotonías es uno de los muchos deberes de un escritor.

Jorge Luis Borges
(Revista *Sur*, agosto de 1946)

Porque la maldad no se cura sino con decirla, y hay mucha maldad que decir.

Fray Bartolomé de las Casas
(*Destrucción de Las Indias*)

DOS

Grito, luego existo

EN SEPTIEMBRE de 1958 intenté incorporarme a las guerrillas de Fidel Castro en la provincia de Oriente. Tenía yo entonces catorce años y, como hijo «natural» de una familia de campesinos pobres, nada que perder, excepto la vida. Ya por entonces, cual típico condenado de la tierra, yo sabía lo que es realmente la miseria, lo que es el hambre verdadera, lo que es la injusticia y el crimen: algunos jóvenes habían aparecido ahorcados en los árboles cercanos al suburbio donde vivíamos; esos jóvenes habían sido ahorcados por los esbirros del dictador Fulgencio Batista debido a supuestas conexiones con el llamado *Movimiento 26 de julio*, lidereado por Castro desde la Sierra Maestra, donde yo quería estar.

Pero los rebeldes no me aceptaron, tanto por mi edad como —y sobre todo— por no llevar «un arma larga», un rifle o una ametralladora, que era lo que los guerrilleros necesitaban, y no hombres, que ya tenían suficientes. Tampoco pude volver a la casa, pues ya todo el barrio sabía, gracias a los manifiestos afectos familiares, que yo era «un alzado». Así, deambulé por el monte, pasando a veces semanas en casa de unos tíos, también campesinos que me daban albergue a cambio de que realizase cualquier tipo de trabajo que ellos detestaran.

Con la huida de Batista, provocada más por el pánico y la propaganda que por las batallas (que casi nunca se celebraron) de los guerrilleros, pude otra vez bajar hasta la (no mi) casa que odiaba y hasta aquel pueblo (Holguín) que también aborrecía. Pero ahora las cosas iban a ser diferentes. Había habido una revolución y yo (pensaba) podría escapar del cerco de la miseria y de la familia.

En 1960 yo era becado del Gobierno Revolucionario como estudiante de contabilidad agrícola; en 1961, ya era joven comunista (entonces se llamaban «jóvenes rebeldes»), y en 1962 estaba estudiando la nueva y recién fundada carrera de «Planificación agraria» en la Universidad de La Habana, y vivía nada menos que en el más lujoso hotel de la capital, el Habana Hilton, convertido súbitamente en «Habana Libre». El panorama de mi vida y seguramente el de muchos jóvenes (inteligentes, pero ignorantes) se presentaba al parecer muy prometedor. Imbuido en el acto de vivir, de leer, y de estudiar y analizar además las obras completas de Marx y Lenin (eran parte oficial del curso) no tuve entonces tiempo, ni oportunidad, ni capacidad –ni deseos– para atender las por aquella época no tan evidentes manifestaciones de un sistema totalitario en embrión. Por lo demás, acabábamos de salir de una dictadura, y en mi espíritu estaban ocurriendo otras aventuras; otras revoluciones; desde la poética hasta la erótica.

En 1965 yo no era ya un estudiante universitario; sino que, por reunir condiciones de «dudosa moralidad e ideología política», había sido expulsado de la universidad. Por otra parte, mis amigos de entonces comenzaron a desaparecer de sus hogares y, tanto por sus «desviaciones» sexuales o ideológicas (términos realmente muy abstractos, pero de consecuencias muy concretas) fueron internados en «campos de rehabilitación»; esto es, campos donde debían trabajar unas doce horas diarias y no podían ir más allá de la cerca custodiada; esto es, campos de concentración. Unos años antes ya se había promulgado la Ley del Servicio Militar Obligatorio, prohibiendo además que cualquier persona que estuviese en esa *edad militar* (15 a 28 años) pudiese abandonar el país. Yo naturalmente estaba sometido a dicha ley. Comenzó otra vez la lucha por la sobrevida; cambié de vivienda unas once veces y otras tantas de empleo. Se trataba de que la Ley del

Servicio Militar Obligatorio –en mi caso, el campo de concentración– no se me aplicase. También había que tratar de ser invisible, de llamar lo menos posible la atención; pues ya la policía practicaba, y en forma muy exitosa, las llamadas «recogidas de elementos antisociales»... Más adelante el gobierno creó otras leyes, como la de la inmovilidad de trabajo y vivienda, que ya le prohibían a uno cambiar de sitio y de empleo; y más adelante se estipuló y promulgó el Registro de Población y Viviendas, y la Dirección Nacional de Identificación, por lo que se le expidió a cada ciudadano cubano un carnet con su número y su foto, además de casi toda la historia de su vida y, por ley, se le obligó a que lo llevase siempre consigo. Por tanto, era un delito el no presentarlo a las llamadas incesantes del policía. De manera que, para entonces, no ser visible era también un acto imposible.

Sin embargo, aún para esa fecha yo no había entrado en la cárcel y, siempre intentando evadir la realidad más evidente, la persecución, había escrito dos novelas: *Celestino antes del alba* y *El mundo alucinante*. Ambas novelas fueron sacadas fuera de Cuba y publicadas en Francia, hecho que más adelante se convirtió también en un delito, si no se tenía, ¡claro!, el beneplácito del Estado. Así, para 1969 yo estaba ya maduro para la prisión: aunque sobreviví algunos años más. También, desde luego, padecía una libreta de racionamiento que condena a morir de hambre y desnutrición, pero lentamente; una «Milicia Nacional Revolucionaria» que nos obliga a hacer guardia durante la noche, luego de las ocho o doce horas de trabajo diario; una «jornada voluntaria de trabajo productivo en el campo» que nos obliga a pasar el fin de semana realizando labores agrícolas en alguna plantación estatal, y un «Comité de Defensa de la Revolución (CDR)» en cada cuadra, que vigila todos nuestros pasos, incluyendo nuestra vida social, sexual y familiar. En ese «Comité de Defensa» también teníamos que hacer guardias nocturnas, y, desde luego, pagar una cuota mensual... Parecía entonces –1968, 1969– que las cosas no podían ir peor para todo el mundo; es decir, para todo el pueblo, que los señores burgueses ya se habían ido desde hacía años y los nuevos esbirros ocupaban sus residencias. Pero si algo nos enseñan los sistemas, totalitarios, y muy específicamente el comunista, es que dentro de ellos el colmo de lo peor no tiene límites... Tal parece que ya no pueden tramar nada más contra la vida, que ya realmente estamos bien metidos en el horno, y sin embargo siempre descubren una pequeña rendija de luz que, ¡ay!, sólo sabíamos que existía y que la disfrutábamos, cuando nos la cierran. Así, por ejemplo, en 1968 los jóvenes cubanos de entonces aún podíamos visitar las playas cercanas a La Habana, podíamos reunirnos (discretamente) en algún parque y hasta ver alguna película de calidad hecha entonces en Checoslovaquia o en Polonia. Pero ese mismo año los rusos invadieron Checoslovaquia y de inmediato Fidel Castro redobló la persecución y precisó en un discurso no sólo su apoyo total a dicha invasión; sino también el deseo —y la autorización— para que, en un caso semejante, la Unión Soviética se sintiese *en la responsabilidad y el deber de invadir Cuba*. Y también las playas nos fueron prohibidas. De un día para otro dejaron de ser playas para convertirse (al estilo soviético) en «Círculos Sociales Obreros» y donde, para bañarse o ver el mar y el horizonte, había que presentar un carnet de miembro con el sello del sindicato de nuestro centro de trabajo, el cuño que acreditase haber pagado la cuota mensual a dicho sindicato, y la integración política y todo eso para entrar a un «Círculo Social Obrero» determinado —no a otro— donde sólo veríamos las caras amargadas de nuestros compañeros o enemigos de trabajo y a la policía que nos vigilaba. Naturalmente, con esto de los «círculos obreros», la policía secreta (Seguridad del Estado), los oficiales del ejército (que no los reclutas y soldados rasos) y los «técnicos» rusos se apoderaron de las mejores playas, tales como el Miramar Yacht Club, el Comodoro, El Salado y la mejor zona de Varadero, conocida como el reparto *Dupont* —antes en poder de la burguesía—, dejando a los trabajadores supuestamente liberados un montón de piedras. Hago hincapié en esto de las playas, porque el lector debe tener presente que Cuba, además de ser un territorio extremadamente largo y estrecho, es una isla; es decir, un lugar donde la vida cobra sentido —ensanchamiento y esplendor— a la orilla del mar. Suprimirle a un cubano el mar es suprimirle también su vida, con su pasado y sus fábulas, su consuelo y su sentimiento de infinito.

En fin, para 1971 ya creíamos que ninguna nueva calamidad podría azotarnos, por estar absolutamente rebosantes de ellas. Pero precisamente ese año cayó sobre todos los escritores cubanos lo que bien podría llamarse *la noche oscura del alma* y, desde luego, de la creación artística. Lo que significó la estalinización absoluta de la cultura cubana (su destrucción) y comenzó con el ya conocido «caso Padilla».

Ese proceso de superestalinización, llevado a cabo por un equipo militar que decía, entre otras cosas, que el escritor era un obrero; «porque escribía con la mano» y que «lo mágico, lo real maravilloso es la visión caduca y pintoresca que va quedando atrás sobrepasada por la conciencia socialista, científica y revolucionaria»[1]; fue, precisamente por eso, no sólo siniestro en su implantación burocrática, sino hasta en los mínimos matices de sus métodos. Se sabía ya que todas las conversaciones de sobremesa sostenidas por escritores como Lezama Lima y Virgilio Piñera habían sido minuciosamente registradas (grabadas) por la policía secreta, y que los menores detalles de nuestra vida privada engrosaban enormes expedientes. Dejamos finalmente de ser seres humanos para convertirnos en un número. Nos quitaron no solamente la libertad de escribir y publicar, sino la de pensar en voz alta y hasta la de conversar íntimamente con algún amigo. Y sobre todo nos quitaron –y en eso Padilla fue el vehículo o chivo expiatorio– lo poco que aún nos quedaba: la dignidad.

Ante tal burla (ante tal atropello) a los intelectuales cubanos –y a los intelectuales dignos del mundo entero–, ante tal terror policial, ante tal miedo absolutamente justificado, a nosotros los escritores cubanos nos quedaban muy pocos caminos a escoger: la traición a nosotros mismos, el cinismo, la cárcel o el suicidio –el exilio nos estaba prohibido absolutamente–. Algunos se suicidaron, como fue el caso entre otros de la poetisa Marta Vignier y del novelista José Hernández; otros se traicionaron completamente, transformándose en altos funcionarios del Estado y naturalmente de sus aparatos represivos, como Nicolás Guillén, Roberto Fernández Retamar y Lisandro Otero entre muchos más; otros, los menos conocidos, asumieron una actitud heroica y perdieron sus vidas –o gran parte de sus vidas– en las cárceles, como Jorge Valls, Ángel Cuadra y Armando Valladares; los demás pasamos al campo del cinismo, del silencio o de la cobardía, derivando silenciosamente a una suerte de compás de espera que podía prolongarse (y en algunos casos se prolongó) toda una vida. Se sobre-

---

[1] *Véase*: José Antonio Portuondo, «Introducción a la novela *La última mujer y el próximo combate*, de Manuel Cofiño», Editorial siglo XXI, S.A. México, 1972.

vivió (los que sobrevivieron) como se pudo, callando, aceptando, simulando aceptar, aplaudiendo o no enfrentando las resoluciones que nos condenaban a desaparecer como escritores; pero secreta, taimada y siempre peligrosamente escribiendo (muchas veces contra el sistema) y, en algunos casos, a riesgo de ir a la cárcel –y pasar a otra categoría–, sacando lo escrito fuera de la Isla. Porque hay una regla de oro común a todos escritores bajo el sistema comunista: *manuscrito que no haya cruzado la frontera es un manuscrito por escribir*.

Creo que nuestras conciencias estaban casi tranquilas, a pesar de ese cinismo obligatorio que le habíamos impuesto, sobre todo cuando veíamos a escritores verdaderamente libres haciendo también el juego a aquella infamia. Como ejemplos de ese *cinismo mayor*, el cinismo voluntario, debo mencionar –¡maestros en el arte de la bajeza y el oportunismo!– a Julio Cortázar, «convertido» al castrismo desde los lujosos hoteles cubanos que el capitalismo había construido, y con residencia y estatus en París; a Ernesto Cardenal, tan mediocre e hipócrita como su supuesta doctrina religiosa, que ni siquiera practica; a Gabriel García Márquez, un híbrido entre la demagogia y el folclor... Pero este tipo de cinismo practicado por estos señores se diferenciaba mucho del de nosotros. A ellos el cinismo se les revertía en cuantiosas recompensas; a nosotros nos servía para conservar provisoriamente la vida. De esa manera llegó Cortázar a best-seller, Cardenal a Ministro y Márquez al Nóbel. Nosotros, a pesar de nuestra cobardía, obtuvimos premios menos ventajosos. A Lezama Lima se le siguió pagando su modesto sueldo de empleado público, con tal de que no abriera la boca, y, al igual que Padilla y Virgilio Piñera, se le prohibía publicar y –en la medida de lo posible– escribir. Yo, al igual que muchos otros, debía firmar un libro en la Unión de Escritores y Artistas de Cuba; pero ni siquiera se me permitía revisar las galeras de la revista, en la cual supuestamente era su redactor. Seguramente mis manos, contaminadas de diversionismo ideológico, podrían manchar aquellos textos escritos por el teniente Luis Pavón y por José Antonio Portuondo, los Plejanov y Zadnavov del estalinismo cubano. Después de todo, ellos tenían su razón al decir que «el intelectual trabaja con las manos»: Yo podía mancillar aquellas «sagradas escrituras».

Aún un escaso grupo de amigos nos reuníamos clandestinamente para confrontar lecturas; así, fuimos acumulando numerosos títulos de libros inéditos. Incluso llegamos a crear una revista: *Ah, la marea*, de la cual se hicieron seis ejemplares mecanografiados. Los lectores con que contábamos éramos nosotros mismos.

Otros amigos de entonces fueron Virgilio Piñera y José Lezama Lima. Virgilio, sabiéndose condenado, se dedicaba a escribir, reescribir y revisar toda su obra, incluso la ya publicada... Trabajaba como quien hace –y así era– su testamento. Testamento que naturalmente fue a parar a la insaciable policía castrista. En cuanto a Lezama, su consuelo también era trabajar. En casi todas mis visitas me repetía, quizás para consolarse y estimularse a sí mismo, el caso de Racine; quien, mientras le hacía la apología al «Rey Sol» y redactaba la *Historia de Francia*, escribía en la sombra la *Historia Secreta del Jansenismo*. En nuestros modestos esfuerzos, en nuestra modesta cobardía, en nuestro modesto talento, muchos de nosotros éramos también ese Racine al que de alguna forma admirábamos y compadecíamos, compadeciéndonos así a nosotros mismos... Era también frecuente oír en voz de Lezama la famosa frase de Antonio Pérez «*sólo los grandes estómagos digieren veneno*». Lezama y Virgilio, grandes estómagos, digirieron mucho veneno –todo el que pudieron–; pero ese veneno finalmente terminó destruyéndolos de tal forma que no solamente truncó sus obras futuras, sino que distorsionó de tal modo el pasado que ahora estos autores perseguidos, censurados y asesinados por el sistema, nos son presentados como apasionados defensores del mismo. Pero en esto de modificar el pasado, y desde luego el futuro, además de abolir el presente, los sistemas totalitarios perfectos son verdaderos abanderados.

En lo que a mí respecta, sabía, como lo sabe cualquier escritor bajo cualquier circunstancia, que la única fórmula para sobrevivir, tanto física como espiritualmente, era escribir. Terminé varios libros de poemas, un volumen de cuentos, dos novelas, incluyendo *Otra vez el mar*, obra que por ser depositada en manos de mi entonces mejor amigo, el señor Aurelio Cortés; iba a parar inmediatamente a las de la policía, por lo que tuvo que ser escrita varias veces. Tuve la fortuna de poder sacar casi todos esos manuscritos fuera de Cuba. Ellos, al yo finalmente abandonar la Isla, me devolvieron mi existencia.

Pero en 1974, habiendo publicado ya varios libros fuera de Cuba, libros que allí estaban prohibidos, y habiendo el gobierno promulgado leyes como la de la *Peligrosidad*, el *Diversionismo Ideológico*, la *Protección de la Familia y de la Juventud* y la del *Patrimonio Nacional*, entre otras, yo estaba maduro para la cárcel. Quizás arribé aquí a la etapa más siniestra de mi vida –aunque las calamidades futuras son siempre impredecibles–. Luego de haber sido requisada mi habitación, desde hacía muchos años vigilada tanto por los oficiales de la policía secreta como por mis familiares, que eran secretos policías, fui vejado, golpeado y humillado en la extensión más amplia de la palabra y lógicamente encarcelado. Pude escaparme de la celda donde estaba internado provisionalmente para ser remitido a una prisión de mayor seguridad –la prisión de El Morro–. Y durante 45 días fui libre por primera vez en los entonces, treinta años de mi vida. Desde esa libertad, es decir desde mi efímera condición de prófugo, redacté y pude sacar al exterior (Francia) un documento, dirigido a la ONU, a la Unesco y a la Cruz Roja Internacional, documento que resumía algunas de mis peripecias y humillaciones. Nuevamente capturado fui llevado a las célebres (por temibles) celdas de la Seguridad del Estado, ex-convento jesuita cuyas ventanas estaban ahora tapiadas, acrecentando aún más su aire inquisitorial.

Como nunca he tenido ni tengo madera de héroe firmé cuanto papel se me puso ante los ojos. Por otra parte, que yo firmara o dejase de firmar dichos papeles, exhaustiva *mea culpa* donde me arrepentía apasionadamente de toda mi vida, era para mi conciencia prácticamente indiferente. ¿Cómo se podía tomar en serio aquella farsa? ¿Acaso alguien que hubiese leído el documento enviado a París, donde hablaba de la persecución y el peligro que mi propia vida corría, podría creer que a los quince días yo, desde una celda de la Seguridad del Estado, manifestase que estaba encantado de la vida? ¿Era aquella pantomima la realidad, o había otra más profunda, de la cual si conservaba la vida podría quizás dar testimonio algún día? ¿Tomar en serio aquel teatro no era hasta cierto punto darle cierta importancia y hasta relevancia? ¿Pero todas estas interrogaciones no son también las justificaciones de un cobarde?... Lo cierto es que desde hace muchos años la vida en Cuba se desarrolla por lo menos a dos niveles; uno, el oficial, se limita a una representación incesante, en esa representación entran las asambleas, el trabajo voluntario, los círculos políticos, los incesantes discursos y sus consabidos aplausos, los desfiles y la lectura (siempre comentada elogiosamente) de la prensa estatal, la única allí publicada; de la otra parte está la verdadera vida, con nuestros secretos resentimientos, nuestros sueños, nuestras aspiraciones, nuestro anhelo de venganza, nuestros rencores, nuestros amores y nuestras furias más sublimes. Una retractación firmada ante un esbirro que, de nosotros no firmar, nos aniquilaría, es precisamente el arma más terrible contra ese esbirro. Y no creo siquiera que sea necesario acudir a la historia para corroborarlo. Por otra parte, en el documento enviado al exterior ya yo había consignado, con esa previsión con que los sistemas totalitarios nos equipan, que *lo que entonces decía era lo cierto aun cuando más adelante me obligasen a decir lo contrario.* También mi falta de fe religiosa y mi amor a esta vida –en la única que creo– no me permitían darme el lujo de aplazar mi futuro para una incierta reencarnación. Cierto, otros han tenido y tendrán actitudes más heroicas que la mía. Pero a mi celda no la visitó nunca ninguna divinidad; sino el esbirro de turno con sus consabidos y siniestros andariveles y preguntas. Se comprenderá que como salvación, yo sólo podía contar con mi escasa astucia. La empleé en la medida de lo posible y gracias a ella me vi, al cabo de dos años, otra vez en la cárcel abierta, y al cabo de cuatro fuera de aquella cárcel abierta que es la Isla.

Durante ese tiempo pasé a la categoría de la no-persona, de no-escritor; como no vivía, sobreviví. Conservaba una foto de mi juventud; le puse un marco, la coloqué en el centro de la sala y de vez en cuando le ponía (cuando las conseguía) algunas flores, como es costumbre hacer allá con los difuntos. Eso impresionaba satisfactoriamente a los visitantes, casi todos policías disfrazados a veces hasta de delincuentes, que veían con gran beneplácito mi muerte intelectual y naturalmente la física. Pero secretamente yo sabía que en algún lugar alguien me aguardaba: mis hojas clandestinamente escritas; mis seres más queridos, estaban salvados. Desde luego, un teniente (el teniente que «atendía» mi «caso») me visitaba casi semanalmente. A este personaje, miembro evidente y regocijado de la santa inquisición castrista, debía comunicarle toda mi vida, informarle sobre todos mis pasos y mis actividades. Para no comprometer a mis amigos, muy escasos por entonces, puse un cartel en mi puerta: *Se agradecen las visitas, pero no se reciben.* Si alguna vez yo evadía o dejaba de consignar algún hecho (aun insignificante) el oficioso teniente siempre me lo recordaba y *recalcaba*. El *ta ta ta* de la máquina de escribir era un enemigo que había que silenciar; la carta al extranjero, una prueba de infidelidad; el elogio a algún escritor occidental, una traición.

Cuando en mayo de 1980 me vi al fin en un bote, alejándome de las costas tan amadas y odiadas de mi Isla, cargando como única propiedad material la ropa que llevaba puesta, supe que aquella monumental comedia, mantenida casi por más de veinte años, tenía al fin su recompensa: iba para un lugar donde podría gritar... Antes de hacer el último mutis creo que cerré con acto digno de una opereta: todavía a última hora teníamos que firmar una suerte de confesión (otra más) donde nos declarábamos elementos verdaderamente inmorales, indignos de vivir en aquella sociedad «tan luminosa». Yo redacté una furibunda y patética diatriba contra mí mismo y todo ese lamento iba dirigido nada menos que al «compañero» Fidel Castro. El oficial de inmigración –y por lo tanto, el agente de la Seguridad del Estado– me miró satisfecho.

Los trabajos y documentos aquí reunidos son un testimonio de esas ironías y de ese grito a los que me he referido. Quizás no sean toda la verdad, no pueden serlo, pero son mi verdad (mis verdades) y también las de una gran parte del género humano.

Con el tiempo, si hemos vivido (si hemos sufrido), uno comprende que, más que dueños de una verdad absoluta, somos dueños o testigos de algunas experiencias, desde luego siniestras. Yo, por haber sido siempre un personaje insignificante, tengo como testigo una posición privilegiada. Campesino, obrero en una fábrica, becado del «gobierno revolucionario», joven comunista, estudiante universitario, escritor marginado, prófugo y presidiario; pocas calamidades se me escaparon. Y soy ahora una sombra casi feliz, porque puedo diluirme por estas calles del mundo, sabiendo que mi terror, mi furia, mi amor no son ya registrados minuciosamente, al menos por la policía del país por donde transite, que desde Cuba estaré siempre bajo vigilancia y amenaza... Grito, luego existo. Pues si, por encima de todo, alguna condición define al ser humano es su necesidad de libertad, la falta de ella conlleva todas las calamidades, no sólo las intelectuales o espirituales, sino también el simple hecho de comer, fornicar o respirar. Pues un sistema totalitario, una tiranía, una dictadura, precisamente por ser una acción infamante, contamina, corrompe y reduce a todos los que bajo ella viven y de alguna manera socava y disminuye a todo el género humano.

Ojalá algún día podamos comprender que cambio no tiene que significar necesariamente progreso, que la mayor igualdad a que debemos aspirar es a aquella en la que cada hombre tenga el derecho a ser diferente, y que la única forma de no vivir en el pasado es conociéndolo, pues cuando se lo intenta borrar de un plumazo (cosa imposible) de una u otra forma el pueblo se empecina en conservarlo. De ahí que todo sistema totalitario, toda revolución radical y dogmática, todo gobierno intolerante, sea siempre un retroceso.

Tal vez en algunas páginas de este libro, naturalmente contradictorio y reiterativo, como es su autor, diga que algún día volveremos a Cuba. Pienso –ahora mismo— que ese regreso no será tan fácil. Más que un país, Cuba es ahora un enclave soviético, un instrumento de poder y de chantaje políticos, un punto decisivo para la potencia expansionista más agresiva del momento. Por otra parte, los supuestos «aliados de la democracia» (aliados que generalmente no se han comportado como tales) desde Francia hasta los Estados Unidos, más que una actitud digna o consecuente con un enemigo que sólo se calmará cuando ellos se hayan sometido, sostienen una tendencia hacia la negociación y muchas veces hacia la traición con los verdaderos intereses de la libertad.

Una vez más le toca a los pueblos, y a los intelectuales que son sus voceros, sufrir y denunciar la torpeza o la barbarie de sus gobernantes. Ellos, los gobernantes, tarde o temprano se pondrán de acuerdo precisamente para silenciarnos.

Porque la verdadera historia de la infamia es también un libro incesante y reiterativo, y muchas veces sus textos se confunden.

Para comprobarlo pasemos tan sólo unas páginas atrás y veamos cómo se expresó Hitler en el juicio al que fue sometido, luego del golpe de Munich:

«Podréis declararnos culpables hasta mil veces, pero la diosa del tribunal eterno de la historia sonreirá y hará trizas el alegato del

estado acusador y la sentencia de este tribunal: porque ella nos absuelve».

Volvamos unas páginas hacia adelante y escuchemos ahora lo que dijo Fidel Castro en 1953, en su alegato de defensa al juicio que se le siguió por su ataque armado al Cuartel Moncada, en Santiago de Cuba:

«Condenadme, no importa: la Historia me absolverá».

Ahora comprendemos claramente que Fidel Castro, lector y admirador de Hitler hasta el punto de plagiarlo, así como de sus derivados desde Primo de Rivera hasta Juan Domingo Perón, no ha hecho más que repetir la lección de su maestro. Exterminios, fusilamientos, redadas colectivas, éxodos, expulsiones, campos de concentración, persecuciones religiosas, económicas, sexuales y políticas, discursos, desfiles, militarización total, expansionismo y adoración a un líder único son precisamente los parámetros y pilares del totalitarismo castrista. Y, por si eso fuera poco, como su guía, no sólo aniquila al género humano, sino que también se considera absuelto por la Historia.

Pero nosotros, los que por más de veinte años hemos padecido el siniestro esplendor del neofascismo con máscara humana, tenemos derecho a afirmar que la verdadera historia, la historia de los pueblos, no es la historia de sus dictadores. Y que esa historia –la del discriminado, exterminado o condenado– latente siempre en la memoria desgarrada y difuminada de millones de víctimas, no absolverá jamás a sus asesinos.

(Nueva York, septiembre de 1983)

TRES

Confesión

DEBO CONFESAR que me declaro enemigo de conferencias y congresos literarios... Escribir es para mí un acto de comunión con el aguacero, con el mar, con el tiempo, conmigo mismo. Y, como en verdad nunca sé en qué momento ese acto se pueda producir –si es que se produce–, el hecho de asumirlo *a priori*, como un deber, sería un malentendido, o un autoengaño, además de una calamidad tanto para mí como para los que se resignasen a leer el producto de ese oficio... Una zambullida en un lago cercano, un paseo o una carrera, un no pensar para nada en la literatura y mucho menos tomarla en serio, creo que son requisitos fundamentales antes de sentarse a la máquina de escribir. Y ya en esa posición fatal, lo mejor es ir al grano sin mayores trámites, con la violencia, confianza, sencillez o frenesí, profundidad e irreverencia con que tratamos a lo que verdaderamente conocemos y amamos.

Sólo entonces es posible –aunque no probable– que ese señor terrible que se llama azar, y esa señora (o bruja) escurridiza que se llama inspiración nos visiten, siempre por sólo unos segundos. Y algo, una suerte de nube inconclusa, un desear lo que nunca tuvimos, lo que no existe e incesantemente añoramos, quede flotando en el ambiente, y nosotros aquí, allí, tratando de apresarlo.

Si por encima de todas sus grandezas se me preguntase dónde radica la grandeza de un autor como José Lezama Lima, yo respondería que, en su inocencia. Lezama no sólo es el más culto de todos nuestros autores; sino –y en esta combinación radica su condición esencial, excepcional–, el más ingenuo. Creo que sin ese estado de inocencia; es decir, sin esa fe, terca, incesante, luminosa, en el valor trascendente de la palabra, de la creación; sin esa devoción (sin esa pasión, sin ese amor), todo lo que se haga no será más que un afortunado o desafortunado producto de redacción o alarde de pirotécnicos que ni el cacareo, ni el compadreo, ni la ilustrada verborrea de tantos escritores ilustres o ilustrados, podrán salvar.

(Puerto Rico, septiembre de 1980)

II

CUBA, TRADICIÓN
E IMAGEN

UNO

El mar es nuestra selva
y nuestra esperanza

HACE UNOS quince días que llegué a este país. Nunca antes había salido al extranjero. Aún me siento con la inseguridad y la torpeza de quien, habiendo vivido todo el tiempo en la oscuridad, sale de pronto a la luz. No sé de qué manera podré hacerles comprender cómo es esa oscuridad que dejo atrás. No sé de qué manera podré hacerles ver, a quienes viven en un mundo donde el sacrificio tiene una recompensa; la ley, un sentido; el derecho, una eficacia; la vida, una seguridad, qué cosa es el horror, la estupidez, la barbarie... Intentaré, no obstante, acercarme a ustedes con la imagen de lo que es mi país actualmente, y de lo que creo que es, fue y será lo cubano, visto con los ojos de quien, como tantos, como casi todos, ha sido testigo, reo e intérprete.

Cuando el viento, generalmente incesante y hostil, recorre la Isla, ya casi no hay grandes árboles que lo detengan. La polvareda en remolino asciende, cubriendo el centelleante arsenal de latas vacías, agresivas pancartas, paredes deterioradas, balcones apuntalados y calles inundadas por la explosión de los albañales. La resplandeciente polvareda señorea sobre fachadas en ruinas y sobre los enceguecidos, desesperados y hoscos transeúntes que discurren temerosos, vociferando para dentro, investigando entre el sordo estruendo de las consignas, himnos y discursos: «¿qué habrá allí?», «¿qué sacarán hoy?», «¿qué podremos comer hoy?»... La jerga sube. Ninguna inquietud fundamental es ya más fundamental que el acto de subsistir.

¿Cómo convocar a las musas en tanto que apresuro a marcar en la cola del pan? *¡Quién es el último!, ¡Quién es el último!*... Y el mediodía difumina contornos y sueños. Sólo la inmensa polvareda se eleva sobre figuras sudorosas y derrotadas, sobre la mole en perpetuo derrumbe de lo que fue una ciudad. Ciudad ya sin poetas que la mitifiquen y la reconstruyan. Ciudad varada en su desolación estricta; pudriéndose, no sólo en el sentido literal del término (no hay vehículos que recojan la basura); sino en el otro, el más patético y profundo, el histórico. Ciudad expulsando o estrangulando a todo el que intente, aunque sea fugazmente, esbozarla. Ciudad donde el artista fue reemplazado por el policía; la palabra por la consigna; los sueños por los planes quinquenales; el hombre, por la máscara. Allí la actividad creadora sencillamente pereció o pasó al terreno de la clandestinidad. Pues, como imagino que todos ustedes saben, no puede haber creación donde no hay libertad. Toda obra de arte es tácitamente una manifestación de rebeldía, una actividad antagónica, una protesta en el sentido trascendente del término. La libertad es tan necesaria para el artista como el aire o el tiempo. La creación es una actividad misteriosa que prefiere la indiferencia oficial a su apadrinamiento o escolta. El escritor, independientemente de que conozca su oficio, está desarmado, impotente, hasta que lo visita y posee ese misterio que se llama inspiración. Terminar un libro no es un salvoconducto que nos garantice la posibilidad de hacer otros. El escritor es un ser que fabula y sueña. El producto de esas visitaciones, más la disciplina y el rigor con que trate de desentrañarlas y expresarlas, serán su obra. Para mí la creación es un equilibrio entre la locura y la vida, entre la pesadilla y el sueño, entre la estupidizante inercia y el aullido incoherente. Crear es un acto de inocencia; un juego. Sólo como si jugáramos podemos hacer algo serio. En literatura lo que se hace demasiado en serio deja de serlo para convertirse en algo pesado y tedioso. Una novela es un árbol, no un tratado. Para que ese árbol no se malogre, el artista debe saber el terreno que pisa. El artista debe saber por lo menos de qué lado están sus enemigos, ya que sus amigos es posible que no estén en ningún sitio. Hay un método que no falla y que podemos aplicar siempre que queramos sabes quiénes son nuestros enemigos y quiénes nuestros amigos.

Nuestros amigos son aquellos que nos dan una patada y luego nos dejan gritar. Nuestros enemigos son los que nos dan la patada y nos obligan a aplaudirla. Por eso, en un país totalitario como el que dejo atrás sólo se oyen aplausos. Ese estruendo monolítico debería ser motivo de profunda preocupación, no sólo para todo intelectual, sino para cualquier ser humano. Pues un escritor, un ser humano, debe optar al menos por la duda, antes que aceptar incondicionalmente una suerte de «felicidad masiva», representativa, aparente. El escritor debe preferir la buhardilla al tráfico con las palabras. Lamentablemente, muchos escritores son ahora traficantes de la palabra. Ser de izquierdas en un país democrático es, hoy por hoy, una actitud rentable; porque además de estar a la moda se negocia con la esperanza de la gran humanidad, siempre anhelosa de cambios. Y realmente es patético que ese deseo eterno y justificado de movimiento, nos lleve a la trampa siniestra del estaticismo totalitarista hasta ahora más perfecto que se haya engendrado: *el totalitarismo comunista*... El artista que, en aras de un mundo mejor, defiende ya por torpeza, ya por congénita malignidad, ya por estímulos contantes y sonantes ese totalitarismo, no hace más que cavar su propia sepultura además de traicionar a todo el género humano. De ahí que, en un país donde la fanfarria política lleva la voz cantante, lo mejor que puede hacer un artista es salir huyendo y rápido, antes de que se lo prohiban, antes de que ese acto se convierta a los ojos del Estado en un crimen severamente punible; antes de que tenga que traicionarse o perecer... La creación literaria es una vibración íntima que tiene su raíz en un lugar inefable que no será nunca la tribuna. En Cuba, que es el lugar que más o menos conozco, la tradición nos hace constatar dolorosamente que su producción literaria es en gran parte una actividad del exilio –tanto en este siglo como en el pasado–. Y es que la actividad del espíritu no congenia con el estruendo de los altoparlantes, los discursos altisonantes y los lemas inapelables. El mejor himno para un escritor es el murmullo de los árboles; su patria más querida la que lleva, desgarrada e inexistente, en su memoria. Pues para un cubano, por desgracia, «patria y libertad» no son sinónimos, como vemos estampado en las monedas nacionales. El exilio parece ser el arduo, humillante y triste precio que deben pagar casi todos los artistas cubanos para poder hacer, o intentar hacer, su obra, su patria. Pues en última instancia la verdadera patria de un escritor es la hoja en blanco... Un dolor, una alegría, un paisaje, un campo anegado por la neblina, un sol avasallador y tórrido... En el recuerdo, anhelos y visiones, amores y miedos se mezclan, y quizás así se configura lo cubano. Porque, en fin, ¿qué cosa es lo cubano?

Para mí, lo cubano dista mucho de ser una abigarrada descripción monumental y barroca, al estilo de Alejo Carpentier. Para mí lo cubano es la intemperie, lo tenue, lo leve, lo ingrávido, lo desamparado, desgarrado, desolado y cambiante. El arbusto, no el árbol; la arboleda, no el bosque; el monte, no la selva. La sabana que se difumina y repliega sobre sus propios temblores. Lo cubano es un rumor o un grito, no un coro ni un torrente. Lo cubano es una yagua pudriéndose al sol, una piedra a la intemperie, un matiz, un aleteo al oscurecer. Nunca una inmensa catedral barroca que jamás hemos tenido. Lo cubano es lo que ondula. Más que un estilo, lo cubano es un ritmo. Nuestra constante es la brisa. Más fuerte al atardecer, casi inmóvil al mediodía, anhelosa y gimiente en la madrugada. De ahí que la novelística cubana no esté escrita en capítulos, sino en rachas; no sea algo que se extiende, sino que ondula, vuelve, se repliega, bate, ya con más furia, ya más lentamente, circular, rítmica, reiterativa, sobre un punto. Así, si de alguna «teluricidad» podemos hablar es de una «teluricidad» marina y aérea... Nuestra selva es el mar. Tal es así que, en los últimos años, a centenares y centenares de cubanos, en perenne éxodo, el mar se los ha tragado, como la selva suramericana se tragó a los personajes de José Eustasio Rivera en *La vorágine*... El mar es nuestra selva y nuestra esperanza. El mar es lo que nos hechiza, exalta y conmina. Para nosotros, su rumor es el canto de la oropéndola en el bosque de Andrzejewsky. La selva, como el mar, es la multiplicidad de posibilidades, el misterio, el reto. El temor a perdernos y la esperanza de llegar. La selva es la frontera que hay que atravesar para llegar a la otra claridad. En una isla, donde no hay selva, la selva es el mar. En la noche, el rugido de sus aguas nos sobrecoge, como el de las fieras en la aldea continental. El peligro nos rodea, y, como en la explanada circundada de intrincada vegetación, el tiroteo de los guardacostas suple a los tambores. El hombre acosado, «entonando su propia miseria»[2], se lanza a lo oscuro. ¿Mar o selva?, ¿tambor o tiroteo? Qué importa: tiene que salir huyendo... Esa es nuestra historia. La misma que padeció el indio cubano, hasta perecer, en los tiempos de la conquista española; la del negro cubano (esclavo o prófugo) en la colonia floreciente; la de todos los cubanos, blancos o negros, ahora. Y el mar –nuestra selva– como posibilidad de libertad, como reto, rodeando la Isla. Isla larga y estrecha, desaforadamente abierta al sol y a la noche, al ávido conquistador, al rapaz contrabandista, al perenne invasor, al empecinado, torpe y atroz caudillo... Isla invadida siempre por espantos sucesivos, siempre como naufragando, batiendo sus palmares ya escasos, sus arbustos desamparados y su chata arquitectura, al tedio y a lo insólito, no por terrible o absurdo menos conocido... Por eso, he pensado siempre que lo cubano es lo abierto, lo ecléctico, lo mezclado, lo violento e irónico, lo casi inapresable, que toma de aquí y de allá... Ese aire, esa frescura, ese latigazo impalpable, pero inconfundible como un párrafo de Lezama, como un fragmento de Cabrera Infante, como un poema de Virgilio Piñera, como una página de Ramón Meza, como un verso de José Martí... Extensión abierta al sol y al viento, lo cubano es un silbido inconsolable. Y dentro de esa extensión siniestra (matizada fugazmente por el violeta del crepúsculo), lo erótico como una desesperada forma de olvido, lo erótico como una desesperada forma de irse... Pienso que esas nadas tan queridas configuran mi país. Y con esas nadas, atroces e insignificantes, tenemos que inventarnos un mito y magnificarlo. Vivir de un recuerdo inexistente, engrandeciéndolo. No creo que esa sea una labor más heroica que la de cualquier otro hombre en cualquier lugar del mundo. Otros sitios, quizás, cuenten aún con menos atributos. Es más, creo que siempre fue así: del tedio, del pequeño arbusto, de una sombra, de un color, de un olor o un rumor, se configura la dimensión cierta, misteriosa y eterna de un universo: *la obra de arte*.

Otros tendrán por fortuna sus propias teorías, distintas a las mías, sus paraísos e infiernos personales; que si no, qué aburrido sería el

---

[2] *El hombre desnudo entona su propia miseria.* José Lezama Lima, *Pensamientos en La Habana* (poema).

mundo... Debo dar gracias sin embargo al cielo, porque en los últimos años me concedió el privilegio de padecer un enemigo siniestro. Eso, además de ayudarme a ver las cosas con más claridad, me servirá de estímulo para soportar las vicisitudes que naturalmente tendré que padecer en cualquier lugar del mundo. Bien vale la pena soportar cualquier vicisitud a cambio de la dicha inexpresable de saber que policías disfrazados de amigos obsequiosos no hurgarán ni contaminarán mi corazón, y que el precio por decir dos o tres verdades, no será ya el de la oscura celda y la obligada autotraición, aunque sí, quizás, el del benéfico olvido.

(Florida International University,
junio 1 de 1980)

La Habana, julio 1ro. de 1968

«AÑO DEL GUERRILLERO HEROICO».

Revista *Mundo Nuevo*
97 Rue Saint-Lazaire
París IX
Francia

Señores:

En enero del presente año se publicó en la revista *Mundo Nuevo* un fragmento de mi novela *Celestino antes del alba* (Ed. UNIÓN, Cuba, 1967) sin mi consentimiento y sin siquiera habérmelo comunicado.

Recientemente en el Suplemento Cultural del periódico, *Juventud Rebelde* aparece un párrafo donde se define dicha revista en la siguiente forma: «la revista *Mundo Nuevo*, órgano del Congreso por la Libertad de la Cultura, heredera de la tristemente célebre *Cuadernos*, prima hermana de las no menos tristemente célebres *Encourter, Eprouves* y de la fenecida *Censura contra las artes y el pensamiento*, acusada una y otra vez por intelectuales de nuestro país y el extranjero de ser órgano destinado por la CIA a corromper los intelectuales de América Latina».

Como ustedes comprenderán, ante tal desfile de acusaciones que, desgraciadamente, parecen ciertas, no me queda otra alternativa que manifestar de nuevo mi total desacuerdo con que se publique en esa misma revista un fragmento de mi novela. Y si bien legalmente no puedo protestar ya que en Cuba hemos abolido la propiedad, intelectual, moralmente sí deseo manifestar mi desaprobación y mi total descontento.

Reinaldo Arenas

DOS

Una cultura de la resistencia

S I ALGUIEN asume algún día la temeraria labor de valorizar cabalmente la literatura y el arte cubanos, le será fácil constatar que sus mejores autores, sus mejores artistas –los más auténticos, los más universales, los más cubanos– han hecho sus obras en el desamparado exilio o en el acoso desesperado, tanto en este siglo como en el pasado. No puede ser de otro modo en un sitio donde de la noche colonial se pasó, saltando por diversas dictaduras de opereta, a la pesadilla totalitaria más perfecta en su siniestro esplendor que ha conocido la humanidad, pesadilla que ya abarca la mitad del mundo y que impunemente amaga con engullirse al resto.

Quizás esa incesante circunstancia (esa fatalidad), de desarraigo y acorralamiento, sea la que haya hecho posible que una isla geográficamente tan pequeña haya dado artistas realmente desmesurados... Piénsese sólo que, en el siglo pasado, tuvimos un Martí y un Casal, creadores de toda una revolución literaria; un Heredia y un Zenea, revitalizadores del romanticismo. Bajo el acorralamiento y el acoso escribieron Virgilio Piñera y Lezama Lima sus obras fundamentales. A la intemperie de un desamparado exilio trabajan hoy Lydia Cabrera,

Enrique Labrador Ruiz y Guillermo Cabrera Infante, para sólo mencionar algunos. Esa tradición, esa ecuación, no por terrible menos grandiosa, de persecución igual a creación, exilio igual a invención, se continúa y enriquece con las nuevas generaciones de creadores que, con admirable testarudez, aún siguen empecinados en confirmar el ciclo casi mítico del artista cubano: con el estímulo de una breve embriaguez juvenil, de una fugaz aparición, de un rumor, de un perfume, de una estafa, de una airada indignación, enaltecer el tiempo.

El último éxodo cubano –el éxodo del Mariel– confirma y enriquece esa tradición de la cultura cubana: la de ser una cultura de la resistencia y del exilio.

Precisamente las intenciones de la actual dictadura castrista son las de despojarnos también de nuestra tradición, adulterando, distorsionando y desprestigiando al exilio. Con ese fin el gobierno de Fidel Castro ha lanzado una campaña internacional contra el éxodo del Mariel, intentando demostrar, por cualquier medio y con cualquier método, que los cubanos que abandonan la Isla no son más que delincuentes comunes o enfermos mentales.

Con el fin de otorgale credibilidad a esa campaña, las autoridades cubanas han llegado a la cúspide del cinismo, y de una falta de escrúpulos y de respeto a sí mismas sin paralelo en la historia universal de la infamia, al liberar a criminales que el mismo sistema había formado y condenado, lanzándolos junto con enfermos mentales y agentes terroristas hacia los Estados Unidos, mezclados entre más de cien mil ciudadanos honestos que como seres humanos sólo deseaban abandonar la Isla para seguir siéndolo.

Todos sabemos de qué modo la prensa norteamericana ha resaltado las «hazañas» de los criminales y los agentes secretos introducidos por Castro en los Estados Unidos. Los que casi no han aparecido en la prensa ni en la televisión son los poetas, los escritores, los pintores, ni los miles de trabajadores que ya están ubicados en todo el país, y que, precisamente por desarrollar una labor hermosa y útil, no causan ruido...

Escribir un poema o trabajar ocho horas en una oficina o en una fábrica es un acto menos estruendoso que cometer un asesinato o poner una bomba... He aquí por qué la inmensa mayoría de los exiliados cubanos no han tenido el «honor» de aparecer en los titulares de los periódicos norteamericanos.

Creo, sin embargo, que ni la prensa norteamericana, ni nosotros tenemos intenciones de convertirnos en un instrumento más del castrismo, es decir, de la Unión Soviética.

Es posible que los cubanos lo hayamos perdido casi todo, menos nuestra intuición para buscar la libertad y reconocer su enemigo. En cualquier época y lugar del mundo ejercer y defender la libertad ha sido un riesgo. Todos los cubanos que hemos abandonado esa prisión que es hoy Cuba lo hemos hecho para poder seguir ejerciendo ese riesgo; nunca para hacerle el juego al dictador, ni para confundirnos ni aterrorizarnos por sus diligentes esbirros o por sus torpes o bien remunerados colaboradores.

No podemos olvidar que los diez mil ochocientos cubanos que se asilaron en la Embajada del Perú en La Habana lo hicieron a riesgo de sus vidas. Y muchos de ellos nunca han podido salir de Cuba ni se sabe cuál ha sido su fin... No podemos olvidar que en un sistema donde no existe ningún tipo de derecho ni de legalidad, el ser humano es cosa realmente frágil y está a merced de las abruptas y violentas torpezas del que ostenta el poder. Tampoco podemos olvidar que hace sólo unos meses la Embajada del Ecuador en La Habana fue violada e invadida por el ejército de Fidel Castro (por él mismo dirigido) y que de las veintitantas personas que se habían refugiado solicitando asilo político (incluyendo mujeres y niños) nada sabemos actualmente; ninguna noticia se ha vuelto a publicar sobre el asunto, salvo las que al *Granma*, es decir, al mismo Estado, le interesa fabricar y difundir.

Quizás las vejaciones que se les aplicaron a esos cubanos, ya en territorio extranjero, nos hagan llegar a la conclusión de que, si no nos representamos y defendemos nosotros mismos, nadie lo hará... ¿Quién se acuerda ya de esos asilados legales sacados por la fuerza, con golpes, disparos y gases lacrimógenos, de la Embajada del Ecuador en La Habana? ¿Dónde están? ¿Qué han hecho por ellos la UNESCO, la ONU, la OEA, el Tribunal de Derechos Humanos y demás instituciones nominales? ¿Qué dijo sobre esto el New York Times? ¿Dónde está la protesta del Pen Club y demás organizaciones liberales o progresistas?

Lo mismo que les ocurrió a los cubanos en la Embajada del Ecuador hubiera podido pasarles a los asilados de la Embajada del Perú, y hoy esos cadáveres o prisioneros serían sólo (quizás) el recuerdo de efímeros títulares en periódicos locales... En cualquier época y lugar toda persona que intenta escapar de una prisión lo hace a pesar de los carceleros y a riesgo de ser aniquilada. Ese es el peligro que corre actualmente todo cubano que intente salir de esa prisión tan bien custodiada que es hoy Cuba.

Los que de una u otra manera se arriesgaron y huyeron, abandonando íntimos vínculos, paisajes cómplices y dulces costumbres, dando así testimonio de una insobornable condición vital superior a cualquier circunstancia, merecen no sólo todo tipo de consideración y solidaridad, sino también un lugar destacado junto a la dignidad humana.

En Cuba la resistencia de esa dignidad contra los que quieren abatirla configura toda nuestra historia. Esa batalla podría describirse (y no se trata de una simple metáfora literaria) como la batalla entre una planta y un árbol.

La planta es la caña de azúcar; el árbol, la palma.

La caña ha sido siempre para nosotros una planta agresiva, extraña e invasora, vinculada a la esclavitud, la explotación y el poder; la palma, en tanto, resume un desinteresado y autóctono frescor, una esbeltez desasida y libre, un ritmo que ondula; la caña va siempre unida al trabajo obligatorio, a paisajes abatidos y monolíticamente estandarizados; la palma, albergue de las criaturas que aman y conocen la altura, surge como repentinamente, impregnándonos con su aérea y amable suavidad; dentro de su agresiva rispidez, la caña sólo puede guarecer alimañas o criaturas subterráneas –siglo tras siglo la crepitante maraña de la plantación cañera ha hecho sucumbir nuestro horizonte, propagando el rencor y las diferencias–. La palma, en tanto, nos agrupa e identifica dentro de su nobleza, exaltando lo mejor de nuestras nostalgias. Un cañaveral es un resentimiento compulsivo trazado por la práctica mano de la ambición; un palmar es un batir victorioso que se difumina contra el cielo. La caña extiende el fuego y aniquila la imaginación; la palma –como dice Lydia Cabrera– «coge el rayo y se lo guarda dentro».

En los últimos quince años, Cuba, vasta plantación cañera, administrada ahora por la Unión Soviética, ha desarrollado también un ejército especializado en derrumbar palmares.

Con la ayuda de la técnica, las palmas vuelan ahora dinamitadas o buldoceadas... Recuerdo –en 1970, en los campos de Pinar del Río donde fui «situado» durante «La Zafra de los Diez Millones»– escuchar los estampidos de la dinamita demoliendo palmares para incrementar la producción cañera.

No es, pues, todo esto –como ya dije más arriba– una simple metáfora poética. Es una realidad más concreta y trágica: nuestro propio paisaje, nuestras propias tradiciones, también corren el riesgo de perecer.

Del avance de esa planta contra ese árbol provienen muchas de nuestras calamidades. De la resistencia de lo aéreo y libre contra la chata ambición se sostiene y enriquece nuestra tradición artística, acostumbrada a estimularse, como diría Lezama, con lo difícil, y a convertir el recuerdo y el estupor en futuro resistente a través de la invención.

Pues en última instancia, ese hecho de nuestro paisaje invadido por dictaduras y ambiciones sucesivas y atroces, ha determinado que la creación artística, la necesidad de rebeldía y libertad hayan tenido que trasladarse fuera de su contexto para poder seguir manifestándose, dejando en definitiva un saldo positivo y trascendente: la configuración de una cultura, de un pueblo, de un palmar inagotable que rebasa desmesuradamente sus dimensiones geográficas, situándose en el territorio de lo permanente y de lo incesante.

Siendo la literatura y el arte en general, un reto, una búsqueda sucesiva, un tratar de componer lo que no existe, la configuración de una ilusión, una visión, o un sueño; es decir, lo que se alimenta de lo imposible, podemos afirmar que nuestra actividad creadora no se agotará jamás. Pues para nosotros lo imposible es lo único que permanece... En gran medida nuestro futuro creador está en el recuerdo –o en su invención–, recuerdo que se vuelve precisamente futuro, es decir, reto y resistencia, concreta esperanza, gracias a esa incesante y terca manifestación artística, concebida siempre en el ostracismo o en la lejanía y a la intemperie. Tradición no por desesperada menos grandiosa, que desde hace más de un siglo nos ampara con su desamparo.

(Nueva York, noviembre de 1981)

La Habana, julio 2 de 1968

SEÑOR EMIR RODRÍGUEZ MONEGAL
Revista *Mundo Nuevo*
Director

Muy estimado señor Rodríguez Monegal:
A través de mis queridos amigos Jorge Camacho y su esposa le hago llegar esta carta que confío algún día pueda leer.

A raíz de la publicación de un fragmento de mi novela *Celestino antes del alba* en su prestigiosa revista, lo cual le agradezco profundamente, me he visto, sin embargo, conminado por los oficiales de la UNEAC y sus policías, a redactar una carta de protesta que ellos, los directores de la UNEAC publicarán inmediatamente en su periódico, *La Gaceta de Cuba*. Primero me negué a escribir la carta, y entonces ellos, encabezados por Nicolás Guillén en persona, me presentaron la expulsión de la UNEAC, donde además trabajo, expulsión que significa ir a parar a un campo de trabajo forzado y desde luego la cárcel. Hice entonces una carta benigna. Pero el mismo Guillén la rechazó: quería algo agresivo y denunciante. Así pues tuve que elegir entre la redacción de la infame carta o la prisión. Quiero seguir escribiendo, creo que esa es mi verdad por encima de todas las otras. Y espero que mis manuscritos, inéditos (por razones obvias) lleguen a sus manos, para que vea cuál es mi labor... En la misma carta oficial me las arreglé para decir que «no me quedaba otra alternativa», y contra la revista *Mundo Nuevo* puse los insultos que ellos han publicado, no los míos, que no existen. Admiro tanto su revista, como su labor crítica. No soy un personaje político. Pero sé que todo lo que se dice contra *Mundo Nuevo* es una infamia. Espero que algún día podamos hablar. Espero, aunque sin mucha esperanza, ser algún día un hombre libre. Pero por ahora espero, por lo menos, que esta carta llegue a sus manos, y sepa comprender mi situación, mi realidad; y perdonarme.

De usted con todo mi aprecio

Reinaldo Arenas

Pd. Si recibe esta carta, no me responda, pero hágaselo saber, por favor, a Jorge y Margarita Camacho.

TRES

La represión
(intelectual) en Cuba

POR PRIMERA vez soy un hombre libre, por lo tanto, por primera vez existo. Mi vida hasta ahora ha transcurrido entre dos dictaduras; primero la de Batista; luego, la dictadura comunista. Precisamente por estar por primera vez en un país libre puedo hablar. Y como puedo hablar, puedo decir cosas que seguramente no gustarán a muchos ciudadanos de este país libre, y mucho menos a sus gobernantes. Claro, si estuviera en un país totalitario (en la Cuba actual) tendría que decir lo que le placiera al dictador, o no decir nada. He aquí las ventajas de estar en un país libre: se puede ser un tipo desagradable, se puede caer mal. Es decir, se le puede decir al pan, pan, y al vino lo que se nos ocurra.

Este es un congreso[3] que tiene como tema central la *represión en Cuba*. Yo podría empezar a hablar ahora sobre ese tópico y no terminar hasta dentro de treinta y siete años, y sólo haber contado la repre-

---

[3] Conferencia pronunciada el 30 de agosto de 1980 en la Universidad de Columbia en Nueva York, con motivo del *Segundo Congreso de Intelectuales Disidentes*, allí celebrado.

sión que yo conozco; la que vi y padecí; una ínfima parte de la gran represión, de toda la represión padecida (y por padecer) en Cuba. Yo podría comenzar a hablar de cómo, desde 1963, se crearon en Cuba campos de concentración; citar, por ejemplo, de los que entre miles y miles por allí pasaron, a Nelson Rodríguez... ¿Alguien recuerda ese nombre? ¿Recoge la Historia ese nombre?... Nelson Rodríguez era un joven escritor cubano que ahora tendría mi edad de no haber sido porque, luego de haber salido enloquecido de esos campos de concentración, intentó (oh, hereje) abandonar por cualquier vía aquel paraíso, y fue fusilado junto a otros más... Averigüen, indaguen: Nelson Rodríguez, nacido en 1943, fusilado en 1971, autor de un libro de cuentos, *El regalo*, publicado por las Ediciones R, dirigidas entonces (brevemente) por Virgilio Piñera... Yo podría decirles, por ejemplo, cómo vivió y murió Virgilio Piñera, cómo se le vejó incesantemente, cómo se le citaba incesantemente por la policía ante la cual tenía que disculparse (y arrepentirse) aterrorizado, por haber leído un poema en casa de Olga Andreu o en casa de Johnny Ibáñez, sus mejores amigos. Y cómo tenía que mostrarse satisfecho, aliviado, feliz porque el Estado se conformaba, esta vez, con hacer desaparecer su obra inédita (unos diez libros) y no su persona... Porque, en definitiva, ¿quién iba a proteger a Virgilio Piñera? ¿Quién iba a pedirle cuentas al Estado cubano cuando el mismo Virgilio hubiese aparecido estrangulado en una escalera, precipitado desde un quinto piso, o como finalmente apareció: muerto, solo y *repentinamente*, a consecuencia de un supuesto «infarto» que desde luego el mismo hospital del Estado se encargó de certificar? Por cierto, ¿no sabían ustedes que el cadáver de Virgilio Piñera fue retirado de la funeraria «Rivero» donde estaba tendido, y vuelto a traer ya cuando sólo faltaban pocas horas para su entierro? (Al parecer, la quisquillosa policía cubana quiso someterlo a un interrogatorio... póstumo). También de muerte «repentina» muere Lezama Lima, en un hospital del Estado. Ingresa un viernes por la tarde, no recibe atención médica el viernes, por haber ingresado por la tarde; el sábado, por no tener el médico visita, y el lunes ya está muerto... ¿Alguien podría explicar aquí cómo murió el poeta y crítico cubano Óscar Hurtado, que de intelectual lúcido pasó a la categoría de zombi a partir de 1969 en la ex-ciudad de La Habana, luego de haber sido despedido de su trabajo y de la Unión de Escritores y Artistas de

Cuba?... Por otra parte, todos ellos ya hacía casi diez años que habían muerto para el Estado desde el punto de vista literario; es decir, desde el único punto vital que los justificaba.

Que esas muertes hayan sido «naturales» o «estatales», ¿quién lo podrá averiguar? ¿Se encargará este congreso de hacerle la autopsia a la Historia? ¿Alguna comisión de la ONU (esa institución tan patéticamente irrisoria) irá, con picas y tridentes, a desenterrar los cadáveres de Virgilio, de Lezama, de Nelson Rodríguez, de Óscar Hurtado, los miles de cadáveres que se pudren anónimamente en cualquier lugar de la Isla? ¿Se encargará la Comisión de Derechos Humanos de resucitar a los suicidas José Hernández, novelista; a Marta Vignier, poeta, y a los miles de suicidas más, que anónimamente se lanzan desde cualquier balcón en la ex-ciudad de La Habana?... ¿Le devolveremos con este congreso la razón a Delfín Prats, uno de los mejores poetas jóvenes cubanos, reducido a ayudante de cocinero, beodo perpetuo en trance de perder definitivamente el juicio?... Sigamos citando. Citemos a José Yáñez, expulsado y censurado; a Lorenzo Fuentes, también anulado y amordazado; a José Cid, muerto también en olor de seguridad (del Estado). Todo el mundo vejado, todo el mundo censurado, todo el mundo *confesado*; pues si de algo no puede prescindir un ser humano en un país comunista es de la confesión. Hay que confesar y comulgar, en la estación de policía, en el centro de trabajo, en la cuadra, o, si somos más tercos, en la oscura e incomunicada celda, donde ni la algarabía, ni el cacareo de los escritores «progresistas» de occidente resolverán nada... Se confiesa no solamente lo que hemos hecho, sino lo que el Estado nos indique que debemos confesar. Y qué manera de indicar, de convencer: en una minúscula cabina herméticamente cerrada, con baños, ora hirviendo, ora congelados; con bofetadas, ya en el vientre, ya en el rostro; con patadas, ya en la cabeza o ya en el culo. Después de este método, y de otros aún más eficaces: cómo no vamos a confesarnos culpables, contrarrevolucionarios, traidores, cómo no vamos a delatarnos y a delatar... Unos van a una prisión de un año, como en mi caso; otros, de tres, como Daniel Fernández; otros, de ocho, como René Ariza; otros, de treinta, como Miguel Sales o Armando Valladares; a otros se les fusila, como a Nelson Rodríguez. Y a otros se les pone delante una cámara cinematográfica y se les conmina a que hagan públicas sus confesiones. Y, desde luego, también se les fusila; porque luego de haber cumplido un año o treinta, quedamos de todos modos liquidados. Pues no se trata de cumplir una condena, se trata de ser ya para siempre un condenado: un cadáver ambulante, un zombi, que naturalmente debe *manifestar* incesantemente su amor al Máximo Líder, Primer Secretario, Comandante en Jefe, Presidente del Consejo de Ministros y del Consejo de Estado, en fin, el Gran Hermano... Esto es así. Y no admite discusión alguna. A no ser desde luego con los funcionarios del Estado cubano o con intelectuales de las «dotes» de un Julio Cortázar o de un Gabriel García Márquez, o con esbirros de menor cuantía...

Ahora bien: ¿qué se resuelve con esta perorata? ¿Resucitará Virgilio? ¿Volverá Prats a la razón?... Más bien yo afirmaría que mañana, o cuando esto se divulgue, a Prats se le citará (o se le «visitará») y se le conminará a desmentir mis palabras y a insultarme, o de lo contrario dentro de poco, Prats irá para la cárcel, no naturalmente por un delito político (no seamos tan ingenuos: estoy hablando de una dictadura de «izquierda», mucho más taimada, minuciosa y eficaz que las burdas y torpes dictaduras de derecha). Prats irá a la cárcel por perversión sexual, escándalo público, desacato, peligrosidad, predelincuencia, como sucedió conmigo, y como sucede diariamente con miles de cubanos, que se pudren en cualquier prisión o campo de trabajo, y que desde luego nadie ve, nadie puede ir a fotografiar, entrevistar ni mucho menos liberar. No podemos olvidar que en un país comunista, Estado y justicia son una misma cosa, es decir una sola infamia; y que si en última instancia no hay un delito bajo el cual encasillarnos y encarcelarnos o discriminarnos, se inventa por una resolución ministerial dicho delito. Y asunto concluido... Por eso, más que denunciar una represión que todo el que tenga un ápice de sentido común ya habrá descubierto –pues no por el placer de coger un baño de sol 130 mil cubanos se lanzaron al mar en dos meses (y unos tres millones más están esperando la menor oportunidad para hacerlo), sin más tesoro que las huellas de los golpes y pedradas recibidos–, más que denunciar esa represión, a estas alturas, se debería pensar de qué manera atacarla, o al menos detenerla. Detenerla por lo menos aquí, ya que allá lo más que se puede hacer es salir huyendo, y, para eso con los riesgos concernientes a todo prófugo que escapa de una prisión.

Ser prostituta voluntaria no es lo mismo que serlo por obligación, a no ser que una alta dosis de masoquismo nos embriague. Y me pregunto: ¿son todos esos intelectuales que aún le siguen haciendo el juego a dictaduras tan minuciosas como la cubana, prostitutas voluntarias o masoquistas? ¿o secretamente los une una relación contante y sonante, y por lo mismo constante?... Pero no estamos aquí para hacer un estudio general de la prostitución intelectual; sino para denunciar la represión. El caso es que, cuando un intelectual precisamente por querer seguir siéndolo abandona si puede un país comunista, lo espera del otro lado del mar o del muro, no la cortina de hierro, pero sí la cortina del silencio. Choca que ese perro flaco que huye de la perrera miserable les venga a estropear a los perros gordos su jueguito o su ilusión, sostenidos precisamente a expensas de los perros flacos. Les molesta que los conejos se escapen del laboratorio. Les molesta, en fin, a los señoritos intelectuales de «izquierda», que paradójicamente ocupan casi todas las posiciones culturales en las democracias occidentales (las únicas que existen) que un condenado a muerte se escape y les restriegue en sus rostros mofletudos el currículum de su hipocresía... Por eso, para esos señores de las «izquierdas» occidentales, lo mejor es condenar al silencio a esos intelectuales anticomunistas que (oh, qué mal gusto) aborrecen los campos de concentración, la farsa monolítica y las consabidas retractaciones.

¿No sabían ustedes que a una escritora como Lydia Cabrera nunca se le otorgó una beca en EE.UU.? Una de esas tantas becas que pululan por las universidades de este mundo; a pesar de que en un tiempo la solicitó ¿No sabían ustedes que a autores como Carlos Montenegro, Labrador Ruiz, Lino Novás Calvo y la misma Lydia Cabrera, de querer publicar sus obras tendrían ellos mismos que costearlas?... Así, el intelectual cubano en el exilio está condenado a desaparecer dos veces: primero, el Estado cubano lo borra del mapa literario de su país; luego, las izquierdas galopantes y preponderantes, instaladas naturalmente en los países capitalistas, lo condenan al silencio. Para esos señores de las izquierdas occidentales, turistas de los países socialistas, ser anticomunista es de mal gusto; *pero no es de mal gusto cobrar en dinero capitalista*, vivir bajo el confort y la seguridad de las democracias capitalistas y, espléndidamente ataviados, mirar, (como miraban los agentes fascistas por las mirillas de los crematorios) cómo millones de seres humanos, a golpes de puntapié, son reducidos a la terminología de «masa», a un anónimo y planificado bloque unidimensional, hambriento y amordazado, compelido siempre a arañar la tierra y aplaudir o sencillamente perecer. Ninguno de estos «señores» se preocupó nunca por saber ciertamente qué ocurría con los intelectuales cubanos. No fueron capaces de preguntarse por qué a Piñera no se le publicaba una cuartilla, por qué Lezama no podía salir del país a pesar de las incesantes invitaciones recibidas, por qué Ariza fue reducido a prisión... Ah, pero cuando luego de las mil y una aventuras y calamidades un intelectual logra, al fin, salir del bloque monolítico, entonces sí están prestos a interesarse por él: es decir, a detractarlo o a ignorarlo. Se le estampa la etiqueta de «reaccionario» y se le anula. Para esos señores, aborrecer los campos de trabajo forzado es reaccionario, no admitir el pensamiento amordazado es ser reaccionario; querer ser un ser humano, una posibilidad y no una máscara, un zombi, una sombra, es ser reaccionario. ¿Cuál es el futuro que quieren estos señores? ¿El del escritor perseguido? ¿el del pensamiento unilateral?, ¿el de la mano levantada incondicionalmente? ¿el de la inmensa y asfixiante prisión custodiada día y noche por centinelas y guardacostas y por los mismos prisioneros? Y bien: si ese es el futuro que desean, ¿por qué están aquí, en el pasado, obstaculizando o anulando la labor de los que decididamente no queremos tal futuro?

Pero no es precisamente de las prostitutas voluntarias, ni de los héroes de la patria de los que quisiera hablarles. Porque, en fin, tanto el héroe como la gran puta, gozan de fama universal. Hablaré, no para resaltar el heroísmo de los hombres que resisten las torturas, o de los que padecen en las cárceles, sino para atacar los sistemas que convierten al hombre en el *héroe* o en un *miserable*, en fin, en una víctima. Debemos hablar para condenar los sistemas donde los hombres ya no pueden seguir siendo dueños de sus principios, y pública y oficialmente tienen que renunciar a ellos, para secretamente seguir alentándolos.

Sería casi ingenuo analizar aquí la represión a través de aquellos hombres que el sistema ha decidido condenar a prisión o fusilar. Más sutil, más siniestra, más inmoral, más imposible de constatar y más terrible, es la represión del silencio, de la compulsión, de la amenaza, de la extorsión cotidianas, el amago oficial incesante, el miedo desatado a través de mecanismos perfectos que hacen del hombre no sólo un reprimido, sino, un autorreprimido, no sólo un censurado, sino un autocensurado, no sólo un vigilado, sino un autovigilado, pues sabe (el sistema se ha encargado de hacérselo saber) que la censura, la vigilancia, la represión, no son simples manías sicológicas, delirios de persecución, sino aparatos siniestros, prestos a fulminarnos silenciosamente sin que el mundo libre (el otro no cuenta para el caso) llegue siquiera a saber a ciencia cierta qué ocurrió con nosotros.

Yo estoy aquí, no porque haya sido un héroe, sino por haber sido un cobarde. De haber sido un héroe en el sentido romántico del término, no estuviera ahora aquí hablando, sino en una mazmorra, o, en el mejor de los casos, en una anónima porción de tierra, pudriéndome.

Cuando se habla de derechos humanos, de libertad, etc., debe tenerse en cuenta que esos derechos, esas libertades, funcionan allí, donde no es necesario reclamarlos, es decir, donde hay un estado democrático. Me parece una admirable ingenuidad hablarle de derechos humanos a los dictadores, cuando precisamente ellos existen porque han suprimido esos derechos. La finalidad de un poder totalitario es, sencillamente, *el poder*. Por y para el poder existen las dictaduras. Para mantener ese poder, *por ese poder*, serán y son capaces de cualquier cosa, no digo yo de destruir a un ser humano (cosa en verdad muy frágil), a un escritor, a un intelectual, a un obrero, sino a generaciones completas; a un pueblo en general. Y, de ser posible, *al ser humano en su totalidad*. Y, cuando digo al ser humano en su totalidad, no estoy esbozando el capítulo de una novela fantástica; sino fatídicamente constatando una realidad padecida. Pues no podemos afirmar sin pecar de ingenuos que Stalin haya aniquilado solamente a quince o viente millones de seres humanos; el sistema totalitario ha aniquilado sencillamente a todo el pueblo ruso al igual que en Cuba se aniquila a todo el pueblo cubano. Puesto que todos los habitantes de esos sistemas totalitarios tienen que renunciar para poder sobrevivir, precisamente a su condición humana, a la vida, colocarse una máscara, representar un papel, dejar de ser. La autenticidad (y no ya la intelectual, sino cualquier actitud vital) pasa al terreno de la clandestinidad. Somos públicamente los enemigos de nosotros mismos, para secreta, taimada, eventual y cada vez más fugazmente ser nosotros mismos en la sombra... Por mi parte, aún no deja de maravillarme el hecho de que en los países democráticos se condene a muerte a una persona, sin obligársele primero a que aplauda y pida a gritos dicha sentencia. Qué privilegio, para mí realmente increíble, este de poner la cabeza en la picota tranquilamente, sin antes tener que improvisar y obligatoriamente un discurso elogiando la magnanimidad del verdugo, sin antes haber tenido que convertirnos en nuestros propios verdugos.

Los intelectuales, y cualquier hombre que viva bajo una dictadura monolítica (y en Cuba, que es la que mejor conozco), están completamente impotentes, sin protección, sin apoyo, sin ningún tipo de garantía ni siquiera moral, por muchas conferencias, por muchos congresos, simposios, encuentros, coloquios o reuniones que, como éste, celebremos. Y se sienten así, impotentes e incomunicados, sin ningún tipo de seguridad; porque realmente así están; porque, a una dictadura monolítica y siniestra en su perfecta represión y en su control, le importa un bledo, no este congreso, sino un millón de congresos como éste; porque la historia en los países comunistas no es la consecuencia de un acontecimiento, el resultado de una acción o el transcurrir de la vida, sino el postulado *a priori* de una resolución ministerial. Esa abstracción atroz bajo la cual se engloba a todo un país y que se llama *masa*, no es para el dictador más que el juguete e instrumento de su delirio, su terquedad, su ambición, su cólera o su euforia; jamás la expresión de un pueblo. Porque para un dictador la expresión *el pueblo soy yo* le viene como anillo al dedo, no porque represente genuinamente al pueblo; sino porque es el único que puede hablar, disponer y actuar en nombre de ese pueblo. *El pueblo soy yo, el estado soy yo, el poder soy yo, la literatura soy yo, la patria soy yo, la historia soy yo, yo yo yo, y sólo yo...* He ahí el infinito monólogo de un dictador... Y mientras existan dictaduras existirá ese *yo*, que hablará por todos los *yo*, por todos nosotros, que no seremos más que sombras adulteradas y distorsionadas, conminadas por la metralla y el estruendo, por el estupor y el sabernos en manos (y sin ninguna protección) de un criminal, a aplaudir y apoyar ese *yo* que no somos, que no seremos nunca, nosotros.

Este congreso de intelectuales disidentes se celebra en los Estados Unidos, pero seguramente el pueblo de los Estados Unidos –uno de los pueblos políticamente más torpes de la tierra– está al margen del mismo, al igual que su gobierno y la prensa, aún más torpe que el pueblo y que el mismo gobierno, que es mucho decir... Gobernantes que actúan no por principios filosóficos o ideológicos, sino por intereses inmediatos y superfluos: pueblos que no eligen a sus gobernantes por la profundidad de sus ideas o la real defensa de la democracia, sino por su envoltura, su fachada o su etiqueta; pueblos es fin estupidizados por una prensa, un cine, una literatura, que generalmente, en lugar de enaltecer la belleza, la profundidad, la meditación, el amor, la aventura y la vida, propala y enaltece en forma masiva la imbecilidad, el sensacionalismo, la locura y el crimen; universidades minadas de profesores mediocres y resentidos que quieren escudar y justificar su incapacidad y miseria —su fracaso— arremetiendo globalmente contra todo el sistema, lo que viene a ser matar al enfermo en vez de curar su enfermedad; prensa miope, estupidizada, ambiciosa y corrompida que, con un infantilismo digno de las peores historietas, confunde liberalismo con comunismo y sus derivados, es decir, campos de concentración, censura, fusilamiento, hambre y exterminio... Y digo todo esto, porque a pesar de todo amo a este pueblo y de alguna manera desearía que recuperara la vitalidad y nobleza, la grandeza, que una vez tuvo. Porque este pueblo está condenado a renacer o a desaparecer.

Las democracias contemporáneas no están a la altura de su enemigo irreconciliable, el totalitarismo; no están a su altura no ya en el plano ofensivo, ni siquiera en el plano defensivo. Con ademanes y posturas versallescas, con gestos titubeantes y fachadas puritanas (tras las cuales se esconden generalmente la ignorancia, la maldad y la ambición) no se detiene una horda de criminales internacionales perfectamente diseminados por el mundo entero, que en 24 horas engulle una nación completa, como hicieron con Afganistán, como han hecho con Hungría, con Checoslovaquia, con Polonia, con Cambodia, con Estonia y Lituania y como seguirán haciendo con todos los pueblos, ante los hasta ahora impasibles ojos de la llamada «primera potencia de Occidente».

En gran medida los Estados Unidos han sido responsables del avance del totalitarismo comunista en América Latina, al apoyar invariablemente las diversas y sucesivas dictaduras llamadas de «derecha» que han padecido y padecen muchos pueblos latinoamericanos. Esas dictaduras —la represión y la miseria que las mismas implican— han sido un excelente caldo de cultivo para el avance del comunismo y para la estatización de sistemas totalitarios, más perfectos en su atrocidad y control y por lo tanto más difíciles de combatir que las tiranías que los engendraron, pues además de eliminar a sus contrarios (y hasta a los indiferentes) tienen el apoyo directo de la potencia imperialista más agresiva y militarizada del momento, la Unión Soviética.

Si los Estados Unidos persisten en apoyar las dictaduras llamadas de derecha, pronto se verán cercados e invadidos por las dictaduras de izquierda y, más temprano que tarde, el mismo territorio de los Estados Unidos caerá en manos de ese tipo de dictadura, contra la que no valdrán congresos, organizaciones, protestas ni alianzas, pues precisamente todo eso habrá sido eliminado.

Una democratización y un desarrollo económico dentro de los países latinoamericanos, que ha de incluir reformas agrarias, educación gratuita, ayuda y desarrollo a los pequeños propietarios y productores, y control de los mayores, son indispensables para el avance y subsistencia de esos pueblos como estados independientes y libres.

El totalitarismo triunfa allí donde no hay libertad ni esperanzas. Como una enfermedad atroz se apodera primero de los organismos más débiles. La Unión Soviética, incesantemente a la caza de descontentos, airados, oprimidos o resentidos que ven en sus promesas (las del comunismo teórico y utópico) una posibilidad de redención no va a desperdiciar, como así lo vemos constatado cada día en la práctica, ese inmenso filón propicio para ser penetrado y engullido, que se llama América Latina, administrada por caudillos matones, militares prepotentes y empresas multinacionales ávidas y sagaces en el oficio de hacer millones, pero de una torpeza y ceguera sin límites para conservarlos... Si los Estados Unidos no llevan a cabo en forma urgente y plena (directa o indirectamente) un proceso de democratización y desarrollo económico autóctono en los países subdesarrollados, pronto todos esos países, atrapados y engarzados bajo la trampa sin escapatoria del comunismo internacional (administrado naturalmente por la URSS), serán sus invasores. Invasión que por otra parte desde hace ya muchos años se viene practicando en forma sistemática y premeditada, a través de innumerables instituciones llamadas «culturales» y que no son más que instrumento de propaganda a favor de la penetración soviética.

Si a estas alturas los Estados Unidos (es decir, la gente que aquí aún piensa y desea seguir siendo libre) no se ha dado cuenta de que una enorme y taimada invasión ideológica se ha apoderado de casi todas las universidades y de la mayoría de sus centros culturales y de difusión, habría entonces que admitir que una torpeza suicida cubre todas sus esferas políticas e intelectuales y, por lo tanto, ha neutralizado sus intereses vitales; cosa que, desde luego, además de patética sería trágica.

¿Es posible que los Estados Unidos no hayan comprendido aún dónde están sus intereses vitales? ¿Es posible que los Estados Unidos no hayan intuido que cuando se interviene una caballería de tierra a un campesino en Cuba (pues en Cuba la tierra no se reparte, sino se quita) se están afectando sus intereses vitales; que cuando un joven cubano recibe una bofetada o es conducido a la cárcel por ostentar un peinado que no concuerda con las disciplinas oficiales, se está atentando contra sus intereses vitales; que cuando un intelectual es obligado a retractarse, cuando un judío es perseguido, cuando un negro es discriminado, cuando un homosexual es confinado a un campo de trabajo forzado, cuando se ampara a Pinochet, cuando miles de soldados cubanos (obligados y disfrazados, ya de maestros voluntarios, ya de obreros o profesionales) son diseminados por África, Asia o América Latina, cuando cinco millones de seres humanos son aniquilados en Cambodia, o Polonia y Nicaragua son nuevamente sojuzgadas, se está atentando contra sus intereses vitales?... Puesto que los intereses vitales de los Estados Unidos no son –no pueden ser– las inversiones económicas (también en peligro) que se mantenga aquí o allá, sino *la dignidad del género humano*... Los mayores, los decisivos intereses vitales de los Estados Unidos están sencillamente en la Unión Soviética. Cada zarpazo que desde allí, u ordenado desde allí, se dé en cualquier lugar del mundo, es un paso de avance que se da en contra del pueblo de los Estados Unidos, contra su propio corazón y contra sus conquistas más elevadas.

No por azar los intelectuales, y los hombres en general, que han padecido los sistemas totalitarios, son los que más aman la libertad y los mejores aliados de la democracia. Si ustedes quieren encontrar verdaderos anticomunistas, verdaderos enemigos del totalitarismo, búsquenlos en los países comunistas... Si pudiéramos secretamente interrogar la conciencia de esa «masa» amordazada que desfila aplaudiendo bajo la tribuna del «Máximo Líder», obtendríamos sin duda la más objetiva, verídica y patética –la más radical– de las impugnaciones hechas a ese sistema que aplauden.

Pero les toca no a los que están dentro de los países comunistas (presos que no pueden hacer más que sobrevivir, y ya es bastante), sino a las naciones libres, y muy especialmente a los Estados Unidos, *determinar*; es decir, decidirse a perecer más o menos a corto plazo, o pasar urgentemente de la actitud pasiva a la actitud de rescate, a la actitud ofensiva de renacer como estados vitales y por lo tanto violentos, sagaces y dinámicos.

Mientras las potencias democráticas mantengan en su política exterior e interior esa actitud de dama fatigada, adormecida, matizada de resabios, complejos, ambiciones corrompidas, intereses mezquinos e inmediatos, componendas, negociaciones y contemplaciones titubeantes para con sus propios sepultureros, este congreso, y cualquier otro será en el plano práctico inútil.

Pero es bueno, no obstante, que el mismo se celebre aquí, en Estados Unidos. Porque al menos, de no tomarnos en cuenta, cuando la barbarie universal haya engullido todos los baluartes de la libertad quedará quizás en algún sitio remoto el testimonio, no por desesperado menos objetivo, de quienes por haber padecido ya esa barbarie, por haber sido sus víctimas, supimos denunciarla.

La Habana, diciembre 31 de 1973

ORDEN DE ROMPIMIENTO DE AMISTAD[4]

Sr. Nicolás Guillén

De acuerdo con el balance de liquidación de amistad que cada fin de año realizo –balance que se rige por rigurosas constataciones– le comunico que *usted ha engrosado la lista del mismo*. Por lo tanto, desde el momento en que expido este documento queda usted desvinculado, en forma definitiva, de todos mis afectos.

Sin más,

Reinaldo Arenas

---

[4] NOTA: de este «modelo» impreso en papel carbón el autor envió más de doscientas copias a distintas «personalidades» cubanas.

CUATRO

Juego de jaulas
o experiencias de exilio

L A LIBERTAD, mi querido Sancho... Y prosigue Don Quijote: «es el don más preciado... Y sigo yo: Que aún *en algunos* lugares puede disfrutar el hombre»... En el caso de un escritor, de alguien que vive para imaginar, para inventar, para cuestionar o dudar; de alguien que vive en permanente estado de curiosidad, de alerta y reto, en perenne inconformidad, la libertad es tan necesaria como el aire para respirar o el espacio para desplazarse.

En un sistema totalitario el escritor –el artista– no tiene nada que hacer, salvo perecer como tal o entonar loas incesantes en homenaje al premier. Esto es así y no admite discusión ni siquiera con los intelectuales que defienden esos sistemas totalitarios; intelectuales que en general viven en los países democráticos de Occidente. Y es que estos autores saben perfectamente (porque no son brutos, aunque sí oportunistas) que ni en Pekín, Moscú, La Habana o Berlín Oriental, para no mencionar a Mongolia, Bulgaria, la Corea de Kil Il Sung y otros países metafóricos, se puede hacer literatura. Vemos cotidianamente cómo intelectuales y hombres en general del campo comunista cruzan, a riesgo de sus vidas, las fronteras (muy bien custodiadas) de sus países, renunciando a familia, paisaje, tradición y todo ese otro invisible conjunto de cosas y recuerdos que nos amparan e identifican, y se van a vivir en el desarraigo y la soledad. Todo eso a cambio de esa sublime abstracción que se llama libertad.

Por la libertad y para la libertad emigra un ser humano de un país totalitario. Pues la falta de libertad resume y conlleva todas las calamidades. Para poder obtener –soñar– esa libertad, inventar esa libertad, conquistar esa libertad (pésele a quien le pese, incluyendo al mismo emigrante), el hombre saltará siempre el muro o cruzará el mar custodiado, dando señales de que aún es hombre.

Algún ingenuo, resentido o perverso podrá preguntarme qué cosa es libertad. Libertad es decir *sí* o *no* cuando y cada vez que nos dé la gana; libertad es poder decir *me voy* o *me quedo* cuando y cada vez que nos dé la gana. Libertad es poder decir y escribir lo que se nos ocurra sin tener que autocensurarnos y luego siempre contritos, someter el manuscrito a una comisión de altos funcionarios que nos mirarán con cara de perdonavidas y nos otorgarán un sitio en la historia oficial de la literatura, o una parcela para que sea desyerbada en cualquier anónimo campo de trabajo forzado que, desde luego, se llamará «Granja del Pueblo» y llevará el nombre de algún «mártir».

Quien conoce la opresión –porque la sufre o la ha sufrido– sabe que no cuenta más que con su estupor para abrirse paso, que la posibilidad de estampar ese estupor en algún sitio, conjurándolo, ha de ser su meta y futuro, y que una doctrina concebida doscientos años atrás no se puede llevar ahora a la práctica, porque nosotros no pertenecemos a aquel tiempo ni somos aquellos bajo cuyo influjo el «filósofo» escribió el mamotreto.

El hombre ha de verse siempre a sí mismo en proyección de futuro y no de pasado, y aún más en relación de presente que de porvenir. Esas utópicas doctrinas que nos prometen incesantemente un futuro mejor, otorgándonos un presente siniestro, son sencillamente perversas, no sólo porque nos aniquilan el presente (lo único que poseemos), sino porque condenan a las generaciones futuras a ser el resultado de un proyecto elaborado generalmente por un resentido. Triste destino cl del ser humano, si nace condicionado a ser *aquello* que doscientos años atrás alguien había estipulado. ¿Y su condición humana? ¿Y su curiosidad incesante? ¿Y su voluntad de vivir manifestándose? ¿Y su natural agresividad creadora? ¿Y su natural inconformidad y búsqueda? Esas mismas interrogantes le cuestan al hombre «del futuro», es decir al habitante de la Unión Soviética, China, Mongolia o Cuba, por ejemplo, un paseo incesante por las estepas siberianas o por sus derivados tropicales.

Pero naturalmente hay intereses, tanto dentro de la prisión como fuera de ella. Los intereses de la prisión son los intereses del carcelero. Sus actividades no se limitan a mantener la prisión –para seguir siendo el carcelero, el único hombre libre–, sino a agrandarla. Para ello hay que tomar en cuenta (y estimular) los intereses de los que están fuera de la prisión, a alguno de los cuales les puede resultar agradable, «productivo», el jueguito con el carcelero. En ese juego con el carcelero entran todos esos «turistas del comunismo (¡ah!, ¡cómo no!, ¡por aquí!, ¡cuidado al bajar la escalerilla!, ¡entre en este hotel, especialmente acondicionado para usted!, ¡coma, coma de esto, que sólo usted que no vive en este país puede comer!») que sin importarles un bledo lo que realmente ocurre en la prisión, espléndidamente ataviados, se pasean por entre los prisioneros (algunos le pueden ser hasta apetitosos y obtenerlos además por bajo precio) y luego, cubiertos de «gloria» por el carcelero, aplaudidos públicamente por los prisioneros (¡Y no aplaudas si no quieres que ya verás lo que te aguarda!), salen de la prisión, y, ¡oh, qué maravilla!, vienen «bañados de luz», regresan de la tierra de promisión, del evangelio realizado en plena plantación... Y a publicar. A escribir el librito y a publicar, que las izquierdas de lujo nos amparan, las multitudes escuchan nuestros «mágicos» relatos embobecidas (como siempre), y los otros, el señor presidente, el señor ministro, el senador, el gerente y el subgerente, el dueño o director de la revista literaria o de la agencia publicitaria, el jefe de esto o de lo otro, la administradora y la subadministradora, esos tienen un terror que se desmayan (quizás con razón) y ya no saben dónde meter la cabeza.

De manera que el pobre conejo que milagrosamente, luego de mil subterfugios, salió de la jaula, se halla de pronto en un sitio donde, aunque no existe la jaula, todo el mundo actúa como si existiese; conminados por su cercana presencia y algunos por sus estímulos.

Esa es la actual situación del mundo entero. Una parte ya totalmente cubierta por la jaula (y, naturalmente, aplaudiendo); otra parte fuera de la jaula, pero haciéndole el juego al carcelero con su silencio y hasta con sus elogios... Queda una tercera parte, insignificante minoría que nadie escuchará, o que escucharán demasiado tarde; la minoría de los conejos aterrorizados y desconcertados que escaparon (verdad que bastante flacos y desmejorados) de la jaula. A ellos sí que no hay quien les venga con cuentecitos de hadas rojas o rosadas. Ellos han visto, y más que ver han sufrido, han padecido: han interpretado. Saben de la sórdida hipocresía del que administra la palabra *igualdad*. Han visto de cerca los rostros de los héroes más recientes y han descubierto en ellos un rictus de resentimiento, un odio y una ambición más desmesurados aún que en los antecesores.

Ahora ese conejo, ese emigrante, ese exiliado, está en Europa o en los Estados Unidos; pocos han ido a parar a América Latina donde la caquexia colonial (figuración, inconstancia, superficialidad, cacareo y meneo, vagancia e intrascendencia, falta de memoria e intuición, bambolla y ridiculez, tardes de siesta y abusos congénitos, crímenes municipales y dictadores de chamarretas, hábiles rateros que son por lo mismo presidentes de la república, cacatúas disfrazadas de «primera dama», izquierdistas o derechistas rechonchos y emperifollados, profesores, ay, que escriben poemas, novelas y hasta radionovelas, señoritas que «sueñan con un matrimonio ideal», «casadas que gozan de...») más que brindarles un espacio concreto para por primera vez ser, lo desmenuzarían definitivamente en el torbellino de un vaivén, no por intrascendente menos ineludible.

Henos entonces aquí, en los Estados Unidos, porque, además, el señor carcelero no va a preguntar al preso «¿Para qué región del mundo querría escapar Su Excelencia?» Nada de eso. Usted corre para donde le abren la puerta, o al menos para donde no se la tiran en las narices.

Los Estados Unidos, aunque no le abrieron las puertas a los 130 mil cubanos llegados desde el puerto del Mariel (Carter abrió su corazón, pero inmediatamente lo cerró, seguramente por temor a un infarto), tampoco pudieron impedir que llegaran. Y los cubanos seguían arribando. En cuatro tablas, en pequeños veleros, en flotas y flotillas enviadas y pagadas por los cubanos que anteriormente habían atravesado el mar. No había manera de controlar aquello. Mientras la prisión estuviera abierta los presos iban a seguir escapándose... Allá, del otro lado, el señor carcelero volvió a cerrar bruscamente las rejas de su gran prisión, y así terminó –por ahora– el éxodo cubano hacia USA.

¿Qué pasó realmente? Ni el mismo carcelero lo puede explicar con certeza. Había que hacer recalar sobre los Estados Unidos los asilados de la Embajada del Perú en La Habana –no podemos olvidar que América Latina es un campo de experimentación y reservas soviético cuya ama de llaves es Cuba–. Pero había también que «demostrar» a la opinión mundial que en Cuba todo el que quisiera salir podía hacerlo. Pero había que «demostrar» también (cuántas demostraciones, ¡qué cantidad de maquillaje!) que todo el que se iba era un delincuente común, una «escoria»; de ahí que, conjuntamente con los asilados de la embajada peruana, salieron 130 mil cubanos, mezclando entre ellos presos y ex presos comunes, enfermos mentales, leprosos, agentes secretos, y miles de personas que sólo desean vivir en un sitio donde la vida pueda tener sentido; así, bajo la rúbrica de «delincuentes comunes y confesos», se arriesgaron a salir, y llegaron, los que llegaron...

Llegaron –llegamos–, aquí, a los Estados Unidos. En el colmo de la impotencia y la miseria (sólo con la ropa que trajimos puesta) a mezclarnos y luchar en una sociedad impotente, gobernada por la impotencia máxima. Ante esta impotencia de la primera potencia, ¿a quién pedir clemencia? ¿A una Europa aterrorizada, semiinvadida y genuflexa? ¿A una América Latina analfabeta políticamente, pero politiquera, también semiinvadida y ramplona?

Los cubanos recién escapados (y naturalmente yo entre ellos) debemos incorporarnos a este nuevo sistema. Y debemos hacerlo rápido, pues el verbo comer no puede conjugarse todos los días en pretérito indefinido, sino en rápido y eficaz presente simple. La situación económica de esos 130 mil cubanos es, en general, pésima. Veinte años de atraso cultural y técnico, además de una incesante persecución ideológica, han impedido que esta muchedumbre (en la que me incluyo) pudiese adquirir una profesión y hasta un oficio, hasta el mismo idioma español (no hablemos del inglés) se ha reducido muchas veces a balbuceos elementales –pues el esplendor de un

59

idioma está en relación directa con el esplendor de una sociedad, de una época; el esplendor de un idioma está en relación directa con lo que se menciona o se sueña, es decir, con la libertad–... Una muchedumbre que pasa bruscamente de una sociedad petrificada, de una vida sedentaria, estatalmente preconcebida y dirigida, organizada en forma de rebaño monolítico, a una sociedad tecnificada y mecanizada –altamente idiotizada–, pero donde vivir es competir, tiene al principio que sentirse desorientada, inadaptada e inadaptable. Muchos de los cubanos del último éxodo vivimos aún el desconcierto y la torpeza del animal que, luego de veinte años de encierro, sale repentinamente al bosque y se encuentra con que en efecto el bosque es bosque. Bosque que además no es el que conocíamos antes de entrar en la jaula, y donde todas las bestezuelas nos miran con temor o indiferencia, hablando además extraña jerigonza... Por otra parte, qué lentitud y torpeza en nuestro andar, qué sensación de inseguridad, de sentirnos en el vacío, sin tocar fondo, sin estar aún *aquí*, pero tampoco *allá*. Y, como si eso fuera poco, nuevas calamidades se aproximan y también a ellas hay que hacerles frente. *Hacer frente*, he ahí otra de las cosas cuyo significado casi habíamos olvidado. Allá, en la jaula, no teníamos que preocuparnos por la libertad, por la comida, por el libro, por el viaje, por el techo, por el vestuario. Nada de eso existía. Y lo poco que existía lo administraba y repartía el carcelero. Teníamos la jaula... Algunos seguramente admiraban al carcelero (el padre prepotente, el gran caudillo) que se pavoneaba (y se pavonea) todopoderosísimo más allá de las rejas y nos tiraba a veces algunas semillas. Estábamos tan habituados a esa condición vegetativa o inerte, a no hacer nada vital, personal, resistente, insólito, que ya formaba parte de nuestra tradición, del rito. Era una costumbre más recibir la eventual semilla o la eventual patada. Y, desde luego, en ambas ocasiones aplaudir.

Ahora hay que salir a la calle y competir; trabajar realmente, aprender otro idioma, volver a la vida, y –¿pero será posible?– olvidar... Sobre la misma nada reponerse, dentro de nuestra misma nada imponernos; crear nuevos terrores, nuevos mitos, nuevos afanes, nuevas añoranzas; fundar, otra vez, la tristeza y el consuelo.

¿La Isla? Una interrogación incesante; una nueva manera de configurarla, de amarla. Quizás con el tiempo se vuelva un mito y aquellas calles desarrapadas que abandonamos, aquellas ciudades en incesante derrumbe, aquellos parques infestados por la perpetua vigilancia, cobren en el recuerdo el prestigio que nunca tuvieron. Eso es casi inevitable. Pero sería entrar ya en el terreno de lo patético y además de ponernos tristes, hacer mala literatura.

Por ahora Cuba casi no existe ya, más que en nuestros corazones desesperados. Buen sitio sin duda para llevar esa identidad indefinible e indestructible que se llama (de alguna forma hay que llamarla) patria.

(Nueva York, octubre de 1981)

CINCO

Martí ante el bosque encantado

AL PARECER el hombre no ha nacido para aceptar la realidad, o por lo menos la realidad o las realidades más evidentes, que son casi siempre las más siniestras.

En el caso de José Martí, cuya trascendencia e imagen supera lo puramente literario (que es ya para todos los cubanos un mito y una obsesión) esa realidad evidente y terrible fue el destierro y por lo tanto su anhelo de regreso a una patria redimida. De ahí la contemporaneidad de este hombre para casi todos los cubanos: él es símbolo y fe de lo más sublime –la necesidad de libertad– y espejo de lo más terrible –el destierro–... Él es la pasión y la contradicción, la acción y el éxtasis, la soledad y el amor, el escepticismo y la fe, el suicidio y la vida. Él es –y ahí radica la clave de que nos resulte imprescindible– nosotros mismos.

A partir del destierro, Martí deja –dejamos– lo que nos (le) es más imprescindible y jamás podremos trasladar, la complicidad de una circunstancia que es nuestra propia vida. Porque esa complicidad (esa circunstancia) está formada de un ritmo, de un tiempo y de un paisaje naturalmente irrecuperables. Y en ese tiempo, en ese paisaje, en ese ritmo estaremos también siempre nosotros aún cuando físicamente no estemos allí, pues ese sitio donde nacimos, fuimos jóvenes, amamos, experimentamos en fin la aventura (el goce y el terror) de vivir, será siempre un sitio único; porque nosotros, *aquéllos*, ahora acá, ahora *éstos* también somos criaturas exclusivas, es decir, algo irrepetible, como todo ser humano, formado de una memoria y de una nostalgia. Y esa memoria y esa nostalgia no es solamente de lugares y gentes con quienes convivimos; esa nostalgia es por alguien que quedó allá y somos nosotros mismos.

Por eso, estando aquí fuera del sitio amado y odiado, fuera de la prisión, de donde tuvimos que salir huyendo para poder seguir siendo seres humanos, seres libres, no somos completamente libres, porque estando aquí, en el destierro, estamos aún allá en alma e imagen. Pero estando allá, sólo se podría ser libre como prófugo, esto es, como habitante fugitivo y rebelde –siempre a punto de ser capturado– del paisaje de nuestra infancia, de ese bosque encantado que por ser mágico y único (nuestro) nos llama, y también (por mágico) nos traiciona.

En Martí –en nosotros–, al principio esas llamadas del bosque encantado, esas voces, se manifiestan leves, sutiles, casi imperceptibles. Es como una enfermedad que, por atroz, necesitase de una taimada y lenta incubación. Se evoca entonces, casi con furia, una prisión; luego, un arroyo, una playa, un hijo... Así, lentamente, al paso del tiempo, el bosque sigue exhalando sus ineludibles vaharadas. Ahora ya son palmares, un carro de hojas verdes, mares espumosos, inaccesibles montañas; todo aún más desesperadamente amado; porque sabemos que el tirano mancilla y se apodera de nuestro paisaje no solamente destruyéndolo, sino también impidiéndonos regresar.

A medida que el fulgor del bosque encantado avanza, nada, o casi nada de lo que acá nos rodea es ya real. Las flores, *éstas* que podemos tocar, no existen; los árboles, *éstos* bajo los cuales podemos pasearnos, no nos amparan. Esa realidad, la única que aparentemente se posee, es rechazada, furiosa y patéticamente por José Martí cuando escribe en su poema *Hierro*[5]:

---

[5] Hierro, poema perteneciente al libro *Versos libres*, de José Martí, escrito en Nueva York en la década de 1880. Se publicó póstumamente.

¡Sólo las flores del paterno prado
tienen olor! ¡Sólo las ceibas patrias
del sol amparan! Como en vaga nube
por suelo extraño se anda; las miradas
injurias nos parecen, y ¡el sol mismo,
más que en grato calor, enciende en ira!

A estas alturas, el bosque, evidentemente, nos (lo ha) contaminado completamente. Su llamada es por lo tanto avasalladora, ineludible y, si se quiere interpretar de otra manera, irracional. Sí, pero aunque sea irracional, inexistente, simple alucinación o locura, esa llamada, de cualquier modo, hay que atenderla. Secretamente intuimos (él intuye) que obedecer la llamada del bosque es perecer, que ese regreso es un suicidio. Pero aún ante esa perspectiva, la respuesta de Martí no se hace esperar y en el mismo poema nos la ofrece:

Grato es morir, horrible vivir muerto

En tanto, mientras preparamos la partida, es decir el regreso de la única manera que se puede regresar a la tierra cautiva, como anónimo guerrillero, el bosque entona las bienvenidas más exultantes: Los árboles ya no son árboles, sino «pálidos espíritus amados», y por ese aire, absolutamente claro, «cruza nuestra alma»[6]. Un minuto que retardemos el regreso es un minuto más en que tendremos que luchar contra la derrota, la soledad, el suicidio o la locura:

¡Y echó a andar como un muerto que camina,
loco de amor, de soledad, de espanto!
¡Amar, agonía! ¡Es tósigo el exceso
de amor! Y la prestada cosa oscila
cual barco en tempestad: ¡en el destierro

---

[6] Véase el poema, *Árbol de mi alma*, también perteneciente a sus *Versos libres*.

náufrago es todo hombre, y toda casa,
inseguro bajel al mar rendido!⁷

Martí comprendió, o quizás su exaltación poética y romántica intuyó, que ese amor en «exceso» por su patria era un «tósigo», significaba también la muerte. Pero también comprendió, y ahí radica su doble grandeza, que, como verdadero amante, no podía renunciar a esa llamada. De no acudir, *de no ser*, sólo le quedaba el camino del suicidio: Al volver a «la prestada casa» en Nueva York, «de pie sobre las hojas amarillas»⁸ –esas hojas que no tienen realidad porque no pertenecen a su bosque y que simbolizan la llegada del invierno– ya está, (ya él ve, ya vemos) la muerte, «la negra toca en alas rematada, ávido el rostro»⁹, aguardándolo –aguardándonos.

Ante esta alternativa sólo queda el regreso.

Así, aquel bosque encantado que nos sirvió de amparo y escondite para nuestros primeros juegos infantiles y para nuestros primeros juegos prohibidos, para nuestros primeros descubrimientos, goces, secretas confesiones y estupores, ese bosque que supo de lo más íntimo y bello de nuestra vida (lo irrecuperable e irrenunciable), ese bosque que como dijo otro poeta «nos nutrió de niño»¹⁰, ese bosque que siempre hay que abandonar para magnificarlo, y en cuya espesura canta un pájaro, ese bosque que ya de lejos, en nuestra desgarrada alucinación y soledad se volvió mágico, y donde los árboles ya no son árboles sino espíritus que susurran o claman, sus hojas no hojas, sino cartas desesperadas, vívidos recuerdos que nos llaman día a día, minuto a minuto, año tras año, estalla finalmente dentro de nosotros mismos hasta que, ya sin poder controlarnos, su inmenso follaje en forma avasalladora nos arrastra. Partimos.

---

⁷ Estos versos pertenecen también al primer manuscrito del poema *Hierro*. Dichos versos aparecen tachados en el manuscrito.

⁸ Véase el poema *Canto de otoño*, también en la colección *Versos libres*.

⁹ Véase el poema *Canto de otoño*, también en la colección *Versos libres*.

¹⁰ Véase el poema *En tiempos difíciles*, libro *Fuera del Juego*, de Heberto Padilla.

Al saltar del bote, «dicha grande»[11], nos dice Martí. Al ver las aguas del río amado «de suave reverencia se hincha el pecho y de cariño poderoso». Al seguir avanzando, y todo esto de guerrillero, de rebelde, de mambí, de militar en campaña, de soldado armado y condenado, enjaezado con todos los aperos de la guerra, el bosque sigue exhalando sus mágicas emanaciones. De esta manera, para José Martí –y ya sólo faltan 40 días para su muerte–, el río ya no corre sino que «canta», el agua de lluvia se vuelve «pura», la yerba ya no es yerba sino alfombra, y hasta las mismas estrellas, humanizándose, se vuelven «cariñosas»... Por entre la «sombra leve» casi danzamos embriagados ante el reencuentro con nuestra noche «mágica» que «no deja dormir». Al amanecer seguimos avanzando y ya sólo faltan 16 días para su (nuestra) muerte, hasta entrar en «el bosque claro, de sol dulce, de arbolado ligero, de hoja acuosa». Luego, ya no como militares, sino como niños fascinados, entramos en «el bosque de las jigüeras verdes».

Aunque a algunos le parezca increíble ese hombre que así habla, y que habla por todos nosotros y para todos nosotros, es el Presidente del Partido Cubano Revolucionario en Armas, el Jefe de la Revolución, el Primer Delegado y la máxima figura política de la guerra de independencia. Esas anotaciones, usurpadas por los árboles del bosque, por su variedad de hojas, por el nombre específico de cada planta, por su perfume, rumor, sombra y leyenda, son nada menos que su *diario de campaña, de guerra.*

Veamos pues cómo resume el Jefe de la Guerra y Primer Delegado y General del país en armas, mientras combate y a punto de perecer, un día de campaña:

Abril 18 de 1895 –«A las 9 y media salimos. Despedida en la fila.– G. lee las promociones. El sargento Pto. Rico dice: 'Yo muero donde muera el G. Martí'. –Buen adiós a todos, a Ruenes y a Galano, al Capitán Cardoso, a Rubio, a Dannery, a José Martínez, a Ricardo Rodríguez.– Por altas lomas pasamos seis veces el río Jobo.– Subimos

---

[11] A partir de esta llamada todas las citas entre comillas pertenecen al último diario de José Martí, su diario de campaña, *De Cabo Haitiano a Dos Ríos*. Las hojas arrancadas al diario corresponden al día 6 de mayo de 1895, precisamente después (5 de mayo) que Martí sostuviese la discusión con Antonio Maceo...

la recia loma de Pavano, con el Panalito en lo alto y en la cumbre la vista de naranja china. Por la cresta subimos... y otro flotaba el aire leve, veteado... A lo alto de mata a mata colgaba, como cortinaje, tupido, una enredadera fina; de hoja menuda y lanceolada. Por las lomas, el café cimarrón. La pomarrosa, bosque. En torno, la hoya, y más allá los montes azulados, y el penacho de nubes. En el camino a los Calderos, –de Ángel Castro– decidimos dormir, en la pendiente. A machete abrimos claro. De tronco a tronco tendemos las hamacas: Guerra y Paquito –por tierra. La noche bella no deja dormir. Silba el grillo; el lagartijo quiquiquea y su coro le responde: aún se ve, entre la sombra, que el monte es de cupey y de paguá, la palma corta y empinada; vuelan despacio en torno las animitas; entre los nidos estridentes, oigo la música de la selva, compuesta y suave, como de finísimos violines: la música ondea, se enlaza y desata, abre el ala y se posa, titila y se eleva, siempre sutil y mínima –es la miriada del son fluido: ¿qué alas rozan las hojas? ¿qué violín diminuto, y oleadas de violines, sacan son y alma a las hojas? ¿qué danza de almas de hojas? Se nos olvidó la comida; comimos salchichón y chocolate y una lonja de chopo asado.– La ropa se secó a la fogata».

Comprobamos así cómo, a estas alturas, el bosque se ha apoderado completamente del diario de campaña del General, y de todos nosotros, de tal manera que hasta la misma comida se nos olvida y las peripecias de la guerra se consignan como detalles mínimos, telegráficos y marginales, en tanto que el paisaje, con su esplendor, se ha adueñado ya de todo. Así, hechizados por entre «montes azules y penachos de nubes» no comprendemos todavía que ese regreso es imposible, porque imposible es volver a lo que una vez fue cuando nosotros, *aquéllos*, no somos *éstos*. No, no es solamente la tierra manchada por el crimen lo que al regresar queremos redimir, abolir; queremos abolirnos también a nosotros mismos, a esos seres patéticos y envejecidos, nostálgicos y desesperados que somos nosotros ahora; queremos abolir toda la amargura, el sufrimiento, el desengaño, las rencillas, vilezas, ambiciones, frustraciones, (ah, y la vejez) que el destierro nos ha otorgado, humillándonos... Y mientras seguimos avanzando bajo el amado follaje, volvemos a vernos: víctimas otra vez de las pasiones, los odios, las lerdas maquinaciones, las intrigas, el poder y hasta el crimen. «Maceo me habla cortándome las palabras, como si fuera yo la continuación del gobierno leguleyo y su representante. Lo quiero, me dice, menos de lo que lo quería»... Eso anota Martí el día 5 de mayo en su diario, a sólo trece días de su muerte. Ya él intuye que todas sus luchas que resumen su vida por libertar a Cuba chocan (y aún no se ha ganado la guerra) con nuevas calamidades y tiranías. Además de los fusilamientos de supuestos bandidos por los jefes de las tropas insurrectas (Maceo, Máximo Gómez, entre otros), fusilamientos que Martí intenta detener en la medida de sus posibilidades, tiene que enfrentarse al naciente y fatídico caudillismo por parte de los jefes militares en campaña quienes, francamente, ven en Martí un estorbo a quien hay que tratar con cierta deferencia. Martí conversa, discute, propone, intenta viabilizar la situación entre los ambiciosos (y, por otra parte, heroicos jefes) teniendo siempre como propósito fundamental la libertad de su país. Por último, Martí intenta renunciar a su cargo. El día cinco de mayo escribe en su diario: «Insisto en deponerme ante los representantes que se reúnan a elegir gobierno. [Maceo] no quiere que cada jefe de operaciones mande el suyo, nacido de su fuerza: él mandará los cuatro de Oriente. *Dentro de quince días estarán con VD. –y serán gentes que no me las pueda enredar allá el doctor Martí*»– termina diciendo Maceo... Si lo de «doctor» está dicho naturalmente en tono ofensivo y machista, lo de *enredar* es sencillamente un insulto.

Ante toda aquella miseria, precisamente para con él –no podía ser de otra manera–, Martí vuelve su mirada hacia el bosque, su único refugio. «Y pensé de pronto» –anota–, «ante aquella hermosura, en las pasiones bajas y feroces de los hombres». Ya sólo faltan nueve días para su muerte. Así, como por contraste, mientras las pasiones y la miseria humana lo asedian, el bosque, al parecer ingenuamente, le ofrece su esplendor. Seguimos internándonos en la espesura. Ya escucha, ya escuchamos, otra vez el maravilloso canto de aquel pájaro, el mismo que oímos, o creímos oír en nuestra infancia; todo ahora se sensibiliza y toma alma para acogernos. No es un árbol, es nuestro árbol; no se trata de un río, sino de *este* río. ¿Cómo evitar zambullirnos y buscar entre las blancas piedras del fondo, que la luz aún más blanquea, a nosotros mismos?... ¿Cómo no seguir avanzando, locos, embriagados, absolutamente hechizados, desasidos y suicidas, siempre rumbo a aquel canto que nos llama, trasladándose sucesivamente hacia lo más profundo? ¿Cómo no seguir avanzando casi triunfales hacia aquel canto en lo oscuro, si ya, ahora lo sabemos, es lo único que poseemos? Y corremos.

Entonces, suena la estampida. Taimadamente el pájaro de la infancia, que es ahora el de la muerte, supo una vez más encantarnos. Caemos. Sobre la yerba, desparramados, el rifle y el machete, el revólver y las medicinas, la cartera con las cien cápsulas, y el largo tubo con los mapas de Cuba... Ya está tendido sobre su bosque amado, ya lo nutre con su sangre. La comunión, ojalá sea así, es absoluta: la última palabra que escribió en su diario (mayo 17) fue el nombre de una hoja que le había servido de alimento: «hojas de higo»... Alguien (¿un enviado de Maceo? ¿Máximo Gómez?) se acerca y, para que la infamia recomience, arranca algunas páginas de ese diario, seguramente las más críticas y políticamente comprometedoras. Acompasadamente el bosque emite todos sus estruendos. Verdor cerrado. Detrás la noche. Y el cielo... «Libertad en lo azul».

(Nueva York, agosto de 1983)

VIAJE A LA HABANA

REINALDO ARENAS

III

DOS CARAS
Y UNA MONEDA

Nueva York, marzo 15 de 1983

Periódico *The New York Times*
Editores

Estimados señores:

El día 13 de marzo de 1983, *The New York Times Magazine*, dedicó sus principales páginas a un extenso reportaje titulado «La revolución y los intelectuales en América Latina». El mismo giraba en torno a Cuba castrista y a Nicaragua sandinista, y opinaban Julio Cortázar, Gabriel García Márquez, Ernesto Cardenal, Tomás Borge, Daniel Ortega, y otros supuestos intelectuales latinoamericanos, todos a favor del castrismo, al que dedicaron grandes elogios... Para García Márquez –íntimo amigo de Fidel Castro– el castrismo es «el camino a seguir por América Latina»; para Julio Cortázar, ciudadano francés, el castrismo lo «convirtió» en militante revolucionario de izquierda desde París... Para el cura Cardenal, el castrismo es «el evangelio realizado en la tierra» (sic)... Contra toda esa avalancha de partidistas y oportunistas, el redactor del artículo, señor Alan Riding –residente en Ciudad México– sólo opone la opinión de Octavio Paz, quien, aunque rebate brillantemente las consignas irracionales y subjetivas de los *apologistas* del castrismo, queda relegado, evidentemente por la mala intención del periodista, a un segundo plano.

Pero lo más insólito aún de dicho reportaje es que, girando el mismo acerca de «la revolución cubana y los intelectuales», no figura en él la opinión de ningún intelectual cubano, ni siquiera de los residentes en la Isla.

Este insólito y malintencionado «reportaje» sobre la «revolución cubana» vista sólo por algunos intelectuales latinoamericanos, donde ningún cubano opina, constituye una de las piezas periodísticas más viles y miserables publicada hasta ahora por *The New York Times Magazine*. Es algo así como enjuiciar, condenar o absolver a un ser humano sin escuchar su opinión. Y en este caso no se trata de un ser humano, sino de todo un país.

Sinceramente,

Reinaldo Arenas

UNO

Gabriel García Márquez
¿esbirro o es burro?

QUE UN escritor, o simplemente un ser humano, residente en un país totalitario, tenga que acogerse obligatoriamente a las circunstancias terroríficas que allí imperan, y simule adaptarse e incluso cooperar con dicho sistema, es patético, pero comprensible. Los que hemos vivido bajo esas dictaduras, perfectas en su minucioso pavor, sabemos hasta dónde tiene que llegar el hombre en su simulación, renuncia y vileza para sencillamente sobrevivir.

No puede haber moral ni en el siervo ni en el señor. En el siervo, por estar obligado a serlo; en el señor, por mantener la servidumbre.

Ahora bien, que un escritor como el señor Gabriel García Márquez, que ha escrito y ha vivido en el mundo occidental, donde su obra ha tenido una inmensa repercusión y acogida, que le han garantizado un modo de vida y un prestigio intelectual; que un escritor como él, amparándose en la libertad y posibilidades que ese mundo le brinda, use de ellas para hacerle la apología al totalitarismo comunista que convierte a los intelectuales en gendarmes y a los gendarmes en criminales, es sencillamente indignante. Y esa es la actitud de Gabriel

García Márquez, quien al parecer ha olvidado que el oficio de escritor es un privilegio de hombres libres, y que al ponerse al lado de las dictaduras, tanto latinoamericanas como orientales, está cavando su propia sepultura como escritor y haciéndole el juego a los esbirros institucionalizados por la fuerza que, escalando por la esperanza del hombre, lo reducen luego a la triste condición de rata acosada, obligada a aplaudir incesantemente su propia prisión y su supremo carcelero. En varias ocasiones el señor García Márquez, niño mimado de la prensa occidental, pleno usufructuario del *confort* y las garantías que le ofrecen los países del llamado «mundo capitalista», ha hecho declaraciones condenando a los millones de vietnamitas que, en acción desesperada y suicida, se lanzan al mar huyendo del terror comunista. Ahora, para colmo de la indignación de todos los cubanos amantes de la libertad, G.M., huésped de honor de Fidel Castro en los recientes festejos del 1ro. de mayo, ha condenado con su actitud y sus palabras la acción de los diez mil cubanos refugiados en la Embajada del Perú, atribuyendo lo que está ocurriendo en Cuba a una acción u orientación del llamado «imperialismo norteamericano». De hecho, García Márquez condena también al millón de cubanos que, a riesgo de sus vidas, intenta lanzarse al mar y, como en Vietnam, perecer o ser libres, aun cuando esa libertad no consista en otra cosa que en poder llegar con vida y semidesnudo a un país extraño. Al parecer, a García Márquez le placen los campos de concentración, las vastas prisiones y el pensamiento amordazado. A esta *vedette* del comunismo le irrita la fuga de los prisioneros, tal como irritaba, a los grandes terratenientes cubanos de los siglos XVIII y XIX la fuga de los negros esclavos de sus plantaciones. Enriquecido por las utilidades contantes y sonantes obtenidas en el mundo capitalista, a García Márquez le molesta que otros hombres aspiren o sueñen con tener sus mismos derechos, el derecho a escribir y hablar, el derecho a vivir y publicar, el derecho a ser ante todo un ser humano y no un anónimo esclavo numerado y perseguido, condenado en el mejor de los casos a retractarse incesantemente, e informar también incesantemente sobre su propia vida.

No cesa el señor García Márquez de entonar incesantes loas a favor de la dictadura castrosoviética. A tal extremo que recientemente declaró al diario *Le Monde*: ¡«El problema de visitar a hombres como Fidel Castro es que se termina por amarlos demasiado»(!)... Ese amor de García Márquez hacia Fidel Castro y su finca (la isla de Cuba) es sin embargo un amor a distancia. García Márquez va a Cuba sólo de turista, (donde es tratado como tal); reside en México y naturalmente en París; y allí, en compañía del ciudadano francés *monsieur* Julio Cortázar, funge como cortesano y orientador cultural del nuevo presidente.

Me pregunto si no es extremadamente cínico que García Márquez, quien hace incesantes apologías a la «revolución cubana» y a su desarrollo cultural y humano, viva sin embargo en París y México, tenga un hijo estudiando en la universidad de Harvard (Estados Unidos), y el otro aprenda a tocar el violín en Francia. ¿No invalida esta actitud real la retórica procastrista del acaudalado señor que la emite?... Si García Márquez estuviese de acuerdo con las ideas que expresa, si creyese verdaderamente en ellas, sus hijos estarían en estos momentos recogiendo toronjas en algunas de las llamadas «escuelas al campo» que pululan por toda Cuba, y que consisten en inmensas plantaciones donde el estudiante ha de trabajar obligatoriamente.

Pero el hecho más abominable cometido por García Márquez hasta el momento fue el de condenar taimadamente a los obreros polacos (al pueblo polaco), quienes valientemente se empeñan en construir una verdadera sociedad socialista; es decir, tomar el poder y tener los derechos que todos los trabajadores en un mundo verdaderamente democrático poseen. Una vez más G. M. se ha manifestado en contra de una acción popular, situándose obedientemente del lado del totalitarismo.

Ante la pregunta de si se trata de un esbirro o un burro, la respuesta parece caer lamentablemente sobre la primera palabra. O quizás sobre ambas.

¿Cuánto cobra directa o indirectamente el autor de *Cien Años de Soledad* por el cadáver de cada vietnamita o cubano, perdido en el mar al intentar desesperadamente ganarse su libertad? ¿A qué cifra asciende el apoyo político que el comunismo internacional brinda a García Márquez por cada joven apuñalado o ametrallado en las costas cubanas, asesinado a mansalva por el terrible crimen de querer vivir en paz? ¿Cómo y de qué forma lo estimulan Moscú y La Habana para que de escritor respetado y admirado se convierta, ante los atónitos ojos de esos admiradores (entre los que me incluyo), en una suerte de torpe y desinformado esbirro, no por ello menos dañino y lamentable?

La búsqueda de la libertad, por cualquier medio que se intente, es la más alta expresión de la dignidad. Condenar o entorpecer ese sentimiento, que jamás podrá ser aniquilado en el corazón del hombre, es una traición imperdonable. Ponerse voluntariamente de parte de los que apuñalan, ametrallan y amordazan a los pueblos, por el hecho de querer cruzar las fronteras de su prisión, es traicionar la historia de la humanidad; porque la historia (es decir, la razón colectiva) estará siempre de parte de esa multitud acosada, de ese hombre que, sin más ideal que el de huir del terror, se refugia en masa en una embajada, aborda un avión o se lanza al mar. La razón pertenece al perseguido. Condenar esa actitud es condenar la vida misma, es condenar la huida del conejo cuando llegan los cazadores o la estampida en el bosque cuando estalla el incendio. La voz de «sálvese el que pueda» parece que le resulta desagradable a García Márquez.

Es ya hora de que todos los intelectuales del mundo libre (los demás no existen) tomen una actitud contra este tipo de propagandista sin escrúpulos del totalitarismo que, amparándose en las garantías y utilidades que la libertad le ofrece, se dedica a socavarla. ¿Puede haber libertad para los enemigos de la libertad? ¿Puede haber sitio en los países democráticos para aquellos que pretenden aniquilar la democracia? En ese sentido la actitud de los Estados Unidos y de Europa Occidental es sencillamente estúpida y suicida. Esta torpeza e ingenuidad les habrán de costar muy caras. Democracia debe ser la posibilidad que tenga todo hombre de vivir libre y dignamente, y no la tontería de abrir nuestras puertas al maligno, para que nos mine el hogar mientras dormimos y al abrir los ojos (ya demasiado tarde) despertemos en el cepo... Y me pregunto, ¿por qué estos intelectuales apologistas de los paraísos comunistas, no residen en ellos? ¿O es que prefieren cobrar allá y acá, y disfrutar de la comodidad y las garantías del mundo occidental?

La paciencia tiene sus límites, sobre todo para aquellos que llevan en el alma o en el cuerpo las humillaciones, vejaciones y chantajes que se padecen bajo los sistemas totalitarios.

(Nueva York, 1981)

DOS

Cortázar, ¿senil o pueril?

JULIO CORTÁZAR fue muy bien difundido en Cuba gracias al poeta Antón Arrufat, por entonces (1963-1964) director de la revista *Casa de las Américas*. Por aquellos tiempos muchos cubanos pudieron leer lo mejor de Cortázar, recopilado en una excelente antología hecha y prologada también por Arrufat, edición que circuló además por América Latina y fue un amplio y justo reconocimiento al narrador que era Cortázar, aún cuando no se había difundido su *Rayuela*. Por cierto que también fue otro poeta cubano (el más grande de este siglo), José Lezama Lima, quien, precisamente en un «café conversatorio» ofrecido en La Casa de las Américas, reconoció y valoró ante casi todos los intelectuales cubanos allí presentes, los innegables valores de esta obra, *Rayuela*. Sería por el año 65. Por entonces, los jóvenes cubanos que no estábamos agrupados bajo ningún gremio oficial, y que leíamos nuestras cosas en el Malecón, en un parque o bajo un árbol, conocimos a un Cortázar dinámico, desenfadado, irónico y lúcido, quien no rechazaba, (sino por el contrario, se sentía orgulloso de ellos) a los voluntarios guías que se le ofrecían para mostrarle (y enseñarle) la ciudad: muchachos melenudos y rebeldes, no comprometidos más que con la vida –que ya es bastante–. Cortázar, como jurado al Premio Casa de las Américas, premió entonces una novela de Manolo Granados, *Adire y el Tiempo Roto* y otra de Luis Agüero, *La Vida en Dos*, de cuyas excelencias dejó testimonio en varios escritos publicados, por la prensa cubana de aquella «era». Acompañado por el mismo Agüero, Granados, Rogelio Llopis, Antón Arrufat y el que (fatalmente) esto escribe, se paseó, en grata camaradería por la entonces casi flamante Rampa Habanera, inquieto siempre por la situación del intelectual cubano, que era menos difícil que la de ahora... En 1966, con el advenimiento de *Paradiso*, de José Lezama Lima, a Cortázar le cupo la gloria de ser algo así como el segundo descubridor de esta obra. Un brillante ensayo de su puño y letra se publica en la revista de la Unión de Escritores y Artistas Cubanos, y silencia, por lo menos momentáneamente, el cacareo moralizante de los encapuchados de aquellos tiempos, que luego naturalmente pasaron al triste rango de viceministros o presidentes de instituciones culturales. Hasta aquí la actitud de Julio Cortázar de escritor «progresista», intelectual «lúcido» fue consecuente con dichos epítetos... Ah, pero los tiempos cambian –y con qué rapidez–, aunque no así los intereses creados.

La invasión soviética a Checoslovaquia y la aprobación oficial del gobierno de Cuba a dicha intervención fue un golpe de gracia dado en la esperanza de los intelectuales cubanos. No obstante, el señor Julio Cortázar siguió siendo un visitante distinguido. Aquella espléndida y vital juventud que leía sus poemas por los parques y cafés habaneros fue literalmente recogida por las autoridades cubanas y trasladada en ómnibus, camiones y trenes custodiados a campos de trabajos forzados en Camagüey, Pinar del Río y otros lugares de la Isla. Pero el señor Julio Cortázar siguió ofreciéndose como invitado honorable al gobierno cubano. Los escritores que el mismo Cortázar había premiado (Agüero, Granados) fueron eliminados del mapa literario. El mismo Antón Arrufat fue expulsado de la Casa de las Américas y reducido a ser un oscuro empleado en una no menos oscura biblioteca municipal de Marianao... Pero el señor Julio Cortázar olvidó rápidamente estos nombres, olvidó (qué mala memoria) el teléfono de su amigo Antón Arrufat, su dirección, sus señas personales, su nombre, su recuerdo, su agradecimiento, su amistad... Padilla fue encerrado en una celda y conminado a retractarse de toda su obra y vida, es decir, condenado a autoeliminarse públicamente, sin otra alternativa que ésa o perecer; el mismo Lezama Lima fue silenciado, censurado y estrictamente vigilado; a Virgilio Piñera, muerto en vida, se le prohibió el habla[12], ya que sus libros estaban desde hacía años condenados. ¡Ah!, pero el inefable Julio Cortázar sigue visitando a Cuba como invitado de honor del Estado. Y desde luego, se olvidó de la situación de Lezama, cuando el poeta, condenado al ostracismo, hubiese agradecido y necesitado más que nunca de su apoyo.

Entre la literatura y el Estado; es decir, entre la libertad y la opresión, Julio Cortázar eligió el Estado. Por entonces, cuando muchos intelectuales dignos de esa fatalidad, como Vargas Llosa, Juan Goytisolo, Sartre, Beauvoir, etc, que no fueron tan asiduos visitantes a Cuba como Cortázar, comprendían –y no había que ser muy lúcido para comprenderlo– que estaban ante otro triste y repetido sistema totalitario, que convertía al escritor en su amanuense o lo liquidaba moral y hasta físicamente, Cortázar escribió una especie de poema-reconciliatorio con el gobierno cubano, titulado «*Policrítica en la hora de los chacales*», donde entre flagelaciones, genuflexiones, majaderías y golpes de pecho, se prosternaba nuevamente ante el Estado cubano en los términos siguientes:

«Este lenguaje que del fondo viene,
como del fondo brotan el semen,
la leche, las espigas...
ésta es mi policrítica, mi herramienta de luz,
y en Cuba sé de ese combate contra tanto enemigo,
sé de esa isla de hombres enteros que nunca olvidaron
la risa y la ternura...
y también el contacto con el otro,
el sencillo camarada

---

[12] Que a Virgilio Piñera se le prohibiera hablar es totalmente cierto. El escritor se reunía en casa de su amigo Johnny Ibáñez a leer sus textos y a conversar con un grupo de amigos. Un día recibió la «visita» de la Seguridad del Estado, quien le advirtió que, de seguir visitando aquella casa y dando tertulias, sería encarcelado bajo el delito de «Diversionismo ideológico». Piñera no pudo leer más sus escritos ni reunirse con sus amigos.

que necesita la palabra y el rumbo,
para impulsar mejor la máquina,
para cortar mejor la caña...
buenos días, Fidel, buenos días,
Haydée, buenos días, Mi Casa
mi sitio entre los amigos y las calles,
mi buchito, mi amor,
mi caimancito herido y más vivo que nunca»...

¡Señor! ¡Por favor! Modere sus requiebros, domine sus impulsos. Cuidado con el cilicio que –aunque cilíndrico– puede ser peligroso si se usa con exceso... Pero no hay manera: Julito, ya lógica y logísticamente, portando barba y voz gangosa, sigue viajando infatigablemente a Cuba. Claro está, hombre de Dios, que no comparte ya con los jóvenes noctámbulos, casi desaparecidos, sino con los «jóvenes caimanes»[13] (como buen camaleón), con los jóvenes marxistas-leninistas-fidelistas-realistas-socialistas... Y en los talleres oficiales, Don Julio (aunque con voz afrancesada) es ahora el que inaugura, junto a un ministro, evento político propagandístico en que ha venido a parar el «Premio Casa de las Américas»... Aplausos, discursos, más aplausos... «Cortázar, señor, Cortázar, por favor», dice una vocecilla allá lejísimos que casi nadie oye (¡y pobre del que la oiga!) «Cortázar, señor Cortázar», gime la vocecita, al parecer debajo de la mesa; o quién sabe desde dónde diablos. «Oiga, oiga», insiste la débil vocecilla, «¿*no sabe usted qué fue de la vida de aquellos muchachos melenudos, amables y rebeldes? ¿No sabe usted qué fue de Luis Agüero, ay, y de René Ariza, ay y de Nelson Rodríguez, ay, y de Virgilio Piñera, ay, y de José Lezama Lima, ay, y de Manuel Granados? Ay, Cortázar. ¡Ay!*... Pero hay Cortázar para rato –y para ratas–. Yo no diría solamente que hay Cortázar; yo diría que hay *cortázares*. Los cubanos, por lo mínimo, ya conocemos dos. El agudo, desenfadado, brillante y vital que nos visitó por los años sesenta y pico; y ahora, el engolado, gan-

---

[13] «Los jóvenes caimanes» llamados así por el propio Cortázar, son los miembros del periódico oficial (supuestamente literario) de la Juventud Comunista de Cuba. Se titula «*El Caimán Barbudo*» y lo dirige el Partido Comunista. Allí se inició el ataque contra Heberto Padilla.

goso, ¿senil, o pueril?, que inaugura un evento oficial, y (¡qué memoria!) se olvida de sus amigos en desgracia que por cierto están entre lo mejor de la intelectualidad cubana... Un tercer Cortázar es el que reside en Europa en «exilio voluntario» (ji, ji), con todos los andariveles típicos del izquierdista de salón que al poner en juego sus intereses (los contantes, no los constantes) oscila y cae del lado oficial, y con mucho tino (aunque con mal tono): pues en fin ¿qué utilidades para su carrera de «respetable intelectual de izquierda», residente (oh, destino, destino) en Paris[14], le podrían aportar unos jóvenes cubanos confinados a un campo de concentración o un grupo de excolegas excomulgados, vigilados, amordazados y en perpetuo y planificado exterminio?

Pero hay –y esto quizás muchos no lo sepan– un cuarto Cortázar; el que mientras públicamente elogia la tiranía de Fidel Castro y culpa a los Estados Unidos por todo lo que anda mal en América Latina y en el mundo, le pide (y recibe) dólares al gobierno Federal de los Estados Unidos para publicar sus libros con ayuda de instituciones oficiales (como el Centro de Relaciones Interamericanas) subvencionadas con fondos del gobierno federal y por el apoyo directo de capitalistas tan poderosos como la familia Rockefeller.

¡Y ahora, que toquen de nuevo el cornetín! ¡Qué el señor se apee del avión y salude (pero, por favor, mejore su acento hispano que resulta tan galo que supera al mismísimo Monsieur Alejo Carpentier)! Qué lleven al señor al hotel Habana «Libre» (construido, oh, destino, destino, por el señor Hilton). ¡Que se le busque un guía gentil, cauteloso y complaciente!... hasta un límite. ¡Que se le pasee por las distintas fachadas, que se le encarame en las diversas tribunas, junto al mismísimo caudillo (no, flores no. ¿No veis que tiene barba?) Que se le despida con todos los honores, que se le elogie su eterna juventud (ji, ji)... Y que nuestro distinguido señor de las izquierdas latinoeuropeas convertido por obra y gracia de varias visitas turísticas a Cuba en defensor apasionado del castrismo, ya de regreso e instalado cómoda-

---

[14] Julio Cortázar es ahora ciudadano francés.

mente en esa sociedad de consumo que sin duda «aborrece», siga recaudando (a diestra y siniestra) y siga olvidando lo que le conviene... ¡Y albricias, Julio, y hasta el próximo 26 de julio!

(Nueva York, enero 1983)

DIVERSIONISMO IDEOLÓGICO

SECCIÓN QUINTA

ARTÍCULO 103

1. Incurre en sanción de privación de libertad de uno a ocho años el que:
   1) incite contra el orden social, la solidaridad internacional o el Estado socialista, mediante la propaganda oral o escrita o en cualquier otra forma;
   2) confeccione, distribuya o posea propaganda del carácter mencionado en el inciso anterior.

2. El que difunda noticias falsas o predicciones maliciosas tendentes a causar alarma o descontento en la población, o desorden público, incurre en sanción de privación de libertad de uno a cuatro años.

3. Si, para la ejecución, de los hechos previstos en los apartados anteriores, se utilizan medios de difusión masiva, la sanción de la privación de libertad será de siete a quince años.

(Gaceta oficial de Cuba, 1974)

SENTENCIA DE RENE ARIZA

Causa No. **7** de 197**4** de **SALA D.C.S.E.** DELITO **CONTRA LA INTEGRIDAD Y ESTABILIDAD DE LA NACIÓN**	**CONCLUSIONES PROVISIONALES DEL FISCAL** (Artículo 260-C de la L.P.P.) Acusado (s) **ANGEL RENE ARIZA BARDALES**

A LA SALA:

EL FISCAL dice: Que, entendidas completas, presenta las diligencias de la causa de referencia, interesa que se resuelva de conformidad con la (s) petición (es) que se formula (n) en el (los) apartado (s) que sigue (n):

☒ A) Tenerlo por personado tanto por sí como en representación del Estado Cubano, perjudicado por virtud de los hechos.

☐ B) Tener por acusado (s) a

☐ C) Que se declare rebelde al acusado

haciéndole a las partes las reservas civiles a que alude el artículo 443 de la Ley de Procedimiento Penal.

☐ D) Declarar extinguida la responsabilidad criminal por fallecimiento de

☐ E) Sobreseer .... conforme al caso .... del artículo .... de la L.P.P. y con respecto a los siguientes hechos y/o acusado (s)

☐ F) Por existir motivos suficientes para presumir que tratará de evadir la acción de la justicia, imponer al acusado la medida cautelar de

☒ G) Abrir la Causa a Juicio Oral, a cuyo efecto formula las siguientes:

CONCLUSIONES PROVISIONALES:

PRIMERA: QUE EL ACUSADO ASEGURADO RENE ARIZA BARDALES, NATURAL DE LA HABANA, HIJO DE RAMÓN E ISABEL, DE 33 AÑOS DE EDAD, CON INSTRUCCIÓN, CASADO, EMPLEADO COMO REALIZADOR DE DECORACIÓN DEL INIT Y VECINO DE CALLE 14 # 9 APTO. 4?, 2DO. PISO e/ LÍNEA Y CALZADA, VEDADO, HABANA.- DESDE HACE ALGÚN TIEMPO VIENE DEDICÁNDOSE A ESCRIBIR CUENTOS, ENSAYOS Y RELATOS CUYO CONTENIDO Y ENFOQUE SE BASAN EN EL MÁS AMPLIO DIVERSIONISMO IDEOLÓGICO Y PROPAGANDA CONTRARREVOLUCIONARIA ESCRITA. QUE TODO ESTE MATERIAL LITERARIO CARENTE DE VALOR ARTÍSTICO ESCRITO EN CONTRA DE LOS INTERESES DE NUESTRO PUEBLO, DE NUESTRO 1er. MINISTRO CMTE. FIDEL CASTRO RUZ, MÁRTIRES DE NUESTRA PATRIA Y DEMÁS DIRIGENTES NUESTROS, FUE TRATADO DE ENVIAR AL EXTERIOR DE NUESTRO PAÍS PARA MEDIANTE SU DIVULGACIÓN INCITAR CONTRA EL ORDEN SOCIALISTA Y LA SOLIDARIDAD INTERNACIONAL.- — — — — — — — — — — — — — — — — —

SEGUNDA: Estos hechos son constitutivos de UN delito (s) de **CONTRA LA INTEGRIDAD Y ESTABILIDAD DE LA NACIÓN**, PREVISTO Y SANCIONADO EN EL Art. 141-I - INCISO A DE LA LEY 1262 DE 1973 DEL CÓDIGO DE DEFENSA SOCIAL.

TERCERA: ES (son) responsable (s) en concepto de autor (es) INMEDIATO EL ACUSADO ARIZA BARDALES.-

CUARTA: Sobre circunstancias modificativas de la responsabilidad criminal procede hacer el pronunciamiento consignado en el apartado que a continuación se señala:

X
1). No concurren circunstancias modificativas de la responsabilidad criminal.

2) Concurre (n) la (s) circunstancia (s) modificativa (s) de la responsabilidad criminal prevista (s) en

QUINTA: Procede hacer el (los) pronunciamiento (s) que se consigna (n) en el (los) apartado (s)
A
siguiente (s):

X j A) La sanción que debe imponerse al (a los) acusado (s) es la de (OCHO AÑOS DE RECLUSION)

Con las accesorias del (de los) artículo(s) 664-59.   76
del Código de Defensa Social   Y LA LEY 664-59.

☐ B) El (los) acusado (s) menor (es)
                        debe (n) ser declarado (s) responsable (s) y disponerse por el Tribunal
su reclusión en Centro de Reeducación adecuado, por tiempo indefinido y en virtud de los progresos que
se observan durante su internamiento.

RESPONSABILIDAD CIVIL:

1o.) El (los) acusado (s) es (son) responsable (s), civilmente de su (s) delito (s) por serlo criminalmente.

2o.) Debe (n) ser condenado (s) a PAGAR LAS COSTAS PROCESALES.

con aplicación de lo preceptuado en los artículos 110 al 115 del Código de Defensa Social, ambos inclusive.

OTROSI: La prueba de que intenta valerse el Fiscal es la que se expresa en las letras
de los apartados, que a continuación se señalan:

☒ A) Confesión del (de los) acusado (s), si a ello accediere (n).

☒ B) Documental de hojas   1 A LA 202   del expediente.

☒ C) Testifical, según lista que se consigna, para que declaren sobre autores, hechos y circunstancias, interesando la citación judicial de dichas personas.

☐ D) Pericial, consistente en
según lista de peritos que se consigna cuya citación judicial interesa, para que ratifiquen o modifiquen el
(los) dictamen (es) de hoja (s)   del expediente.

OTROSI: Una dictada la sentencia se requiera al (a los) sancionado (s) para que haga (n) efectiva la responsabilidad civil y si no lo hiciera (n) se proceda al embargo de sus bienes, en cantidad suficiente para satisfacer el importe de la que por dicha sentencia se disponga.

OTROSI: Se acompaña (n) el (los) documento (s) que se expresa (n) en el (los) apartado (s) que a continuación
se señala (n):

☒ A) Certificación de los antecedentes Penales del (de los) acusado (s).

☒ B)   3   copia (s) del presente escrito.

LISTA DE TESTIGOS:
1.- JOSÉ PEREIRA RAMOS   7.- TTE. ARMANDO LABADÍ CES
2.- ARMANDO VEGA GONZÁLEZ
3.- FIDELA LAVÍN LAVÍN
4.- JOSÉ MARTÍNEZ HATOS
5.- OSVALDO FUNDORA
LISTA DE PERITOS: 6.- TTE. DOMINGO VELAZCO LÓPEZ

LA HABANA   3   de   JULIO   de 1974
"AÑO DEL XV ANIVERSARIO"

F
"PATRIA O MUERTE. VENCEREMOS"

85

CONCLUSIONES DEL TRIBUNAL[15]

Que el acusado asegurado René Ariza Bardales, natural de La Habana, hijo de Ramón e Isabel, de 33 años de edad, con instrucción, casado, empleado como realizador de decoración del INIT y vecino de la calle 14 No. 9, apto 40, segundo piso E/Línea y Calzada, Vedado, Habana, desde hace algún tiempo viene dedicándose a escribir cuentos, ensayos y relatos cuyo contenido y enfoque se basan en el más amplio diversionismo ideológico y propaganda contrarrevolucionaria escrita. Que todo este material literario carente de valor artístico, escrito en contra de los intereses de nuestro pueblo, de nuestro Primer Ministro Comandante Fidel Castro Ruz, mártires de nuestra patria y demás dirigentes nuestros, fue tratado de enviar al exterior de nuestro país para mediante su divulgación incitar contra el orden socialista y la solidaridad internacional.

LA SANCIÓN QUE DEBE PONÉRSELE ES LA DE: **OCHO AÑOS DE RECLUSIÓN**.

Lista de testigos:

1. José Pereira Ramos.
2. Armando Vega González.
3. Fidela Lavín Lavín.
4. José Martínez Matos.
5. Osvaldo Fundora.
6. Teniente Domingo Veloso López.
7. Teniente Armando Labadí Castro.

La Habana, 3 de Julio de 1974
«AÑO DEL XV ANIVERSARIO»

Firmado:
Fiscal.

«PATRIA O MUERTE, VENCEREMOS»

---

[15] Este documento es copia directa de la sentencia dictada en 1974 por el Tribunal Provincial de La Habana, contra el escritor y dramaturgo René Ariza (Premio Nacional de Teatro), condenado a ocho años de trabajos forzados, por el «delito» de intentar sacar su obra literaria fuera de Cuba. Lo cual entra dentro del acápite delictivo de «diversionismo ideológico».

IV

PALABRAS,
ÚNICO TESORO

La Habana, julio 24 de 1973

Delfín Prats Pupo
Calle Real
Holguín

Mucho he meditado, bondadosa señora, sobre las causas de su prolongado silencio, y al fin he llegado a la conclusión (para ambas jubilosa) de que usted, al igual que yo, ha abrazado el marxismo... ¡Y no podía ser de otra manera en quien, como vos, conocéis en carne propia, la alteza, el esplendor, las libertades y, naturalmente, la abundancia (oh, ese paraíso monolítico) de nuestra Gran Madre Patria Soviética. Sé cuán transformada de allí arribasteis. ¿Acaso, por ventura, no fue allí donde se *templó* el acero? Así, pues, os congratulo, sopeso vuestra suerte singular, y comprendo admirada que hayáis puesto punto final a vuestra vida sardanapalesca.

Sé, no obstante, noble dama, de vuestras cuitas por mi insignificante persona. Calmaos, no os desasoseguéis: Yo, al igual que vos, me afano en la construcción de esta sociedad luminosa: Desde las cinco de la mañana hasta la puesta del sol me dedico –siempre cantando– a arrancar yerbas en un plan Libre y Monumental DE CARA AL CAMPO; a las siete, velocísima, ya estoy en el *Círculo de Estudio*, donde, con pasión, elogiamos y estudiamos las obras de Nuestra Madre Superiora y Reprimerísima, a las once de la noche, presente en la guardia de la Milicia Nacional Revolucionaria, brazalete al hombro y escuchando los himnos... Pero el fin de semana, queridísima, es aún más fascinante: incorporada, naturalmente, al Batallón de Trabajo Productivo, permanezco, como todos los demás, el sábado y domingo en la agricultura, corto caña, limpio las cortinas rompevientos, recojo malanga, naranjas (¿aún te acuerdas de las naranjas?) quimbombó, yuca, arranco hojas de tabaco y planto posturas de café. ¡Oh, qué goce! Pero no penséis que mi felicidad termina ahí; nada de eso, mis vacaciones las dono voluntariamente al *Plan Ofensiva en la agricultura*, y entonces, velocísima parto, con todo el mundo voluntariamente hacia Catalina de Güines, donde tumbo cujes de trabajo, siembro nuevas posturas de caña, limpio los platanales o corto las suaves hojas del maguey. Luego, siempre entusiasta salgo hacia *La Gran Emula-*

ción Provincial, e integrada a un batallón desmonto marabuzales. Al terminar, a la Guardia del Comité, de la Milicia, del Batallón y del Boom, y otra vez al Círculo de Estudio, a la Brigada Roja, y, *Granma* en mano, al Círculo Político. Por el día, embriagada, mientras guataqueo sin cesar, pronuncio los nombres amados: *Fidel, Celia, Coco...* Si me vierais, al exhalar esos trinos, hasta las aves de rapiña –Miguel Barnet, Reinaldo González– pósanse en mis hombros, y hasta las bestias y grifos de la noche (Julio Gómez, Lisando Otero) como beatificadas, me lamen las plantas: Conmovida acaricio sus pelambres, y, como un bólido, empuñando la guataca, vuelvo a mis patrias faenas. Transverberada sólo aspiro, como vos, a que me otorguen el gallardete, o la Orden de *Primer Grado Lydia y Clodomira...* Mas discúlpame, gran señora, pero la pluma estremecida tiembla en mi mano; una tal sensación de dicha me invade, que ya no os puedo seguir escribiendo: una sensación de libertad, de plena realización me toma. Posesa y henchida comienzo otra vez a entonar los himnos amados. Mi cuello se alarga, mis ojos se abren desmesuradamente, mis cabellos encabritados de entusiasmo revolucionario se levantan, la nariz da un respingo, en tanto que mi boca abierta de oreja a oreja (orejas que baten frenéticamente) modula ya la nota unánime. ¡Cuba! ¡Cuba! Clamo estremecida al igual que Ana de Quesada. ¡Adiós, querida, pues ya canto...!

Tu siempre fiel,

Dña. Mercedes Santa Cruz,
Condesa de Merlín[16]

---

[16] Bajo el seudónimo de La Condesa de Merlín, Reinaldo Arenas sostuvo una prolongada correspondencia con varios amigos tanto en Cuba como en el Extranjero. En Cuba esto evitaba (hasta cierto punto) que si la carta fuese interceptada por la policía su autor fuera reconocido. Algunas veces la persona a quien se le dirige la carta aparece también encubierta con un seudónimo (N. del E.).

UNO

Fluir en el tiempo

El desesperado y yo no tenemos patria
Albert Camus

ES CIERTO que en mi infancia no tuve el mar, pero mi niñez también fue «fastuosa», pues transcurrió en el campo. ¿Quién puede ser completamente desdichado cuando cuenta con el consuelo de la arboleda, la transparencia del aire, y el rocío? La miseria se vuelve esplendor cuando nuestros ojos no chocan contra un muro desarrapado, o una calle sucia, sino con un horizonte interrumpido por cerros azules, un alto cielo transitado por pabellones flotantes; y tenemos, para investigar y pernos, una tierra que exhala saturada la satisfacción de ser tierra, madre generosa, infinita, perfumada, ofreciéndonos incesantemente la inminente apoteosis de la primavera tropical... Y de pronto el aguacero, convirtiendo en inmensas, fantásticas ciudades la arboleda, repicando con su himno innumerable sobre canales y corredores, otorgándole la incuestionable categoría de castillo a la mata de ceiba, difuminando el jardín, el palmar y las reses;

blanco, blanco, ¿cómo no desear perderse entre tanta blancura?...
Blanco, blanco, ¿cómo no desear salir finalmente al blanco estruendo,
entrar corriendo en el blanco estruendo, confundirse, desintegrarse:
integrarse al blanco estruendo, diluirnos, volver, ser *aquél*...? Así,
entra la noche, como un pañuelo perfumado que desciende. De las
grandes siluetas que eran lomas o árboles y ahora son torres, se esca-
pan sonoridades no identificables. Al borde del corredor, al borde del
sonoro abismo, amparados por el perfume de la enredadera, fluyendo,
mínimos, plenos junto a la inconmensurable negrura, cómo sentirnos
desdichados, plenamente infelices, ante tanta vastedad que insta, y que
quiere ser recorrida, abrazada, temida e investigada, y ante la cual,
cómplices y temerosos –dueños– fascinados, extendemos los brazos...
Ya sé: el recuerdo cubre de prestigios lo que, cuando fue, no fue más
que un simple acontecer rutinario. Sé que las cosas no fueron nunca
como se sienten o recuerdan. Pero en un principio hubo un árbol, y un
pozo, y una mañana; y un escenario para que esa mañana cumpliese
su condición de mañana, un horizonte y un tiempo donde la noche
alcanzaba su plenitud de noche, y la infancia su categoría de mito, de
magia, de infancia... Aún ruego a los dioses, dioses ásperos, sordos,
amados e inexistentes, que esa infancia, que seguramente no fue como
la cuento, me nutra; que esa neblina cayendo, que a lo mejor nunca
cayó, persista; que ese canto que quizás nunca se emitió, siga alentán-
dome para que, contra todas la vilezas asumidas o por asumir, padecidas o por padecer, se alce siempre el consuelo, el desquite desesperado, del poema... Palabras, único tesoro (sin duda deteriorado y ajeno)
con el cual aún me asomo, temeroso y titubeante, al espacio del mundo que me ha quedado: *la hoja en blanco*... Después vendrán incesantes y azarosas lecturas, angustias más vastas y horizontes más estrictos; pero más que a todos los libros leídos, si alguna página o renglón
quedase de cuanto la furia, el desconsuelo, la soledad, el amor, el tedio
o la venganza me han hecho emborronar, se lo deberé (más que a toda
la literatura universal) a aquella mata de almendras (que sin duda ya
fue cortada), creciendo junto a la casa; siempre la misma y cambiante,
otorgándonos, además de su frescura, infinitas melodías... También los
libros, los buenos libros, seguramente despiertan la intuición (su
sabiduría) suficiente, para poder comprender que nada ha sido más
precioso y útil que aquel árbol. Y seguro estoy de que árbol y libro

están de acuerdo en que creación es una cosa, y taller, reunión literaria, o como quiera llamársele, es su contrario. Y que, de aquello que intuimos, presentimos, adivinamos o interiormente concebimos, sólo una sombra, un esbozo, una caricatura, quedará concretada, captada, en el papel.

También la experiencia me ha hecho llegar a la conclusión de que el árbol de las seis de la mañana no es el mismo del mediodía, y que, si esperaba al anochecer bajo su halo, estaba en otro misterio, bajo otro árbol, y que esas hojas, si llegase a tocarlas, no serían las mismas que se agitaban por la mañana. Igual sensación habrá experimentado el nadador marino. El agua que cortan sus manos al mediodía no es aquélla que delicadamente se deja penetrar al oscurecer... Y si eso sucede con el mar o con un árbol, cómo escapar nosotros a esa incesante mutación, a ese negarse transformándose, a ese ser, en fin, no una realidad, sino todas las realidades, todas las verdades o al menos unas cuantas.

Creo que el campo es más universal, más «civilizado» que la ciudad. De hecho un hombre de campo tiene que ser más cosmopolita que el habitante de esos modernos pozos de concreto, donde todo perece en aras de la identidad (impersonalidad) monolítica, tanto en arquitectura como en costumbres. El bosque será siempre el reto misterioso, el árbol nuestro gran consuelo, la incesante explanada reverberante, el reto, el tedio que hay que combatir con la creación; es decir, con la aventura. Las parpadeantes y lejanas montañas serán la nostalgia de estar *aquí* y no *allá*, un poco más lejos... Mito, paisaje y hombre, son temas universales, de modo que no es mi «aldea perdida» lo que más añoro, si de añorar se trata; sino el verde universal, pereciendo, ¿a cambio de qué?... Creo, como Jorge Luis Borges, que el hombre americano tiene derecho a todas las culturas, ya que no es deudor de ninguna, y las padece casi todas; por lo mismo, no debe conocer ni respetar limitación cultural alguna. Por mi parte, debo apresurarme a afirmar que el costumbrismo o regionalismo, tanto rural como urbano, me parecen aborrecibles, pertenecen a una categoría que no es la literatura. Precisamente por no ser un costumbrista nunca me he identificado con las dictaduras; de manera que, aunque quizás esto disguste a algunos, no simpatizo con los Lope de Aguirre, Boves, Trujillos, Pinochets, Somozas o Castros; personajes, a no dudarlo, típicos de nuestro folclore, de nuestro triste colorido americano. Si la fatalidad en extremo extremista me obligara a seleccionar mi personaje inolvidable, a la manera de la fatídica «Selecciones», seleccionaría a aquel ser anónimo que duda, cuestiona y huye, al que no quiere saber nada de compromisos, al que, en última instancia, cuando se le hable demagógicamente de «porvenir», «fraternidad», «igualdad», «progreso», y otros temas en boga, otorgue como respuesta una buena bofetada. Pero, ¿existe ese hombre?... Nuestra triste, fatal, primitiva, vejada e ingenua América Latina, dejará de ser eso que es quizás cuando se resigne a constatar que no hay ideologías, brujos, padres prepotentes, grandes señores ni dioses que la salven y que, al depositar nuestros sueños en un concepto preconcebido o en un supuesto redentor, generalmente armado y airado, estamos dando testimonios de nuestro secular candor, además de nuestra falta de madurez e imaginación... Una aureola, no por siniestra menos atractiva, envuelve aún en América Latina al padre prepotente, al gran caudillo, al «gran guía», al «salvador» legendario que tomará las riendas del poder (de la «patria») y nos liberará de la desesperación desgarrada de pensar y obrar, es decir, de ser hombres auténticos... Pero el hombre es hombre, en la medida en que se diferencia y disiente de sus semejantes. Ese derecho de poder ser distintos –esa igualdad– es precisamente la que se debe conservar o conquistar. El hombre se realiza, afirma y engrandece, en la medida en que cuestiona y niega; se disminuye, en la medida en que acepta y aplaude. Renunciemos al *padrecito*, al caballero mitológico, al airado bravucón, al emperifollado militar que desde la tribuna habla, él solo, en nombre de todo el género humano. Seamos por lo menos voceros de nosotros mismos; así, cuando nos contradigamos y traicionemos, no tendremos que pagar con nuestras propias vidas. No entreguemos nuestra esperanza, nuestra resistencia. No permitamos que nos arrebaten la posibilidad de soñar.

En los sistemas totalitarios planificados sobre el ser humano se cierne algo impalpable y siniestro, nuevo en su pleno estupor, que no pueden reflejar las estadísticas, que nunca desde luego reportará la Unesco, que no verán jamás ni el turista invitado, ni el intelectual eventual, también de paso y paseo por tribunas y fachadas. Ello es, además de todas las pérdidas, la pérdida de la esperanza, la imposibilidad de soñar, la imposibilidad de azar. La vida, pues, transcurre en dos tiempos: un tiempo oficial (pomposo y discursante) que refleja la prensa, y un tiempo real (hambriento y humillante) que se refleja en el alma y en el estómago; y, por encima de todo, un gran tiempo detenido: *el tiempo de la autenticidad*. Por eso, porque quiero fluir en el tiempo y no detenerme, porque prefiero el grito, aunque tal preferencia signifique la renuncia al paisaje de la infancia; porque, en fin, estoy por la vida, estaré siempre de parte del negro, perseguido y discriminado; del judío perseguido, discriminado y aniquilado; del intelectual disidente, confinado, fusilado o deportado; del hombre, cualquier tipo de hombre, que ante el dogma levanta ese estandarte, no por antiguo menos resplandeciente y sublime, que se llama *yo mismo*. Esos son y serán mis aliados, gente desesperada y sin patria, gente que corre despavorida, gente que seguramente no será condecorada, ni estará en las tribunas presidenciales, junto a un García Márquez o un Julio Cortázar; gente que seguramente no aparece en los periódicos ni viaja, ni emite discursos. Ah, esos empecinados de siempre que no quieren marchar al ritmo de la historia oficial, y que, vea usted, con qué insolencia retiran la cabeza del cepo, el cuello de la horca, el pecho del paredón. Ah, esos tercos, desobedientes, esos sublimes de siempre que se niegan a suicidarse a largo plazo o de una vez, y optan irreverentes por la fuga, aún cuando esa fuga implique en muchas ocasiones la muerte. Gentes en fin, que apenas si pueden sobrevivir; pero que han sido, son y serán la sal de la historia, el impulso fundamental y revitalizador, los que hacen que el mundo no sea una explanada planificada, desolada y monótona, por la que hay que transitar haciendo incesantes genuflexiones, sino una tierra de nadie, una resistencia luminosa, una posibilidad incesante, donde el mito de la vida, el poema, aunque casi insólito, aún puede ser posible.

(Caracas, julio 16 de 1980)

DOS

Fray Servando
víctima infatigable[17]

MUCHOS AÑOS hacía que Fray Servando se encontraba huyendo de la inquisición española por toda Europa, acompañado por las humillaciones y vicisitudes que el destierro impone, cuando un atardecer, en el jardín botánico de Italia, se encuentra con el objeto de su absoluto desconsuelo: un *agave mexicano* (o planta del maguey), encerrado en un pequeño cubículo, con una suerte de cartel identificador.

Largo tiempo había tenido que trotar el fraile para finalmente arribar al sitio que lo identifica y refleja: la mínima planta, arrancada y trasplantada a una tierra y a un cielo extraños. El ciclo casi mítico del hombre americano, víctima incesante de todos los tiempos, componedor de lo imposible, pasa también por ese breve y fulminante encuentro entre alma y paisaje, entre soledad e imagen perdida, entre el sentimiento desgarrado de inseguridad y ausencia, y el de la evoca-

[17] Este trabajo forma parte de la introducción a la novela *El mundo alucinante*. Ed. Monte Ávila, Caracas, 1982.

ción que irrumpe, cubriendo, imantando, idealizando lo que cuando fue (cuando lo tuvimos) no fue más que un lugar común al que la imposibilidad de volver prestigia.

Aunque aún no se habían conocido personalmente (la Historia no «certifica» si se llegaron a conocer) Fray Servando Teresa de Mier y José María Heredia debieron experimentar, en un tiempo similar, la misma sensación, la misma desolación, aunque en distintos escenarios. A Heredia, como romántico ortodoxo, la fatalidad lo conduce a las cataratas del Niágara, donde, más que la grandiosidad del paisaje, lo que lo llega a estremecer es el recuerdo de un palmar ausente. En Fray Servando, hombre de mil dimensiones, cándido, pícaro, aventurero, exaltado, ese desgarramiento por lo imposible (su patria) ocurre en el centro mismo de una de las más populosas ciudades europeas, entre el torbellino de anónimos rostros y el estruendo de innumerables ideas, generalmente contradictorias... El regreso, es decir, la recuperación del palmar o el agave, será para ambos arduo e incierto y finalmente (fatalmente) posible.

No tendría sentido narrar aquí, en esta suerte de introducción a una novela que escribí hace muchos años y que ya casi no recuerdo, las peripecias de Fray Servando y de Heredia, ni el porqué de las mismas. Pienso, sin embargo, en ese instante, que la historia «oficial», como la mayoría de los instantes importantes, no registra, en que el poeta y el aventurero, ya en México, se encuentran luego de las mil y una infamias padecidas y ante el vasto panorama de las que le quedan por padecer... Ambos han visto de nuevo los paisajes amados y realmente ¿qué han visto?, ¿qué pueden decirse? El hombre que recorrió a pie toda Europa, realizando aventuras inverosímiles, el que padeció todas las persecuciones, víctima infatigable, en varias ocasiones a punto de perecer en la hoguera, huésped consuetudinario de las prisiones más temidas de América y de Europa (San Juan de Ulúa, El Morro, Los Toribios...), el patriota y político rebelde, el luchador, no es ahora precisamente quien puede encauzar el ritmo de la historia de su país, ni siquiera el de su provincia, ni siquiera el suyo propio. En cuanto a Heredia, catalogado por sus contemporáneos como «ángel caído» por el hecho de haber ido a Cuba, a su paisaje, con un salvoconducto expedido por el General Tacón, tampoco es evidentemente un ejemplo de estabilidad y satisfacción moral y espiritual. El hecho de que ambos hombres convivan en un mismo sitio (el palacio presidencial), que la Historia los haya hecho converger en un mismo lugar en situaciones similares y que a la vez no recoja este acontecimiento, no deja de ser una de sus conocidas y atroces ironías. Por eso, si nos sometiéramos como historiadores al dato estricto, ambas figuras, tan importantes para nuestro continente, ahora mismo tendrían que retirarse mudas, y perderse definitivamente y sin mayores trámites por los extremos opuestos del edificio o por los desconocidos recovecos del tiempo.

Por eso siempre he desconfiado de lo «histórico», de ese dato «minucioso y preciso». Porque, ¿qué cosa es en fin la Historia? ¿Una fila de cartapacios ordenados más o menos cronológicamente? ¿Recoge acaso la Historia el instante crucial en que Fray Servando se encuentra con el *agave mexicano* o el sentimiento de Heredia al no ver ante el desconsolado horizonte de su alma el palmar amado? Los impulsos, los motivos, las secretas percepciones que instan (hacen) a un hombre no aparecen, no pueden aparecer, recogidos por la Historia, así como aun bajo el quirófano no se captará jamás el sentimiento de dolor del hombre adolorido.

La Historia recoge la fecha de una batalla, los muertos que ilustraron la misma, es decir, lo evidente. Esos temibles mamotretos resumen (y es bastante) lo fugaz. El efecto, no la causa. Por eso, más que en la Historia busco en el tiempo. En ese tiempo incesante y diverso: el hombre es su metáfora. Porque el hombre es al fin la metáfora de la Historia, su víctima, aun cuando aparentemente intente modificarla, y según algunos lo haga. En general, los historiadores ven el tiempo como algo lineal en su infinitud. ¿Con qué pruebas se cuenta para demostrar que es así? Con el elemental razonamiento de que mil quinientos es anterior a mil setecientos, o que la guerra de Troya fue anterior al degollamiento de María Antonieta? Como si al tiempo le interesasen para algo tales signos, como si el tiempo conociese de cronologías, de progresos, como si el tiempo pudiese avanzar... Ante la ingenuidad del hombre al intentar escalonar el tiempo, fichándolo con una intención progresiva y hasta «progresista», se opone sencillamente el tiempo. ¿Cómo pues fichar el infinito? Pero el hombre no se resigna a este pavor, de ahí esa incesante irrupción de códices, fechas, calendas, etc. Sus progresos... Lo que nos sorprende cuando encontramos en el tiempo, en cualquier tiempo, a un personaje auténtico, desgarrador, es precisamente su intemporalidad, es decir, su actualidad; su condición de infinito. Porque infinito –y no histórico– es Aquiles, por su cólera y su amor, independiente de que haya o no existido; como infinito será Cristo por su impracticable filosofía, regístrelo o no la Historia. Esas metáforas, esas imágenes, pertenecen a la eternidad.

Creo que lo infinito no es lo lineal ni lo evidente, pues ver la realidad como un desfile o una fotografía es ver, en verdad, algo muy lejos de la realidad. Por eso, el llamado realismo me parece que es precisamente lo contrario de la realidad. Ya que, al tratar de someter dicha realidad, de encasillarla, de verla desde un solo punto (el «realista») deja lógicamente de percibirse la realidad completa.

Pero últimamente no sólo tenemos (padecemos) realismo, sino que contamos hasta con realismo-socialista; de modo que la realidad ya no sólo es vista desde un ángulo, sino desde un ángulo político y dogmático. ¿Qué realidad será esa, señor, que en esa posición y desde ese ángulo tendrán que resignarse a ver (y a hacer) las víctimas de tal realismo?... En verdad, si de alguna obra realista-socialista podemos hablar es de las novelas de Alexander Solzhenitsyn. Ellas al menos reflejan parte de una realidad socialista, la más evidente: campos de concentración.

No me cansaré de descubrir que el árbol de las seis de la mañana no es éste de las doce del día, ni aquel cuyo halo nos consuela al anochecer. Y ese aire que en la noche avanza, ¿puede ser el mismo de la mañana? Y esas aguas marinas que el nadador del atardecer surca cortándolas como un pastel, ¿son acaso las de las doce del día? Influyendo de manera tan evidente el tiempo en un árbol o en un paisaje, ¿permanecemos nosotros, las criaturas más sensibles, inmunes a tales señales? Creo todo lo contrario: somos crueles y tiernos, egoístas y generosos, apasionados y meditativos, lacónicos y estruendosos, terribles y sublimes, como el mar... Por eso quizás he intentado en lo poco que he hecho, y de lo hecho en lo poco que me pertenece, reflejar, no una realidad, sino todas las realidades o al menos algunas.

Quien, por truculencias del azar, lea alguno de mis libros, no encontrará en ellos una contradicción, sino varias; no un tono, sino muchos; no una línea, sino varios círculos. Por eso no creo que mis novelas pueden leerse como una historia de acontecimientos concatenados; sino como un oleaje que se expande, vuelve, se ensancha, regresa, más tenue, más enardecido, incesante, en medio de situaciones tan extremas que de tan intolerables resultan a veces liberadoras.

Así creo que es la vida. No un dogma, no un código, no una historia; sino un misterio al que hay que atacar por distintos flancos. No con el fin de desentrañarlo (lo cual sería horrible), sino con el fin de no darnos jamás por derrotados.

Y en ese plano, en el de víctima inconsolable e incansable de la Historia, del tiempo, nuestro amado Fray Servando logra su verdadera ubicación. Él justifica y ampara esta suerte de poema informe y desesperado, esta mentira torrencial y galopante, irreverente y grotesca, desolada y amorosa, esta (de alguna forma hay que llamarla) novela[18].

(Caracas, julio de 1980)

---

[18] Me informan que informes desinformados informan que hay en esta novela –*El Mundo Alucinante*–, escrita en 1965, Mención en el Concurso UNEAC, 1966, influencia de obras que se escribieron y publicaron después de ella, como *Cien Años de Soledad*, (1967) y *De Dónde Son los Cantantes* (1967). Influencias similares también han sido señaladas en *Celestino Antes del Alba*, escrita en 1964, y Mención UNEAC, 1965. He aquí otra prueba irrebatible, al menos para los críticos y reseñeros literarios, de que el tiempo no existe.

TRES

Desgarramiento y fatalidad
en la poesía cubana

POESÍA ES LO QUE trasciende, lo que nos agrupa, identifica y señala en forma permanente. Más que en los voluminosos libros de texto, la verdadera historia del hombre, de los pueblos, de la humanidad, la recoge y resume en forma estricta el poema. Un pueblo, un país, no existe como tal en tanto que carezca de poetas que lo definan. La poesía es la profundidad, la secreta conciencia, el alma de un pueblo.

Podemos afirmar que los pueblos que hayan logrado desarrollar el lenguaje de la poesía, que es el lenguaje de la belleza y el desgarramiento, no el del ditirambo y el canto circunstancial, han logrado un sitio en la eternidad; pues han alcanzado la dicha (la fatalidad) de perdurar, de quedar como espíritu, como conciencia, como sentido de nacionalidad, aun cuando momentáneamente o indefinidamente parezca a veces que dichos pueblos han sucumbido... Ese aliento superior que es el poema, secreta e incesantemente nos nutre, exalta y engrandece, alentándonos y reconstruyéndonos.

El poema es lo que nos da una dimensión de futuro, lo que justifica que hayamos tenido un pasado. Poema es lo que queda después del derrumbe, más allá del incendio; resistencia al golpe, reto al horror, triunfo de la pasión, la magia y la memoria, por encima y a pesar del estruendo, del cacareo, de la propaganda y sus estímulos, del avance de las hordas en —o desen— capuchadas.

Hoy sabemos que, si existió una Grecia y una Troya fue porque un griego se dedicó a cantarlas. De igual manera que sin la Epopeya de Gilgamesh, poco sabríamos de Mesopotamia. ¿Y qué hace que por encima de las pasiones, el fanatismo y los campos de concentración exista Israel, si no es esa resistencia, ese mito, esos poemas magníficos que se reúnen bajo el nombre de *Antiguo Testamento*?

En los poemas homéricos se dice que los dioses tejen desgracias para que las generaciones venideras tengan algo que cantar. De ser así, los dioses han querido que nuestras generaciones, tanto las pasadas como la presente y desde luego las futuras, no cesen de cantar.

Por eso, cuando todavía en Cuba no había surgido, el poeta, ya la metáfora del poema, el trágico transcurrir, abatía el paisaje. El paisaje, pues, deja de ser mera visión pintoresca para convertirse en escenario trágico, trascendido y exaltado, padecido por el hombre. De esta manera, los primeros conquistadores fueron los primeros conquistados; los vencidos de la naturaleza y de la nueva circunstancia, que los convirtieron en sus voceros. La fatalidad americana iba creando sus nuevos mitos, sus nuevas calamidades, con la intervención (muchas veces odiosa) de ese nuevo hombre, ese europeo que a medida que avanza deja de serlo.

A Hernando de Soto el panorama de la Florida lo alucina. Del otro lado del mar, en Cuba, la desesperación y la poesía construyen una torre para el arduo oficio de la espera, desempeñado por su esposa doña Isabel de Bobadilla. Soto esparce cartas dirigidas a ella por todo el paisaje de la Península. Isabel las recibirá cuando ya a Soto lo haya devorado la agobiante y pantanosa llanura y el Mississippi le haya servido de incesante sepulcro, haciéndolo trascender a la dimensión de leyenda... Vemos cómo el paisaje humanizado (y, por lo tanto, muchas veces infernal), suple desde el principio la visión de crónica turística y superficial con la que algunos narradores se han hecho famosos.

Fue en esa desmesura e intemperie del paisaje americano, como en la desmesura e intemperie de su historia, donde el nuevo poeta romántico encontró el marco ideal para expresarse, lo que equivale a decir para manifestar su rebeldía o su asombro; para perderse o encontrarse.

Tal vez por estas razones el romanticismo americano adquiere una dimensión (un ímpetu y una frescura) diferente al europeo; es el ímpetu, la frescura torrencial, el desarraigo del hombre sensible, aislado y generalmente humillado en medio del esplendor y la violencia de los vastos escenarios tropicales, donde la sensibilidad del poeta se debate confundiéndose, identificando la intemperie, la soledad y el desgarramiento de su corazón con la de su paisaje sin historia.

El romanticismo es una exaltación (un delirio), una rebelión contra la mezquindad cotidiana. El romántico mide su afán en relación de absoluto. *O todo o nada.* Por eso el ámbito americano, con su abundancia, grandiosidad, terror y desolación, con sus parajes abiertos, con sus islas a la intemperie, donde incesantemente «reina –como nos dice José María Heredia– alzada la bárbara opresión», es el sitio adecuado para muchos temperamentos poéticos del siglo XIX. El romántico es un iluminado y un desesperado, además de un estafado; rebelde perpetuo que anhela ir más allá del horizonte cotidiano de su vida, de su paisaje, y que a su vez quisiera fundirse, diluirse, desintegrarse en la naturaleza, en una de sus manifestaciones apocalípticas. *¿Qué, que nunca tuve y he perdido, y sin lo cual no podré seguir viviendo, añoro?* He aquí la pregunta, imposible de responder, que consciente o inconscientemente late en el espíritu de todo romántico. El yo romántico se expande de tal modo que usurpa todos los contornos. Historia y paisaje pasan a ser muchas veces espejos de su estado de ánimo. Compañeros violentos y únicos. «El huracán y yo solos estamos», no vacila en afirmar José María Heredia. Poeta y paisaje torrencial, torbellino anímico y torbellino geográfico, encuentran aquí su equivalente. Se funden, dialogan. Y en ese diálogo con fondo wagneriano, halla el hombre rebelde y desesperado, su consuelo, su expresión. «Yo digno soy de contemplarte», le dice Heredia al torrente de las Cataratas del Niágara: «Siempre/ lo común y mezquino desdeñando/ Ansié por lo terrífico y sublime/ Al despeñarse el huracán furioso,/ Al retumbar sobre mi frente al rayo,/ Palpitando gocé...»

Nuestra tradición encuentra en estos poetas románticos de primera magnitud una vía de expresión adecuada.

En Gertrudis Gómez de Avellaneda, un verdadero temperamento (cuya obra, como la de todo artista, trasciende lo meramente literario para confundirse con la realidad padecida), también, luego de infatigables tanteos y búsquedas (fracasos), desesperada, parece como si sólo encontrase su plenitud (su serenidad), su consuelo, ante el vasto panorama del mar. Y entonces exclama:

> ¿No sentís que se encumbra la mente
> esa bóveda inmensa al mirar?
> Hay un goce profundo y ardiente
> en pensar
> y admirar
> en el mar.

Aquí la palabra «encumbra» nos vuelve a dar la clave de la expresión romántica, su anhelo; el rechazo a lo vulgar y sórdido. La necesidad de alzarse, de irse por los caminos de la imaginación, elevándose en búsqueda de algo que, por inalcanzable, está más allá de lo «común y mezquino».

¿Qué es en fin para un romántico el sentido de la poesía? La trascendencia absoluta; fuego abrasador ante el cual sólo se encuentra consuelo y fin. Búsqueda de una plenitud donde el poeta, oficiando de pequeño dios o ángel caído, logra finalmente expresarse; es decir, ser: encontrarse. A través, por y para la poesía, vivirá el hombre romántico. La misma patria, por la cual muchos poetas románticos perecieron, será para ellos en algunos casos una metáfora poética –muchas veces con nombre de mujer–, una indignación sublime, una suerte de doncella virginal mancillada (violada) por el tirano. «Poesía» –nos dirá la Avellaneda– «es lo que alarga los sonidos, transforma el hielo en calor, la eternidad en flores...»

Para el romántico la poesía es la máxima (y la única) posibilidad de sobrevivirse. Lo único, en última instancia, que cubre de prestigios, que imanta con un sentido superior la vida.

Siendo así, viviendo por y para esa ansia de fundirse, de interpretar lo trascendente, para el romántico, los trabajos que el vivir cotidiano impone son un fastidio, y la opresión algo intolerable, por ser lógicamente lo opuesto por esencia a búsqueda de libertad: a especulación o a creación.

Desgarramiento y fatalidad románticas también se combinan en esa otra gran poetisa cubana del siglo XIX, Luisa Pérez de Zambrana. Para esta mujer de sensibilidad excepcional la fatalidad se manifiesta mediante la pérdida de todos sus afectos; su esposo, sus cinco hijos, todos perecen. Sólo queda el poeta completamente desesperado ante su única compañía, el paisaje humanizado. Paisaje fúnebremente transformado. Esa soledad, ese desgarramiento deja de ser mero sufrir cotidiano para convertirse en sublime grito en su poema *La vuelta al bosque*, donde presenciamos el recogimiento y transformación de la naturaleza por la vía del dolor. Y la poetisa, en la culminación de su arrebato, correrá por el bosque persiguiendo, no ya la imagen de su esposo desaparecido –motivo del canto– sino la sombra –el espectro– que de él proyecta la misma luna, ahora entristecida:

> y la llamo, la busco estremecida
> entre el ramaje umbrío,
> en el terso cristal de la laguna,
> bajo las ramas del abeto escaso;
> mas en ninguna parte
> hallo señal ni huella de su paso.

En Luisa Pérez de Zambrana tiene la poesía cubana, y naturalmente la hispanoamericana en general, un notable momento; porque la sencillez, la transparencia, la desolación e intemperie están combinadas con nuestro paisaje, con nuestros árboles, con nuestras lomas, con las mismas nubes en las cuales van ahora «féretros sombríos»; forman una sola desolación, una sola intemperie, un solo grito claramente desmesurado y único: el poema.

Así, cuando llegamos a Julián del Casal, el paisaje y sus calamidades ya han ido integrándose de tal modo a la sensibilidad del artista, a su sentimiento de dolor, que pierden sus contornos específicos, nítidos, para ser una vaga silueta o algo brumoso, espectral, oscurecido, profundo y lluvioso, donde, según los versos del propio Casal, se habrán de pasear «los cuervos sepulcrales».

El Casal de *Pax Animae* –como el de casi toda su obra– no puede afirmarse que sea absolutamente modernista. Por lo demás, no existe ningún movimiento literario absolutamente puro. Todos participan de las tendencias que les antecedieron, y si son verdaderamente profundos, llevarán implícito el germen de manifestaciones futuras. Por otra parte, el romanticismo, uno de los fenómenos artísticos más trascendente en toda la literatura, es el padre del modernismo, el abuelo del surrealismo, y naturalmente pariente cercano del existencialismo y del absurdo. Es decir, de lo más significativo en las manifestaciones artísticas del siglo XX.

El desgarramiento y la fatalidad en un poeta como Julián del Casal son existenciales. No podemos hablar de un Casal desdichado por esta o aquella anécdota de su vida; de un «pobrecito» Casal por esta o aquella circunstancia. Eso sería limitar la grandeza de su obra. Desde luego, como todos los poetas, nuestros poetas nunca han sido ajenos al transcurrir histórico de su país, ya que ellos mismos son parte de ese transcurrir. Porque temperamento, circunstancia e historia concurren en este coro de voces, trascendiendo la fatalidad inmediata (reiterativa) de la Isla, para instalarse en la fatalidad permanente (creadora) de la poesía.

Antes que Julián del Casal, otro de nuestros grandes poetas crepusculares, Juan Clemente Zenea, había sentido y expresado ese desencanto, ese desconsuelo «por unas penas que no tienen nombre» y cantó, en forma desesperada, el rechazo a su realidad más inmediata (y por lo tanto, la más intolerable) pidiendo, y a la vez disculpándose por ello, «otra patria, otro siglo y otros hombres».

Temperamento y circunstancia se cruzan y entretejen en la vida de Zenea para configurar el cuerpo completo de su fatalidad. Desterrado, añora el cielo resplandeciendo y las plantas florecidas de su país. Luego, ya en la Isla, pero en la fatídica bartolina de la Cabaña, esperando durante ocho meses por su fusilamiento, ¿cómo no desear contemplar la nieve, huir hasta los fríos parajes de su destierro? Y exclama, en su poema *A una golondrina*:

> ¡Bien quisiera contemplar
> lo que tú dejar quisiste,
> quisiera hallarme en el mar,

ver de nuevo el Norte triste,
ser golondrina y volar!

Con Zenea y Casal, la poesía cubana encauza su desgarramiento y su fatalidad hacia lo crepuscular, hacia tenues parajes de dolorosa ingravidez casi consoladora, donde, en última instancia, al igual que en los románticos más auténticos, lo que se añora no es lo que perdimos; sino ese no sé qué, que jamás hemos encontrado. Nostalgia de un crepúsculo dentro de otro crepúsculo, melancolía por una bruma que no es ésta que nuestras manos palpan, de una región sin tiempo, de un canto, de vagarosos cielos y noches, de figuras o errantes sombras que irrumpen como recuerdos y, sin embargo, a pesar de nuestro anhelo, de nuestra llamada desesperada, sabemos (intuimos) que nos será imposible llegar a ellas, pues pertenecen al territorio de lo inefable o, para mayor fatalidad, de lo irreal, de lo imposible.

Entre esos *Cantos de la Tarde*, de Juan Clemente Zenea; entre esas *Hojas al Viento*, de Julián del Casal; en ese momento único y breve en que nuestra luz empieza a ausentarse, para dar paso a nuestra interior angustia, llega la figura excepcional de José Martí.

Los cubanos, en nuestro quisquilloso afán contradictorio, nos hemos inventado toda una galería de innumerables *Martís* (¿o Martíís?) Así, contamos naturalmente con un Martí Apóstol, con un Martí romántico, con un Martí modernista, con un Martí idealista, con un Martí realista, con un Martí antiimperialista, con un Martí casto y con un Martí erótico, con un Martí ateo, con un Martí católico, con un Martí masón y, ya en los últimos años, tenemos hasta un Martí «autor intelectual del asalto al Cuartel Moncada», y hasta un Martí marxista, precursor nada menos que del Partido Comunista de Cuba... Ante tal variedad, casi se sienten deseos de rogar al público que pase y escoja el ejemplar que mejor le convenga. Y de esta manera todos quedaríamos satisfechos...

En realidad pocos personajes de nuestra historia (quizás ningún otro) han sido interpretados, para el provecho de cada cual, de tan distinta y contradictoria forma.

Sin embargo, no muchos se han detenido a estudiar (comprender) el Martí desgarrado. El Martí hombre solitario y escéptico, espiritualmente desesperado, a un paso del suicidio, autor de su obra más cercana a nosotros: *Martí, poeta en el exilio*, en un paisaje geográfica y espiritualmente extraño. Ese Martí que ya en cartas sobre su primer libro de poemas, *Ismaelillo*, exclama: «He visto esas alas, esos chacales, esas copas vacías, esos ejércitos»... «Mi mente ha sido escenario y en él han sido actores todas esas visiones» (...) «Yo soy como esa jaula quebrantada en la que se va arrastrando un león enfermo»... «Es como hinchar de aire un ligero y sutil globo y dejarlo atado a tierra a que lo azoten y tajen los vientos»...

En la poesía cubana del siglo XIX Martí representa su culminación. Su vida en soledad, destierro y lucha, representan también la culminación de un desgarramiento, de una fatalidad, de un dolor nacional e íntimo, que sólo encuentra, en el aullido desesperado del poema, consuelo para seguir aullando.

«Zarzal es la memoria –nos dice en *Pollice Verso*– ¡Mas la mía es un cesto de llamas! A su lumbre /el porvenir de mi nación preveo. /Y lloro.»

Es el llanto viril del hombre desesperado, con un corazón de fuego consumiéndose en los helados parajes del exilio, donde el verso le sale «como tajos de sus propias entrañas, como las lágrimas y la sangre salen a borbotones de la herida». «Flores, sí –nos dice– pero flores del destierro. Esas flores que ofrezco son, ay de mí, notas de imágenes tomadas al vuelo, como para que no se escapen, entre la muchedumbre de las calles, entre el rodar estruendoso y arrebatado de los ferrocarriles, o en los quehaceres apremiantes e inflexibles de un escritorio de comercio, refugio cariñoso del proscrito»... Proscrito que en el desolado invierno de Nueva York, exclama con trágica autenticidad: «Dos patrias tengo yo: Cuba y la noche». Y se pregunta: «¿O son una las dos?» Desoladora pregunta que es casi como reconocer que no tiene ninguna. Y por eso inmediatamente viene este alarido: «Está vacío mi pecho, destrozado está y vacío, en donde estaba el corazón...» Pero el paisaje helado no conoce de llamadas angustiosas. En el umbral de la plena desesperación, aquellas hojas al viento de Casal se arremolinan ahora marchitas bajo los pies de Martí y dentro de su pecho. En la crisis depresiva más profunda de su angustiosa vida, en duelo con las sombras, cercano al suicidio, Martí se expresa de esta forma en su extraordinario poema *Canto de Otoño*:

Bien; ¡ya lo sé! La muerte está sentada
a mis umbrales: cautelosa viene,
porque sus llantos y su amor no apronten
en mi defensa, cuando lejos viven
padre e hijo. Al retornar ceñudo
de mi estéril labor triste y oscura,
conque a mi casa del invierno abrigo,
de pie, sobre las hojas amarillas,
en la mano fatal la flor del sueño,
ávido el rostro, trémulo la miro
cada tarde aguardándome a mi puerta.
¡En mi hijo pienso, y de la dama oscura
huyo sin fuerzas, devorado el pecho
de un frenético amor! ¡Mujer más bella
no hay que la muerte! ¡Por un beso suyo
bosques espesos de laureles varios,
y las adelfas del amor, y el gozo
de remembrarme mis niñeces diera!
...Pienso en aquel a quien mi amor culpable
trajo a vivir y, sollozando, esquivo
de mi amada los brazos; mas ya gozo
de la aurora perenne el bien seguro.
¡Oh, vida, adiós! Quien va a morir va muerto.

Y la muerte culmina –no entre las hojas amarillas, sino en el verde invariable de su patria–, el poema. Porque el alma desgarrada de Martí, nuestro poeta mayor, nuestro padre desesperado, encuentra en la muerte en campaña la sublimación grandiosa y fatal de ese poema torrencial, rebelde e innovador que fue su propia vida.

Encasillar a Martí como apóstol, como modernista, o bajo cualquier otro epíteto es limitar su grandeza, constreñirlo a una jerga circunstancial y académica.

Un espíritu superior que supo intuir, vaticinar el peso y desesperación de una fatalidad sin tiempo, va más allá de una circunstancia determinada, superándola, aun cuando esa circunstancia se llame patria y por ella (o pretextándola) demos la vida.

Otro gran ejemplo de la poesía como misión y hechizo (como fatalidad) es José Lezama Lima. Contra la chatadura o frustración de nuestra historia y hasta la mesura de nuestro paisaje, Lezama antepuso la desmesura del verbo y pobló su intemperie insular, esa nada que nos nutre y destruye, nos rechaza y llama, de jardines y de arcos invisibles, asumiendo además, al igual que Martí, con grandeza y sencillez lo que ahora parece haber caído en desuso hasta en muchos estritores famosos: la integridad intelectual y por lo tanto humana.

Ante el vacío o la pérdida de nuestra identidad primera, de nuestra verdadera naturaleza (en la concepción pascaliana del término), Lezama postula y logra la invención de la *sobrenaturaleza* –el universo visto como una gigantesca e incesante metáfora de algo superior–, y por lo tanto la creación de un sistema poético del mundo mediante todas las imágenes posibles... Para él la literatura no fue un oficio sino un encantamiento, y hasta una manera de asumir y conjurar nuestra insularidad. Hombre de raíz intrínsicamente martiana, sus venturas (y desventuras) criollas tendían hacia lo universal. *Un puente, un gran puente* he aquí el título (y quizás la clave) de uno de sus poemas inaugurales.

Esa «maldita circunstancia del agua por todas partes», esa fatalidad insular, esa inconsistencia frenética, ese tedio, ese peso muerto, esa sensación de vacío, esa frustración que pesa siempre en el aire de la «isla más hermosa del mundo», esa «patria» no por resplandeciente menos fatídica, no por fatídica menos amada, compelen a uno de los poetas más grandes de este siglo, y naturalmente desconocido, Virgilio Piñera, a definirla, irrumpiendo con su *Isla en Peso*, uno de los poemas más desgarrados y perfectos con que cuenta la poesía cubana.

Instalado en los años cuarenta, para Virgilio Piñera ver su país, su realidad, interpretarla, no es otra cosa que «la eterna miseria que es el acto de recordar». Lo fatal, lo verdaderamente desgarrador es la Isla en sí misma, su estricta condición de isla, su desolada intemperie, su paisaje sin historia, o con retazos de historias ajenas, sus bordes carcomidos por la miseria y el meneo, por el repicar monótono de lo intrascendente, su exacta dimensión invadida (abatida), primero por el «distinguido» personaje europeo que, «ordeñando las tetas de nuestras madres»; nos deja como ofrenda «su cagada ilustre», o por nuestro típico bravucón de opereta, producto naturalmente congénito de aquel abono «ilustre»... ¿Qué se puede hacer contra esa condición fatal de roca a la intemperie, circunscrita a la invasión o al monótono estruendo del bravucón de opereta? Y el poeta nos dice:

«Hay que saltar del lecho y buscar,
siempre buscar el sitio donde el agua no nos rodea por todas partes.
Hay que saltar del lecho con la firme convicción
de que tus dientes han crecido
de que tu corazón te saldrá por la boca.
Aún flota en los arrecifes el uniforme del marinero ahogado.
Hay que saltar del lecho y buscar la vena mayor del mar para
desangrarlo.»

....

«El baile y la isla rodeada de agua por todas partes:
plumas de flamencos, espinas de pargo, ramos de albahaca,
semillas de aguacate.
La nueva solemnidad de esta Isla.
¡País mío, tan joven, no sabes definir!

....

Como la luz o la infancia, aún no tienes un rostro.

Así, «en la llovizna diurna», «en la llovizna nocturna», en la «confusión», en el «terror», en la desolación tropical, sabiendo que no hay clemencia, el poeta, que ya no es un dios sino un prisionero insignificante, una suerte de anónima y desesperada «escoria», confundida entre el estruendo inmediato y violento de las escorias más ruidosas, ¿qué puede hacer sino, como bestia enjaulada, escalar el árbol más alto para «caer como un fruto»?...

En este poema fundador, violento y lúcido, el poeta, con ojos implacables, no sólo nos da la visión atroz de una isla detenida en su circunstancia progresiva y a la vez circular: *colonización, esclavitud, república de pantomima, colonización...* Siempre la misma plantación tediosa esperando para consumirnos, siempre la misma claridad fija, desintegrándonos. Y todo mediocre. Todo siniestro. Todo impregnado de la lenta, invariable, asfixiante monotonía del paisaje tropical, ya abatido y transformado en árida plantación, donde el sol como una maldición se cierne implacable, reflejando nuestra desesperación, nuestra insignificancia, nuestra cansona y triste repetición, nuestro monótono ritmo, nuestra eterna, chata, ramplona y fatídica historia. Sin nada que idealizar, sin un pasado grandioso que recordar. Sin poder salir. En la desesperación absoluta. En la inercia absoluta. Ante esa inmovilidad del absoluto espanto, ante ese tedio que no es ya la melancolía o el «esplín» de los románticos, sólo la furia del poeta nuevo abriéndose paso a dentelladas nos ilumina cuando exclama:

«¿Dónde encontrar en este cielo sin nubes el trueno
cuyo estampido raje, de arriba abajo, el tímpano de los durmientes?
¿Quién puede reír sobre esta roca fúnebre de los sacrificios
de gallos?»

Y con un justificado reproche, que es a la vez dolorosa exhortación, continúa.

«Un pueblo que duerme los trescientos sesenta y cinco días del año.
Un pueblo como un enorme párpado, cae pesadamente;
un pueblo vive confusamente bajo la oscura sensación de un viaje
infinito,
de un viaje que se hace en una nave que no toca puerto;
Un pueblo que aún no se ha lanzado a sus playas para gritar:
¡El mar, el mar, el mar!»

Pero la voz desesperada del poeta no cayó, no podía caer, en el vacío, y cuarenta años después, en el mismo paisaje, un pueblo entero, bajo la noche, bajo el terror, conminado por el absoluto desgarramiento, por la absoluta fatalidad insular, supo llegar hasta el mar. El mar... Y una vez más descubrir (intuir) que a su amada tierra, su maldita roca a la intemperie, otra vez había que abandonarla para sostenerla en peso contra su corazón, con el polvo de las cartas dispersas de Hernando de Soto y el alarido del náufrago más reciente en nuestra memoria y en nuestra terca tal vez injustificada, esperanza.

(Washington, D.C., diciembre de 1980)

Nueva York, abril 26 de 1983

Adorada Chelo:

¡Alabado sea el divino prepucio de Jesús! Ay, qué ha ocurrido... Todo ya listo para recibirte, las alfombras ligerísimas, los manteles desplegados, las campanas repiqueteando, el coro de newyorkricans ávidamente instalados en la esquina de la 42... Y, de pronto, suena estentóreamente por todos los altavoces de los Estados Unidos, De Costa a Costa, la terrible voz de Ruperto González Hechaberridos, que dice así: ¡«Oíganlo bien, señores» (música de guaguancó), «la insigne Chelo no podrá asistir a los compromisos concertados en la Opera, pues se encuentra postrada en una silla de ruedas, ¡sí, en una silla de ruedas!, debido a una sífilis galopante de la cual es muy difícil que sobreviva»... Dios mío, qué horror. Atónita miré para los inmensos altoparlantes, desplegados por cielo, mar y tierra, la voz de la infatigable Ruperto (el diablo) seguía dando detalles de tu postración fatal. Carros rodantes con las cintas magnetofónicas partían raudos hacia todos los puntos cardinales. Las más prestigiosas universidades se han declarado en cuarentena; los deliciosos batosos newyorkinos se cerraron abruptamente sus promisorias braguetas; los espléndidos negros de El Bronx dejaron caer en sus macizas piernas sus imponentes hurgones, la Condesa de Macondo se quitó los espejuelos... ¡Señor!, y la terrible voz de la malvada Hechaberridos, pregonando a todo trapo y vapor tu mal. Ahora, la avernal barbada, hiperbórea e híbrida, desde el último piso del Empire State Building danzaba, mientras lanzaba volantes explicatorios de tu sino fatal, sombra del mal... No pude más, tomé uno de aquellos largos pliegos lanzados desde las nubes por la bruja y caí al suelo fulminada... En esos momentos llegó Belkiz Cuza. Del resto te informa el recorte de prensa adjunto:

Golpeado bárbaramente por una poetisa

Unas semanas después recuperé el conocimiento. Los altoparlantes seguían con el tiki, tiki de que ya no tenías escapatoria, que todo estaba perdido. La Ruperta, en una peregrinación a pie, y soltando volantes por todo el camino se había presentado en Yale University para dar un ciclo de conferencias sobre tu «social desease». Ante miles de personas que te adoran y numerosos académicos que te estudian, fue pródiga y barroca –no escatimó detalles–. Desplegando una inmensa pizarra, registró pústulas y sarcomas, erupciones y tumores, Palliums treponemas y espiroquetas, ganglios inflamados y costras tumefactas... Ay, ay, ¿es cierto todo eso? ¿Por qué, oh infelice, confiásteis en un ser de tan baja calaña como la Diablesa? No sabíais que ese es el nombre propio con que Emir, Santi, Eloísa y Tomasito la Goyesca lo bautizaron. Sólo hay una posibilidad de que tu honor mancillado se recupere de tan terrible estigma. Oh, estigmatizada, parte, parte rauda hacia acá. Desmiente al terrible blasfemo, habla, protesta, grita, abofetea, danza, circula, vuela. Un mundo de admiradores, penicilina en mano, te esperamos con las jeringuillas prestas. ¡Partid!

Tu siempre fiel,

Condesa de Merlín

CUATRO

El reto insular
de Jorge Camacho

ASÍ COMO el sistema poético de José Lezama Lima –uno de los más grandes artistas de este siglo– se fundamenta en la imagen representada por la palabra, el sistema pictórico de Jorge Camacho –uno de nuestros grandes pintores contemporáneos– se basa en la imagen expresada mediante la línea y el color. Las visiones, los sueños, las obsesiones, el terror o los terrores; en fin, la sabiduría que el artista ha ido acumulando y padeciendo a través de su vida, serán ahora esas imágenes ubicuas e insólitas que iluminan sus cuadros. Pues la obra de Jorge Camacho, como toda obra realmente singular, es el resultado de una obsesión y el conocimiento de una incertidumbre. El desequilibrio entre el ansia de eternidad y esta efímera porción de realidad que la nutre.

La sabiduría es ese impulso revitalizador y contundente con que el artista sabe anteponerse a la muerte. La obra de arte es una burla agresiva, violenta y sarcástica contra la muerte. Los cuadros de Jorge Camacho son fulgores que permanecen y se acrecientan después del incendio; paisajes reanimándose luego de la batalla; cenizas fosforescentes; lluvias que se rebelan y caen a la inversa; bosques petrificados donde el lobo, aunque aplastado por la luna (esa mueca, esa burla), aún sigue aullando. La violencia realiza aquí su más insólita y gloriosa conjunción con la alquimia. De la tierra (y del cielo) germina un amasijo resplandeciente; universo exclusivo y cerrado –torbellino y aullido– donde el paisaje es un árbol circular acorazado de agresivas estrías-garfíos, pezuñas, garras, aguijones, flechas y colmillos puntiagudos... El pez ya no está en la torre, sino que, junto a Virgilio Piñera, yace (y escruta) en el asfalto... Pero el pez insular ya no puede nadar. Tampoco, aunque tiene ruedas, puede moverse. Acuático, pero maniatado y en seco, es la base sobre la que la muerte levanta sus bastiones y esgrime, triunfal, su rostro.

Jorge Camacho cierra el triángulo iniciado por Lezama Lima y continuado por Virgilio Piñera: ese aire frío que nos traspasa y petrifica en medio del invariable calor del trópico; ese frío cortante que, bañados en sudor, nos calcina; ese frío que cala nuestros huesos y nos desnuda; ese desamparo, esa intemperie, son también los cuadros de Camacho. La noche insular de Lezama, con sus jardines invisibles más presentidos que disfrutados, más intuidos que paladeados, más inaugurales que ciertos, y por lo tanto más ciertos. Esa extraña sensación que llega anegándonos: ansias de transgredir cielos y paisajes, reglamentos y hecatombes, postulados y consignas. Todo eso también ha sido captado por el pintor.

Nuestra isla, un montón de huesos abandonados a la erosión, una prisión donde el mar, como una luminosa maldición, golpea y conmina; una fosforescencia desamparada oscilando sobre un verde funerario.

Un cuadro de Jorge Camacho.

Ese fémur abandonado sobre la yerba, ese árbol de huesos que se desploma y reanima, esa mirada entre cómplice y triste del planeta que nos escolta, esa danza inminente y desaforada de la muerte que nos trasciende y a la cual al asumirla trascendemos.

Un cuadro de Jorge Camacho.

Lo violento y ecléctico, lo frío, agresivo y absurdo, el contubernio de un desamparo con una luz que nos cala. La mezcla de todas las razas, de todas las culturas e inculturas, de todas las grandezas y mezquindades configuran esa larga, estrecha y taimada extensión de intemperie que se ha llamado Cuba.

Un artista es siempre, pésele a quien le pese (aun al propio artista), la voz de un terror trascendente y exclusivo; la voz de su paisaje y de su pueblo. Camacho es nuestra insularidad desamparada.

Camacho es a nuestra abrupta (y perenne) circunstancia –terror agresivo y desarrapado, muerte entre rumbera y tétrica, contrapunteo entre lo bárbaro y lo sublime– lo que fue Goya para el estupor ahogado de su tiempo: el espejo que nos asedia con una mueca, nuestro rostro.

Contemplemos fijamente las agresivas estrías (púas, agujas, flechas) con que la planta, en medio de la intemperie, se ampara; observemos esos huesos que, en desolada amalgama, se reúnen como un manglar junto a la costa, ungidos para agredir y sobrevivir.

De esa manera nos lanza Jorge Camacho su reto insular.

(Nueva York, abril de 1983)

CINCO

Lezama o el reino de la imagen

AHORA QUE el fatigante vocerío de los vecinos despiadados y de los transeúntes inoportunos se ha ido disolviendo, se ha ido como recogiendo, sin ellos mismos saberlo, bajo la misteriosa señal del crepúsculo. Ahora que las voces están distantes; suenan como distantes, apagados, los gritos, puede uno dar algunos pasos por la playa; puede uno caminar un rato y sentarse luego, y respirar este breve silencio, esta breve calma, este breve hechizo de la luz violeta con que el trópico suele, por un instante, deslumbrarnos. Ahora que la claridad no resulta dolorosa; y los árboles y el mar gimen sin querer destacarse, sin egoísmo, respetando a los otros que también quieren gemir sin ser molestados. En este breve respiro que nos concede la calma, uno puede detenerse y pensar; uno puede cerrar los ojos (abrir los ojos) y mirar. Uno puede empezar a interpretar. Uno puede empezar a amar.

Pues cuando todo eso sucede, cuando tan raramente se provoca ese hechizo, se produce esa luz, se recogen las voces, uno empieza a sentir el verdadero ritmo de las cosas; la verdadera gravitación de las cosas que los chillidos y los estruendos cotidianos generalmente no nos permiten observar. Mas si alguien oye esa vibración; si alguien puede a pesar de todo escuchar ese ritmo que está un poco más allá; que solicita del silencio y de la participación del silencio, que solicita de la belleza y de la apreciación de la belleza, entonces es que ha llegado el amor. Es decir: ha llegado el ritmo y la imagen. Ha llegado sobre todo el receptor de ese ritmo y de esa imagen: el que atiende y vigila. ¿Y quién es el que vigila sino el que espera? ¿Y quién es el que espera sino el que cree? ¿Y quién es el que cree sino el que crea? ¿Y quién es el que crea sino el poeta? Es decir, un ser misterioso y terrible, un elegido. Poeta es una condición fatal que se convierte en dicha sólo cuando logra expresarse cabalmente. Para el poeta, expresar su condición es ser. Los poemas que *son* están por encima de todo tiempo y de todo terror ocasional (sin ser ajenos a los mismos), instalados en el gran tiempo y en el gran terror permanentes.

Pero, ¿cómo expresarse? ¿De qué manera y en qué oportunidad: para quién y cuándo? Y sobre todo, ¿cómo hacer que nuestra expresión perdure? ¿cómo lograr expresar nuestra verdadera autenticidad? ¿Cómo seguir un camino que no existe y que si existe no es el nuestro, pues es el otro por el cual otro ya transitó? ¿Cómo inventarnos un verdadero camino que nos conduzca al verdadero sitio? ¿Y cómo saber si llegamos a algún sitio? ¿Cómo, en fin, empezar el viaje?

El caso de José Lezama Lima, en Cuba, también sirve para contestar esas interrogaciones. Y otras más. Pues en Lezama tenemos a uno de nuestros más auténticos ejemplos de audacia y heroísmo intelectuales. Y este último detalle es, quizá, el primero que debe señalársele a un creador de su dimensión y de su situación geográfica. El heroísmo intelectual se ha manifestado aquí yendo en contra de todos los engranajes asfixiantes y de los que dirigen esos engranajes, *de los encapuchados de siempre que siempre rechazarán toda innovación creadora.* La actitud de Lezama ante la vida y el arte (que es siempre una misma cosa) solicita, imperiosamente, para definirla, del sobrecogedor versículo bíblico: *voz que clama en el desierto.*

A los 21 años de edad escribe *Muerte de Narciso,* donde ya aparecen todas las muestras de su estilo. Sucesivamente funda las revistas literarias más importantes de la época republicana: *Verbum, Espuela de Plata, Nadie parecía* y *Orígenes.* Toda la cultura cubana fluye en ellas. También la indiferencia oficial y pública se manifiestan ante ellas. Cuando Lezama, en aquellos tiempos republicanos, publicaba algún ensayo memorable sobre la cultura egipcia, o nos mostraba a las madres de Rimbaud y Verlaine como antistrofa o coro (no es necesario señalar de qué tragedia), quedaba, al principio, sorprendido de que nadie le hiciese un comentario sobre sus trabajos; trabajos a los cuales él dedicó meses de acuciosa investigación y toda una vida de amorosa interpretación. Él no esperaba un elogio gratuito u ocasional. Esperaba una crítica. Esperaba, inclusive, un rechazo. Pero nada de eso se producía, pues, sencillamente, Lezama estaba centrado en un plano mucho más elevado que la realidad físicamente compartida. No es que sus palabras cayeran en el vacío, es que, tristemente, casi nadie entonces se preocupaba por recogerlas, y mucho menos por interpretarlas. Contra la indiferencia y luego contra los ataques, que seguramente estimulan más que la indiferencia, luchó este hombre, solo; contraponiendo al choteo, a la pereza y a la superficialidad, que hemos padecido siempre, *El arco invisible de Viñales* o su inmutable *Rapsodia para el mulo*. Los creadores en los países miserables, miserables desde el punto de vista económico e intelectual, no sólo tienen que padecer la indiferencia de los imbéciles que, desde luego, ocupan el poder (nadie inteligente se ocuparía de tales cosas) sino, también tienen que soportar sus ofensas públicas, o, lo que es peor, el compasivo gesto grandilocuente del *perdonavidas*.

Huérfano a los 8 años y con una familia que sostener, ¿habría tiempo para enfrentar el terror cotidiano y a la vez descifrar el terror ancestral? Lo hubo. Y por eso su obra es el mejor reconocimiento a su actitud intelectual: contra la modorra de los débiles que tratan de justificar sus esterilidades apoyándose en las miserias de su época, está la obra del poeta, del creador, que escribe, sencillamente, por una necesidad inapresable, que escribe, sencillamente, por un llamado imperioso e inexcusable. En eso ha consistido siempre la labor del poeta: hacer una obra perdurable a pesar de su época. Los otros, los que tienen que esperar el cambio social, o el relevo de las tribunas, bien pueden seguir esperando, nadie espera por ellos.

Pero ya, nombradas esas vicisitudes padecidas, y por padecer, por muchos, podemos preguntarnos en qué consiste el sistema poético de Lezama, cuál es su nueva visión del mundo, cuáles fueron los resultados de esos desgarramientos, qué consuelos nos ofrece este nuevo extrañado que ahora muchos leen, otros lo admiran sin leerlo y pocos lo cnticndcn. En primcr lugar, cs prcciso dccir que Lezama Lima es uno de los casos más misteriosos de nuestra literatura, quizá solamente comparable con Zenea, por quien el poeta más joven siente una justificada devoción. Y al decir misterio no quisiera que se confundiera esta palabra con la palabra *hermetismo*, ni con la gastada expresión de «escritor difícil»; quisiera, si resulta imprescindible que para comprender un concepto haya que compararlo con otro, que éste se confundiese entonces con el concepto de *profundidad*. «Lo que he podido escribir», nos dice el mismo Lezama, «me ha parecido siempre un misterio, un reto que alguien me hacía, al cual a veces podía contestar»[19]. Ese alguien que reta es la sensibilidad del poeta, colocada siempre ante las angustiosas y eternas interrogaciones; ese alguien que reta son también el estupor y las señales inapresables que nos lanza siempre el tiempo.

Para comprender a Lezama, es conveniente decirlo desde un principio, nada hay mejor que leer sus propias interpretaciones sobre sí mismo, que, dicho sea de paso, constituyen los mejores ensayos que se han escrito sobre su obra. «Soy yo», nos dice, «el espíritu atolondrado por esos aparentemente confundidos emigrantes, el que escucha, persigue y suma de nuevo el algodón y el perfume de la vainilla, la oscilante lámpara y el ancestral amarillo de los encajes»[20]. Aquí tenemos al poeta convertido ya en el descubridor que eterniza con su mirada, que define, con imágenes perdurables, las cosas y los acontecimientos que le son allegados. Su estilo no es más que una profunda visión que marcha de acuerdo a su sensibilidad. Su estilo, es, en fin, una verdadera claridad. Su claridad.

Alguien me dijo una vez que Lezama era un poeta coloquial, pues, según esa persona, escribía tal como hablaba. Desde luego, respondí yo, es casi el único poeta coloquial que existe; es decir, uno de los pocos poetas actuales en el cual su estilo es su propia vida, él mismo, su persona y su concepto del mundo. Hay una enorme diferencia entre los poetas y escritores que «se hacen de un estilo» y aquellos que

---

[19] Lezama Lima, José. La Habana, entrevista realizada por Ciro Bianchi (inédita), 1969.

[20] Lezama Lima, J. *Confluencias*. En *Unión*, La Habana, 1968. Año VI, N° 3.

sencillamente *poseen un estilo*. Éstos, en los que su estilo es un modo de pensar y ser, de interpretar y descubrir, son muy raros hoy en día, y, sin embargo, son los únicos que todo cuanto hagan resalta inmediatamente por su autenticidad. Los otros logran a veces párrafos brillantes, pero en algún momento se descubren las costuras, aparecen los remiendos propios del que no posee tela suficiente y toma de la ajena. En la literatura cubana, en este siglo, el caso de José Lezama Lima como estilista es solamente comparable al caso de José Martí en el siglo XIX. En los dos, el sello de la autenticidad, de lo personal-universal, de la visión propia y transcendental, impregna todos sus escritos. ¿Pudo Martí a los 16 años, cuando escribió *El presidio político*, haberse ya «fabricado» un estilo? ¿Pudo Lezama a los 21 años, cuando escribió *Muerte de Narciso* haber acaparado ya toda la taimada astucia del viejo escritor de gabinete para construirse una retórica que lo justificase? Ninguno de los dos tuvo tiempo para hacer tal cosa. El estilo en ellos es, sencillamente, su primera condición de creadores. El innato misterio que se escapa a todo encasillamiento, y a la vez se presta a todas las interpretaciones.

Toda la armoniosa discordancia del poeta americano; toda la desmesura onírica del poeta americano aparecen, aún más enriquecidos, en la obra de Lezama: profecía e imagen, delirio e imagen, dulzura e imagen, memoria e imagen, misterio e imagen, interpretación e imagen, *ritmo e imagen*. No creo que exista un medio más breve para definir a José Lezama Lima. O sí, existe otro en el cual aparece claramente todo lo que he señalado en este párrafo, su misma obra:

«El día que podamos establecer un esclarecimiento entre el ocio y el placer, la verdadera naturaleza será habitada de nuevo, pues en ambos coexiste la espera de lo estelar, el mundo de la infinita abertura, pues la cabal relación del animal con su ámbito no ha sido todavía profundizada y desconocemos la manera cómo se establecen las interrelaciones del verbo universal, pero algún día el mundo de la *gnosis* y de la *physis* serán unívocos. Una sorpresa en el curso de las estaciones. Lluvias, lluvias. El hilo frío al acostarnos nos da su primer rechazo, tenemos que apretar más la almohada contra la mejilla para sentir la dulzura del apoyarse, sensación como de navegar contra una resistencia que se puede vencer. El sueño al prolongarse ocupa nuevos fragmentos nocturnos. La lana nocturna, con lentitud sigilosa, se apodera del hilo diurno y el chivo sigue bailando, pero ya no en el rayo del sol. Lo oculto, la cerrazón, lo resguardado, abren sus puertas y ofrecen la nueva y silenciosa suntuosidad de un nuevo mercado. Las monedas de algodón sin tintineo, adquieren telas mágicas. Los bultos, guardados en el almacén se acercan a las cuatro hogueras que brillan en los cuatro ángulos del mercado, son ahora rostros arracimados. Lo oculto, lo oscuro al llegar la nueva estación se configura, es el niño que sale todas las mañanas de su casa, en el poema de Whitman. Y vuelve y hace su relato. Se pierde y sigue en su relato ¿lo oyen?»[21]

Su poesía es, entre otras cosas, una complicidad que deslumbra, un reto; una originalidad a la que sólo podemos acercarnos con la apasionada e irreverente complicidad del amante.

Profundidad –originalidad deslumbrante– es lo que aparece en los párrafos citados. Desde luego, muchos puntos pueden ser tratados partiendo de esta obra: la interpretación de una sociedad determinada, la visión de una época, pero hay que decir que esta obra, independientemente de esos valores, es hermosa y fundamental, y uno puede leerla y disfrutarla sin necesidad de replegarse a los mezquinos cánones a los que el tiempo siempre quiere someternos, confundiéndonos.

Originalidad que deslumbra, ritmo e imagen. Toda la obra de Lezama tiene la dimensión de un árbol extraño y frondoso donde siempre aparece el autor, vigilando desde el mismo centro. El ritmo y la imagen son los misterios que con mayor intensidad pueden obsesionar a un poeta. Imagen que es en Lezama la clave de la salvación; ritmo, que es el requisito indispensable para desarrollar esa imagen. Pues no debemos olvidar que Lezama comparte la concepción pascaliana de que «como la verdadera naturaleza se ha perdido, todo puede ser naturaleza»[22]. Ante ese estupor, la imagen es lo único que puede salvarnos, pues ella, al poder recrear esa naturaleza perdida, sustituyéndola, se coloca, como obra de arte, por encima de la realidad perdida que sustituye, se convierte en algo eterno, se convierte en una *sobrenaturaleza*. ¿Qué es entonces la sobrenaturaleza de la cual Lezama tanto nos ha hablado? Es el fruto de un don prodigioso, la

---

[21] Ibídem.

[22] Ibídem.

obra del poeta, la unión de lo que fue (naturaleza perdida) más lo que uno hubiese querido que hubiese sido (imagen) forman lo que uno desea, es decir, la obra de arte, la sobrenaturaleza. Luego, el ritmo: el requisito indispensable para que se produzca la fusión entre esas imágenes. La melodía es en este caso parte imprescindible de la trama.

Y es que la imagen y el ritmo, como en todo gran poeta, deben ser lo primero que ha de observarse si queremos interpretar la obra de Lezama, si queremos comprenderla y disfrutarla. Si se tuviese en cuenta que a Lezama poeta más que la intención de las palabras, más que la palabra en sí, lo que le importa es el conjunto armonioso que forman las mismas, esa originalidad luminosa, se evitarían los equívocos, a veces hasta bien intencionados, en que han caído algunos de los que han tratado de llegar a su obra deteniéndose en la palabra y no en lo que organizan las mismas. Para poder interpretar una obra de arte hay que situarse dentro de la misma (tal como lo solicitaba Martí), identificarse con ella, vivir si es posible dentro de ella; llegar a ella no como el que llega a un problema matemático en el cual basta conocer las reglas establecidas para descifrarlo, sino como el que llega a una región inefable en la que cada rumor, cada resonancia, si menos se ajustan a los sonidos ya escuchados, con mayor motivo deben cautivarnos. Vivimos en una época donde son muchos los fabricantes, pero pocos los creadores. Cuando la obra de un creador cae en manos de un manufacturero, éste trata enseguida de someterla a las leyes de su construcción; y si no se ajusta a esas leyes, la ataca o la rechaza, la evade o trata de reducirla a su dimensión interpretativa. Entonces surgen las muletillas que se esconden tras las palabras conocidas: hermetismo, oscuridad, o la mezquina teoría de que en la novelística cubana predomina un solo personaje, la palabra. Argumentos manejados por manufactureros y traficantes que no tienen la molestia o la dignidad de callarse ante lo que no entienden y seguir fabricando, según el formulario, sus fugaces engendros.

Toda obra de arte participa del misterio de la esfinge. Su sonrisa o su mueca; en fin, una expresión inefable colocada fuera del tiempo. El poeta que se hace digno de esta comparación es porque ha habitado siempre una soledad inexpugnable (a veces insoportable). Pues el hombre que toca el misterio, y lo engrandece, conoce muy poco sobre sí mismo. Sólo en ese breve instante en que se produce el hechizo, la obra de arte, halla consuelo su intransferible desasosiego. El hecho de ser un solitario es sencillamente uno de los requisitos más elementales para tocar, o llegar por momentos a lo trascendente.

Ahora José Lezama Lima goza de un reconocimiento universal, y, desde luego, los ensayos y las compilaciones, los artículos y las entrevistas, muy pronto sobrepasarán en dimensión física el grueso de su obra. Pero quizá no esté de más decir que ningún ensayo, por brillante y acucioso que sea, servirá de nada al lector si éste no se acerca a la obra con el amor y la sencillez con que uno debe acercarse siempre a todo lo hermoso, a todo lo misterioso. Pues lo mejor de un libro no es lo que nos señalan los críticos, ni muchas veces lo que se propone el autor; lo mejor de un libro es aquel pasaje cuya lectura nos recupera el árbol perdido de la infancia, la voz de la familia perdida en la niebla de la infancia, la música que forman las palabras y que nos recuerda otra música que ya creíamos irrecuperable; la tristeza que forman unas palabras y que de pronto nos deposita ante nuestra verdadera tristeza; el sabor o el olor de las cosas saboreadas u olídas en otros tiempos, o aquel pasaje, aquella cadencia, que anuncia en nosotros la inminente llegada de un nuevo terror, o el descubrimiento de una felicidad que estaba allí, donde ahora podremos encontrarla.

O no es nada de eso, sino la intolerable revelación (para quien atiende más allá de los aullidos y consuelos instantáneos) de sabernos siempre en el único sitio: el infierno.

La obra de José Lezama Lima forma un conjunto indisoluble, una sola unidad cuya configuración total culmina, pero no concluye, con *Paradiso*. No porque *Paradiso* supere a los libros publicados anteriormente por el autor; sino porque esta novela es una totalidad que unifica los libros anteriores. *Paradiso* define el destino de toda la obra de Lezama. Poco a poco, a medida que uno va adentrándose en su obra, se comprende que, como todo gran poeta (pienso en Whitman, pienso en Proust, pienso en Pound), Lezama no ha hecho más que construir un gran libro, que es como el caudal de una corriente maravillosa. Desde *Muerte de Narciso* hasta *Dador*, incluyendo desde luego los libros de ensayo, forman la obra de un personaje, de un poeta de quien sabíamos su modo de pensar y sentir, pero aún desconocíamos muchas cosas de su vida. *Paradiso*, a través de *Oppiano Licario*, nos pone de pronto frente a ese personaje desgarrado que escribía grandes ensayos y poemas memorables. *Paradiso* nos acerca más a la obra anterior de Lezama, la configura totalmente, pues ya no sólo estamos frente al poema o frente al ensayo, sino frente a Oppiano Licario, el Ícaro. El *nuevo intentador de lo imposible*. El que nos ha entregado, y nos entrega, *el incesante complemento de lo entrevisto y lo entreoído*[23], el poema. La sobrenaturaleza.

El tiempo, que misteriosamente construye las vicisitudes y los consuelos, también construye la trama: primero aparece el poeta; luego, las ideas del poeta; y, finalmente, ya en la verdadera madurez, el rostro y la vida del poeta. Pues, ¿quién sino el tiempo pudo haber sido el cómplice de esta armonía?

Paradiso es la exuberante reconstrucción de la vida de un poeta, trabajada con una dignidad memorable en la que la distancia y la memoria juegan papeles fundamentales. Distancia que contribuye a hacer las valoraciones más justas; memoria que cubre de prestigio, de poesía, lo que, cuando fue, fue sólo un acontecimiento familiar, un hecho cotidiano. Así como de la inmediatez sólo surge, generalmente, la crónica, del recuerdo, de la distancia, surge la poesía.

Siendo, pues, *Paradiso* esa reconstrucción minuciosa y grandiosa de toda una vida, en la cual, desde luego, participan los demás, y con ellos la ciudad inmediata y el universo en general, no se puede esperar menos de que en ella aparezcan esa vida, esa ciudad y ese universo tal como son, sin tener en cuenta las limitaciones propias del buen burgués y del mal marxista, cuyas preferencias estéticas generalmente convergen. La infancia, la vida familiar, los juegos de la juventud, las variadas relaciones sexuales aparecen aquí no con la intención de criticar a un tipo de sociedad determinada, ni de exaltar, ni tampoco con la intención de moralizar, de «señalar el pecado», como han pensado algunos, apoyándose en las ideas religiosas del autor.

Lo que aparece en *Paradiso* aparece sencillamente porque también está en la vida. No hay una intención moralizante a través de un pensamiento religioso; no hay una crítica deliberada a la corrupción de una época. La corrupción o la moral, para un poeta, no creo que tengan mucha relación con la cópula establecida entre dos cuerpos que

---

[23] Ibídem.

se desean. «Para mí, con la mayor sencillez», nos ha dicho Lezama, «el cuerpo humano es una de las más hermosas formas logradas. La cópula es el más apasionado de los diálogos y, desde luego, una forma, un hecho irrecusable. La cópula no es más que el apoyo de la fuerza frente al horror vacui»[24].

La obra de Lezama no se detiene en *Paradiso*. Leyendo sus últimos textos pienso que si *Paradiso* nos ofrece la visión, todas las dimensiones del poeta y del ensayista, la obra que continúa es como un ensayo, como una interpretación sobre la vida de Oppiano Licario. Tendremos, pues, la obra del esteta. La visión del poeta sobre el poeta, donde ficción y realidad, como ocurre siempre en el verdadero creador, se encargarán de entregarnos una realidad más perdurable.

José Lezama Lima, Jorge Luis Borges, Octavio Paz y Juan Rulfo (ejemplos de la mejor literatura hispanoamericana) fulminan ese endeble concepto, extremadamente elemental, que consistía en trasladar al narrador y al científico americanos las tareas que realizaron hace quinientos años aproximadamente los cronistas de Isabel la Católica. Una imagen poética irradia más realidad que centenares de minuciosas descripciones.

La novela americana debe ser, como toda obra de arte, algo hermoso y profundo. Lo demás son puntos de vista particulares de cada narrador respecto a su obra, y no del arte ni de la novela. Padecemos la mala costumbre de inventarnos constantemente nuestras propias teorías, que además queremos que se acaten como tablas sagradas. Y cada creador justifica con ideas más o menos felices su modo de crear, olvidándose que la creación artística se justifica por sí misma, y que una novela mala, aun cuando la respalden las más elaboradas teorías «paisajísticas» o estéticas, no llegará a trascender jamás ni servirá para nada. Alejo Carpentier, que se considera un escritor barroco, afirma categóricamente que la novela americana debe ser épica y barroca. El surrealista dice que América es el continente por excelencia para el desarrollo del surrealismo; el mago y el delirante solamente defienden la parte que les corresponde; el desarraigado enarbola su desarraigo; y el épico afirma que nuestra literatura debe ser épica y realista con la

---

[24] Ver nota 19.

misma pasión que el escritor crítico combate toda literatura que no sea crítica. Quizá, y no quiero verme de pronto formulando yo también una teoría, lo mejor sería comenzar a pensar si esas teorías, por lo demás muy útiles, pero incompletas, forman, todas ellas unidas, el misterioso e inasible cuerpo, la verdadera condición de este continente que es todo y nada a la vez: tradición y desconcierto, fe y desasosiego, raíz y desarraigo, ternura y violencia. El rostro de la dicha y del espanto, el de la extrañeza y el de la afirmación. El rostro de la mutación y el del destierro confluyendo en un tiempo, en una realidad instantánea, en un presente donde pasado y futuro se mezclan, haciendo transitar sus estupores.

Cada escritor debe encontrar desde su propio medio, y a partir de su experiencia vital, la realidad, el mundo que le corresponde. Ya la idea de un solo concepto que defina la novelística hispanoamericana es en sí detestable (nada tiene que ver con una literatura de fundación), pero este concepto se ha limitado aún más y ya, para muchos, no se trata siquiera de una novelística común, sino de un tema común. De modo que algunos, queriendo hacer un libro de arte, editan un libro de historia. Por lo demás, todas las teorías literarias tienen una vida extremadamente limitada. Así que si afirmamos que la novela latinoamericana debe ser épica y barroca, para poder describir el paisaje y la historia, cuando ya este paisaje y esa historia hayan sido relatados, ¿qué hará entonces el novelista? Que cada cual invente o descubra su propia retórica es correcto, que trate luego de evitar que los demás se inventen o descubran la suya es extremadamente fastidioso. Más que un modo de relatar lo que debe ser común al escritor latinoamericano es quizá un modo de sentir, un modo de padecer. El desarraigo, la violencia, el escepticismo, la soledad, la infamia siempre renovada del siempre renovado invasor, deben decirle más al poeta que los 7 mil metros de altura que mide, creo, el Aconcagua, o la capacidad hidráulica del Orinoco.

¿Influye el paisaje en el hombre? Claro que influye. Pero esa influencia (ya lo demostraron los románticos) no se resuelve en la mera crónica o el simple retrato. Lo fácil no nos interesa, pues para nosotros, escritores jóvenes que confiamos en el verdadero uso de la palabra, y no pensamos traicionarla, José Lezama Lima ilustra (en la práctica), su pensamiento magnífico de que sólo a través de lo difícil (a través de la tenacidad y honestidad cotidianas) se obtiene el verdadero triunfo, la verdadera estimulación. Ya el ritmo de su imaginación ha pasado a enriquecer el mito de la Isla. El hecho de saber que él aún existe, que aún podemos disfrutar de su presencia y de su conversación que son partes principalísimas de su obra, es decir, de su vida, es un privilegio que raramente el tiempo tiene la gentileza de ofrecernos.

La Habana, 1969

Nueva York, febrero 24 de 1983

Don Miguel Riera
Barcelona, España
Muy estimado amigo:

Acabo de recibir el número 26 de *Quimera* (diciembre). Excelente. No ceso de afirmar que es una de las mejores revistas que se publican en español.

Lo de Ángel Rama es «muy gracioso». Lástima que entre la lista de «atropellos» que este país le hace sufrir olvide mencionar los 25 mil dólares aproximadamente que este año está cobrando como becado de la Guggenheim, y los 45 mil que su *compañera de viaje*, Marta Traba cogerá de parte del museo de la OEA (¿no crees que es un leve olvido?) Algunas cosas que el «crítico» *prefiere obviar* te las mando, ya publicadas, a fin de que no perdamos la objetividad en este mundo tan lleno de pasiones y de oportunismos... Por otra parte, que Rama se quede aquí en USA o no, me es indiferente –yo mismo no pienso vivir aquí–, el peor enemigo del *professor* es su prosa, tan soporíferamente académica... Pero en una época como ésta, donde lo que importa no es la literatura, sino una política oportunista de la misma, tal vez el *professor* Rama ocupe un lugar prestigioso. Y ojalá que sea así, que mal no le deseo a nadie.

El *dossier* sobre Calvert Casey está muy bien hecho.

¿Por qué no prepararle un dossier a Virgilio Piñera? Creo que es un escritor fundamental y ustedes deberían publicarlo. Sugiero entre los colaboradores a Jorge Luis Borges (amigo de Virgilio y su *antologador*, qué palabra, en *El libro del cielo y del infierno*) a José Bianco (¿vive?), también íntimo del maestro, a Guillermo Cabrera Infante, intimísimo... A Padilla (¿no tan *íntimo*?) También se pueden seleccionar trozos de los diarios de Wiltold Gombrowicz (¿así se escribe?) Yo, por mi parte, estoy haciendo un largo estudio sobre la obra completa de Piñera. –También te lo puedo enviar en un futuro–. En fin, piensa en eso, que creo que es una necesidad y una justicia literaria.

Un Abrazo,

Reinaldo Arenas

SEIS

La isla en peso con todas sus cucarachas

*«No es que odie, es que no he
perdido la memoria».*
Marta Frayde

1. Piñera Teatral

El cadáver de Virgilio Piñera había sido retirado de la funeraria donde ya estaba tendido, con el pretexto –y aquí empieza, o termina, el absurdo– de hacerle, a esas alturas, la autopsia. Al llegar al pequeño salón me encontré con algunas flores colocadas en el piso. Junto a ellas, en los pocos asientos que allí había, estaban María Luisa Bautista, viuda de Lezama, una hermana de Virgilio –su queridísima hermana, a la que él consagrara como Luz Marina en su pieza *Aire frío*–, otros familiares remotos, algunos escritores compungidos y gran cantidad de jóvenes. «¿Y Virgilio, dónde está?», tuve deseos de preguntarle a María Luisa, como si fuese posible que después de muerto se hubiese dado una breve escapada hasta la esquina a marcar en la cola del café. Razonamiento no del todo descabellado, ya que el único lugar donde se despacha café «por la libre» en La Habana es la funeraria Rivero, donde se suponía que Virgilio, ya cadáver, estuviese aguardándonos... Al mediodía llegó finalmente. Todos estábamos espectantes.

Los naturalmente fúnebres empleados empujaban solemnes un carrito donde venía un féretro y dentro de él Virgilio Piñera. Silencio absoluto. Se hizo una doble fila para que el cadáver avanzara. Aquel hombre, tan tímido a pesar de sí mismo, tuvo al final una entrada teatral.

Se oyeron algunos sollozos, sin duda sinceros, pues provenían de personas desconocidas. Me asomé al ataúd y pude ver a un Virgilio rejuvenecido, casi sonriente, sin ninguna arruga; los labios estirados, los ojos apaciblemente cerrados. Tenía, en ese momento, la serenidad regocijada de un sátiro. Más tranquilo, me quedé por allí hasta la hora del entierro.

¿Quién era, quién es, Virgilio Piñera? ¿Qué se ganaría con hacer aquí su panegírico? ¿A quién le interesará escucharlo?

La fatalidad parece haber sido la característica fundamental en la vida (y en la muerte) de este escritor cubano. El creador del teatro del absurdo con su *Falsa Alarma* (1948), antes de que Ionesco publicara y representara su *Soprano calva*; el creador del teatro existencialista con *Electra Garrigó* (1941), mucho antes de que Sartre diera a conocer *Las moscas*, murió (tal como había vivido) misteriosa, turbia y clandestinamente en un viejo apartamento de sólo dos piezas, a finales de 1979, en La Habana.

La obra dramática de Piñera resulta en muchos aspectos única, y, dentro del contexto en que se produce, prácticamente insólita. En su teatro, Piñera nos muestra la intemperie de un país donde la claridad avanza avasalladoramente, no para mostrarnos lo luminoso, sino el desamparo y la desnudez; y donde el calor —ese calor que asfixia— congela y paraliza con su monótona, pesada e invariable inconsistencia, haciéndonos ver, varados y estrictos, lívidos y paralizados, solos, dentro de ese resplandor que espejea hasta convertirse en espejo. En sus mejores piezas, *Aire frío, Electra Garrigó, Jesús, Dos viejos pánicos*, se instituye, casi se corporiza, un resplandor infernal; esa luz que desciende y se apodera de todo mientras nos corroe[25]. Electra reta a la luz, «ese animal extraño», pasando a veces a menos de un metro del sol. Esa luz, ese animal cósmico y doméstico, esa ferocidad sin límites y sin campo para expandirse, es lo que nos retrata y refleja, paraliza y a la vez nos proyecta, convirtiéndonos en el rebelde, es decir, el aborrecido de los dioses establecidos, el maldito. Toda la obra de Piñera es la obra de un expulsado. Tocado por la maldición de la expulsión, entrar en su mundo es entrar en el infierno, o, cuando menos, sentirnos absolutamente remotos del paraíso. Así, para no ver sólo el reflejo –nuestro reflejo– de la humillación, la burla y el crimen, para no verse ellos mismos, Electra y Orestes asesinan a sus padres. No queda otra alternativa: ahí está la luz.

Pero en *Aire frío* esa luz que nos insta, condena y conmina, ya no es un animal extraño, es la bestia cotidiana instalada a perpetuidad en las habitaciones de la casa. Luz Marina –nombre que en sí mismo es un producto de la luz– quiere combatir los efectos de esa *luminosidad*. El calor es el personaje fundamental en *Aire frío*. Pero ¿cómo combatir esa luz, ese calor, ese infierno doméstico que la exalta, si ni siquiera hay dinero para comer, mucho menos para comprar un ventilador? En el último acto, cuando el hijo trae el ventilador –el símbolo de la victoria contra la luz–, la madre –el símbolo de la nobleza familiar– agoniza. La obra concluye con el zumbido sordo del aparato eléctrico bañando con su aire frío un cadáver. El triunfo fue de la luz, es decir del infierno.

En *Dos viejos pánicos* la luz, reuniendo todo su vigor, se concreta en un potente foco que persigue a los personajes por todo el escenario, paralizándolos, a la vez que los condena a repetir, en juego realmente infernal, sus propias vidas. Y en *Jesús*, su obra más perfecta, un simple barbero, ¡ay!, pero llamado Jesús, y a quien, por truculencias del azar, o misteriosa predestinación (o autodestrucción) el vecindario ha decidido nominarlo (y adorarlo) como el Cristo Redentor, es decir *el iluminado*, el milagroso, el que finalmente hay que destruir, desata una campaña tan pertinaz, para demostrar que no es *el iluminado*, que

---

[25] Para el estudio de la iluminación en las obras dramáticas de Piñera debe consultarse el libro, *Persona, vida y máscaras en el teatro cubano*, Martías Montes Huidobro. Ediciones Universal, Miami, 1970.

de hecho se convierte en éste y es asesinado una mañana en su barbería frente al enorme espejo, dentro del cual, no cabe duda, se refleja el resplandor del trópico. Así la luz, duplicadora implacable, no sólo muestra, sino demuestra que, si se le obedece, paraliza: si se le contradice, mata.

El drama de Piñera es, pues, el drama intrínseco del hombre tropical e insular, el drama de la intemperie y las sucesivas estafas, el drama de la desnudez y el desamparo ante la vasta chatadura de un paisaje que sucumbe perpetuamente ante invasiones sucesivas. Ese hombre ofendido, desposeído y sin dioses, contando sólo con su desarraigo, es una figura grotesca, patética y absurda que en medio del resplandor se bate y debate entre una explanada y un muro dominados por un foco aún más descomunal.

Nuestro héroe (o antihéroe) contemporáneo, al asumir la tragicidad, el resplandor, la verdad insular-antillana, *y muy específicamente cubana*, se contempla bañado (o anegado) por una claridad que lo refleja y obsede, condenándolo a perecer si se rebela y a desaparecer si acepta.

Por distintos caminos llegamos a aquella luz de la que nos hablara Martí, la que *ilumina y mata*[26].

2. Piñera narrador

Enmarcadas ya dentro de ese paisaje, dentro de esa luz, veamos ahora cómo viven o mueren las criaturas de Piñera. Lo que más abunda en sus páginas son –digámoslo de una vez– las cucarachas, millones de cucarachas, a tal extremo que al final de uno de sus cuentos más logrados, *Cómo viví y cómo morí*, el personaje (aquí nunca podemos decir «el héroe») muere anegado por todas las cucarachas de la tierra, que lo cubren formando un inmenso y siniestro sudario.

En realidad los protagonistas de los mejores cuentos de Piñera y de sus tres novelas publicadas, son cucarachas. Condición que no debe confundirse, como superficialmente se ha hecho, con la aventura

---

[26] Véase el poema *Yugo y estrella* de José Martí. (*Versos libres*).

kafkiana, en la cual el sufrido insecto tiene más bien un carácter simbólico relacionado –eso dicen los críticos– con la alineación social, el mundo superindustrial y la discriminación judaica. Nuestras cucarachas –o nuestras cucarachitas– piñerianas no están emparentadas con esa superestrella de los insectos modernos llamado Gregorio Samsa. Nuestra cucaracha ha sufrido y sufre la persecución, pero la habita. Ha hecho de esa persecución un modo de vida o de sobrevida. Sabe que la luz, ese resplandor infernal, esa conminación avasalladora, ese fuego, es el símbolo de la muerte y corre en cualquier dirección, pero hacia lo oscuro y húmedo: intersticio, hueco promisorio, sótano. Sobrevivir es para nosotros –cucarachas– esconderse, pasar inadvertidos, desaparecer del radio (o radar) implacable que ilumina el reflector al caer sobre la explanada o sobre el mar.

Esa resistencia, esa intuición, ese pánico a la luz infernal-tropical vuelve otra vez, en las narraciones de Piñera, a ofrecernos no sólo la clave de su obra total; sino el sentido de sobrevida de un pueblo, maestro en el arte de desaparecer, esconderse, correr, burlar al perseguidor y sobrevivir. En un mundo como ese –tan fielmente descrito por Piñera– no podemos esperar la gran parrafada embellecida o elegante, ni el ditirambo patriótico o filosófico. Aquí el estilo es doméstico, chato, cortante, burlón, casi desapercibido y grotesco, taimado y escurridizo, como nuestro insecto fundamental. En el cuento *La carne*, los personajes se autoabastecen con la carne de su propio cuerpo; «cada persona cortaría de su nalga izquierda dos filetes» para alimentarse, de la misma manera que la cucaracha se alimenta de sus élitros cuando la situación es crítica.

Naturalmente, esta transformación o metamorfosis, si es que en este caso se puede hablar de metamorfosis y no de un estado ambiental que su prolongación ha hecho casi natural, es típico de una circunstancia. El miedo no es gratuito, como no lo es el sentimiento de desolación ante la claridad aterradora. La claridad pone en evidencia el estupor, ilumina la porción de horror, fija e incesante, que nuestro antihéroe debe, sin mayores trámites, sin ceremonias –ahora y siempre– engullir. El miedo es para Virgilio Piñera su estado natural. «Tendré que decirlo de una vez, mi torcedor es el miedo», escribe en su cuento *El enemigo*, y seguidamente agrega: «miedo que tiene origen en un sentimiento de culpa». Y aquí resulta inevitable traer a colación la manifiesta condición homosexual de Piñera, en una sociedad eminentemente machista donde los prejuicios son leyes amparadas además por la tradición católica y hebrea. Aún cuando Piñera asumiese su condición homosexual y se manifestase –hasta un límite– como tal, el sentimiento de culpa, ese pecado original tan poco original que dos mil años de una educación (o mala educación) moralizante y cristiana centrada en la «pureza» de la familia y del hogar, acrecientan, no puede ser extirpado tan fácilmente. Esta situación se hace aún más difícil si tomamos en cuenta que Piñera proviene de un ambiente familiar, digámoslo con sus propias palabras, de «creyentes y cristianos», es decir, generalmente hipócritas bien educados cuyo eje sentimental y moral (véase *Aire frío*) es la madre. Unamos a ese prejuicio judaico-cristiano, a esa «abnegada» madre, y a esa sociedad de machos sentimentales y «mujeres pulpos», la institucionalización de todo ello mediante una dictadura monolítica y militar que no vacila en emitir incesantes leyes que condenan con prisión, trabajos forzados o fusilamiento cualquier desviación sexual, y por lo tanto «moral», y tendremos delineado perfectamente el cuerpo total del miedo piñeriano. Tendremos, para decirlo con sus propias palabras en *Dos viejos pánicos* (1968): «carne con miedo, mi amor, carne con miedo».

La vida es, para este hombre que nada a contracorriente, un mundo de leyes implacables –y siempre aplicables– a las que hay que observar para sobrevivir y burlar para vivir. Un mundo estrecho, atosigado de planillas que hay que llenar, de incesantes interrogatorios y formularios que hay que responder, y cuyas respuestas, de antemano, *el planillero* (el Dios) ya conoce. De modo que hay que tener mucho cuidado con lo que se responde. Un mundo de policías que emergen de todos los sitios, a veces no precisamente uniformados como tales, para conducirnos a la celda o a la plantación... A partir de 1960 Virgilio Piñera fue arrestado en su casa, en la playa de Guanabo, y conducido al presidio común, es fichado y vigilado no sólo por lo que escribe, sino por lo que no escribe, por su falta de cooperación, por su manera de andar o de manifestarse, por alguna conversación o reunión íntima en casa de algún amigo. La luz antillana-cubana, nuestra traidora e implacable luz, ha llegado ahora a su cenit: es ese foco descomunal que nos alumbra de golpe el rostro ante el oficial que nos interroga... Para sobrevivir en un medio semejante se impone la transmutación, la máscara, el doble, o el descenso apresurado a lo oscuro, antes de que seamos aplastados. Se sobrevive sólo para –y gracias– al miedo, y finalmente se es aniquilado –como el mismo Piñera escribe en su cuento *El enemigo*– «por las manos del miedo».

Analicemos ahora las tres magníficas cucarachas protagonistas de sus tres novelas. Pero antes es necesario señalar que esta condición de cucaracha en el mundo de Piñera no es un acto de evasión ni mucho menos de egoísmo. Visto en su justo contexto, la cucaracha virgiliana es también un héroe, un héroe que podríamos llamar de la *resistencia* o de la *sobrevida*. El medio en que estos héroes-cucarachas se debaten es perfectamente siniestro –para ser realista Virgilio debe apelar al humor negro–: sórdidas ciudades donde impera desde el atentado terrorista hasta el crimen doméstico, todo en un marco salvajemente egoísta e indiferente. En *La carne de René* (1952) un anciano es traspasado a cuchillo por sus hijos en plena y populosa vía, sin que nadie salvo nuestra cucaracha, es decir, René, se inquiete ante tal acontecimiento. Los protagonistas de sus novelas son los únicos que no se ajustan a ese mundo regido por el sentido práctico y la crueldad, y emprenden la huida. René sólo cuenta con su carne para resistir. Pero su padre, jefe de un partido terrorista perseguido por el partido opuesto, por estar en contra del consumo de chocolate (de paso una sátira al poder y su lucha), lo obliga también a que milite en el partido de la familia. René ha de pasar por el aprendizaje del dolor, que es el aprendizaje de la carne. Ingresa en una escuela donde la enseñanza consiste en resistir la tortura en escala ascendente, sin mostrar señales de sufrimiento. René huye de la escuela, que es huir del mundo de sus padres y de toda la sociedad, refugiándose en un cementerio donde se dedica a pintar de blanco las tumbas. El pánico, como en todas las obras de Piñera, es el protagonista fundamental. El miedo adquiere aquí tales dimensiones, que la novela se puebla de dobles, exacta réplica del original –René– quien aterrado apenas si se atreve a salir a la luz. El doble es quien se enfrenta a la realidad, el que hace el amor con la bella, frívola e impertinente señora Pérez y al que finalmente conducen balaceado al cementerio donde el original, atisbando desde lo oscuro, lo contempla –se contempla– aterrado. De esa manera, parece querer decirnos Piñera, en un mundo donde lo que impera es la violencia, el crimen y el pánico, no hay por qué asombrarse de que lo que veamos caminar por las calles no sean entes originales, sino exactas, pero automatizadas réplicas de aquellos que se guarecen tras las puertas triplemente cerradas. *Esconderse*, he aquí también la clave y el argumento de sus otras dos novelas.

En *Presiones y diamantes* (1967) de repente el protagonista, que habla en primera persona y escribe a la vez la novela, descubre que casi todos los habitaciones de la ciudad se están escondiendo. El método que usan para desaparecer sin por ello perder la vida, pero sin seguir realmente viviendo, es el del *congelamiento*. La fuga es aquí por enfriamiento –contraposición al calor provocado por la luz–. La ciudad se convierte en una especie de inmenso lago subterráneo donde silenciosamente derivan miles y miles de témpanos de hielo, cada uno con un ser humano dentro; seres que, «aunque no están muertos, tampoco están vivos».

A estas alturas comprendemos claramente que, si bien es cierto que las dos novelas citadas se desarrollan aparentemente en ciudades exóticas, azotadas por tempestades de nieve, trenes subterráneos y rascacielos, el lector fácilmente se dará cuenta de que el verdadero escenario, tras la utilería, es Cuba y específicamente La Habana. El lenguaje es coloquial y directo, los nombres de las personas, incluyendo sus apodos, son típicos del país; los modismos y expresiones no pueden ser más cubanos. Se habla de «la última» para dar a conocer la novedad o chisme más reciente, se usa y abusa de numerosos cubanismos, la moneda no es el dólar ni el franco, sino el *peso cubano*. La sátira sobre la situación política en la Cuba actual deja a veces de ser solapada para hacerse evidente y por lo tanto peligrosísima para su autor en aquel momento. En *Presiones y diamantes* hay toda una poderosa banda de traficantes y comerciantes tras un valiosísimo diamante llamado el *Delphi*, difícil y conflictiva joya, la cual provoca mil enredos rocambolescos para finalmente, tras descubrirse que se trata de una piedra falsa, de una estafa, de un timo, ser lanzada por el tragante del inodoro, del cual se tira con furia la cadena... La cosa no hubiese pasado de ser un simple hecho novelesco, si no fuera porque *Delphi*, al revés, es Fidel. Ay, y la novela había sido escrita y publicada en Cuba, y nada menos que a finales de la década del sesenta... Sobra añadir que las autoridades cubanas no tardaron en descubrir la travesura de Virgilio y los ejemplares de *Presiones y diamantes*, retirados de todas las librerías, sufrieron más o menos, la misma suerte que el apócrifo *Delphi*... En cuanto a los personajes descritos en la novela, algunos son intercambiables con los de la llamada «vida real». Entre los incesantes jugadores de canasta es fácil descubrir al mismo Virgilio Piñera, quien fue asiduo contertulio y aficionado a esos juegos. ¿Y ese Edmundo, funcionario que «frío y azul» yace congelado, no se identifica perfectamente con Edmundo Desnoes, quien cuando Virgilio escribía esta novela era su jefe en el Instituto Cubano del Libro? «Este Edmundo –escribe Virgilio– desnudo y azul sobre un témpano, reducido al menor espacio posible, navegando plácidamente por las aguas del tiempo (al menos así lo afirmaba el doctor Gil) *debió haber fracasado en toda la línea* para apartarse de modo tan tajante de la sociedad y de los hombres. Viéndolo así, desnudo y monstruoso, comprendí que el aburrimiento, los fracasos del alma, la soledad en compañía, lo habían llevado a la estéril solución del bajo cero»... ¿Quién que conozca personalmente a Edmundo Desnoes, no sabe que, además de tener los ojos azules y una configuración poco agraciada («azul y monstruoso»), sus condiciones morales y su vida fracasada concuerdan cabalmente con la descripción con que Virgilio lo define?... En breve paréntesis podemos agregar que la persona de Edmundo Desnoes ha inspirado negativamente a otros escritores cubanos anteriores y posteriores a Virgilio Piñera: Él mismo aparece metaforizado en *Paradiso*, de José Lezama Lima, bajo el nombre de «la Margarita tibetana», descrito entonces por Lezama como un adolescente arribista y lépero, dispuesto a comerciar sus caricias con el maestro. Pero ya *En mi jardín pastan los héroes* (1981), Heberto Padilla lo camuflagea someramente bajo el nombre de *El Inmundo*, jefe de traducciones y agente de la Seguridad del Estado de Cuba, a quien el protagonista (Padilla) debe entregarle semanalmente su trabajo. Extraña y casi satánica ironía la del caso Desnoes: habiendo escrito tres novelas no será recordado jamás por ellas, sino por haber figurado como personaje despreciable en tres novelas ajenas. Una prueba más de que la ficción supera la realidad, y la mala ficción.

Otra alusión a una situación concreta en *Presiones y diamantes* son los capítulos titulados con muy mala –es decir, buena– intención *rouge melé*. De pronto, en esos capítulos, todo se vuelve *rouge melé*, todo es *rojizo*. Las únicas palabras que la gente pronuncia son dos:

rouge melé. Como una fatídica plaga *rouge melé* ha contaminado la ciudad. Nadie puede escaparse a *rouge melé*. El hombre, o nuestra empecinada cucaracha que no quiere resignarse a que todo sea *rouge melé*, se vuelve a su esposa buscando una respuesta a esa invasión. La respuesta de su esposa no se hace esperar: *rouge melé*. «En ese momento sonó el teléfono. Julia fue a descolgarlo. Le oí que decía *rouge melé*. Volvió junto a mí y señalándome el teléfono dijo: *rouge melé*. Caminé como un zombi hasta el aparato; puse el auricular en mi oído, me llegó la voz de Henry: «*Rouge melé*». «*Rouge melé*», contesté. «*Rouge melé*» volvió a decir Henry y colgó. Todo era *rouge melé*». Termina así el capítulo Piñera, dándonos la imagen asfixiante de una ciudad –un país– dominado por una ideología totalitaria donde la misma retórica, la misma verborrea, los mismos himnos, las mismas palabras huecas se repiten día tras día durante toda la vida hasta sumirnos en la incoherencia o en la estupidez.

De las tres novelas de Piñera, la cucaracha más perfecta –y por lo tanto la más modesta y tímida, pero también la que mejor logra sobrevivir– es el Sebastián de *Pequeñas Maniobras* (La Habana, 1963). Aquí el autor, liberado de las hiperbólicas ciudades exóticas, manejadas tan a contrapelo, sitúa la trama (si es que de trama se puede hablar) en su querida y odiada Habana. Sebastián es un empleado de quinta categoría. Oficinista, oscuro profesor, vendedor ambulante de literatura barata («Las maravillas del mundo»), cocinero. En todos esos oficios nuestro antihéroe sólo busca una cosa: pasar desapercibido, no comprometerse con nada ni con nadie. Se entera de que el encargado del edificio, donde habita un miserable cuarto, está grave; y se muda inmediatamente para no tener que ver nada con la muerte de un hombre que, aunque sólo lo conoce superficialmente, podría traerle algunas complicaciones. En la medida en que puede, Sebastián se enamora y piensa en casarse; pero unas horas antes de que la boda se celebre, escapa. Razones: el temor de firmar un documento que lo ate, que lo comprometa.

Pequeñas maniobras es una joya de la antinovela, donde nada significativo ocurre, y el único personaje que realmente existe y campea es el miedo. El anhelo mayor de Sebastián es esconderse como una cucaracha. En el éxtasis del terror, Sebastián se expresa así: «Soy el soldado desconocido de unas pequeñas maniobras, cuyos escenarios son las calles de mi ciudad; su materia, mi sangre gota a gota, y mi ideal es el deseo angustioso de pasar desapercibido».

Desde luego, los personajes de Piñera no pueden acogerse al suicidio. Ello sería una actitud heroica. «El tamaño de mi vida –dice Sebastián– no estaría en proporción con el desmesuramiento de un suicidio. Un general derrotado, un desfalcador puesto en evidencia, ¡ellos se han ganado el suicidio! Pero yo...»

Pequeñas maniobras tiene, casi, un final feliz –feliz para el personaje–. Nuestra cucaracha encuentra al fin un lugar seguro donde guarecerse del resplandor y el horror de la ciudad. Consigue un empleo en un «centro espiritista», o templo, situado entre las calles Paz y Concordia. Su función: atender el local, barrer, cambiar las flores marchitas, formar a veces parte de la cadena junto a los demás médium. Como un prófugo en el medioevo –es decir, en plena inquisición–, Sebastián se ha «acogido a lo sagrado». Y aquí el término, además de irónico, no deja de ser preciso. Lo sagrado es para Sebastián la oscuridad del anonimato, ese sitio donde podrá sobrevivir sin que nadie del exterior venga (por el momento) a aplastarlo. Sus memorias, que son la novela, terminan así:

«Acá me tienen, abrazado al altar del más allá. Que vengan a buscarme. Se irán con un palmo de narices. Termino por sosegarme del todo, apago la luz, me echo encima la frazada y, sintiendo que el sueño empieza a subir desde los pies hasta la cabeza, digo muy despacio: Paz y Concordia, ampárame, ampárame».

Ruego doblemente patético –por lo modesto y por lo imposible– que nuestro insecto, desarmado e impotente, lanza desde lo oscuro hacia ese resplandor (estamos ya en 1963) donde himnos, desfiles, leyes, hordas o ejércitos terminarán descubriéndolo, para que las llamas ya inminentes lo abrasen.

Los que hemos vivido bajo sistemas totalitarios donde el ser humano es una simple pieza de un engranaje siniestro, una cucaracha que tiene que obedecer o perecer, sin que nadie escuche jamás sus protestas en el caso suicida de que las emita, sabemos el desesperado y terrible dramatismo de ese ruego con que *Pequeñas maniobras* termina.

3. La isla en peso con todas sus cucarachas

Pero, con la misma irónica mordacidad con que nuestro hombre (o cucaracha) aterrorizado se acoge a «lo sagrado» de la oscuridad, aborrece el ambiente que lo rodea y las causas que lo han conminado a refugiarse en tan miserable retiro y, como una cucaracha que hinca su propio cuerpo para sobrevivir, maldice su condición y estado deplorables, y en esa maldición enfurecida está el principio de su redención. De esta manera, como todo veneno encierra su contraveneno, la cucaracha lleva en sí misma (como un *alter ego*) su anticucaracha; que, al contemplarse y contemplar el panorama, se acrecienta y hasta se rebela. Del mundo de la temporalidad, del antihéroe marginal, surge una literatura, un discurso de emergencia que, arremetiendo contra nuestros propios caparazones o élitros (esa seguridad efímera y única), se subleva, inaugurando una sedición incesante.

Esa sublevación contra todo aquello que nos reduce encuentra en *La isla en peso* (1943), de Virgilio Piñera, una culminación; culminación que es a la vez cimiento y justificación para toda su obra futura. Ya que este poema es la base de toda la obra piñeriana; él nutre y fundamenta lo mejor de su creación, dándonos las claves para su comprensión global. El mismo es el drama de la intemperie y la persecución, la desesperación, el vacío y la asfixia de todo un pueblo. Inspiración y documento, imagen y ritmo, furor y lucidez; se trata de una suerte de frenética espiral donde, entre vertiginosas dentelladas, se habla a la vez de nuestra tradición y de nuestra historia, se explica y se replica, se maldice e invoca. Obra totalizadora, resume a través de la indignada, amorosa y conmovida memoria del poeta, la historia de nuestro país. Comenzando por la fatalidad insular, «la maldita circunstancia del agua por todas partes», retoma nuestras calamidades y tradiciones más variadas: invasiones, esclavitud, explotaciones, catequizaciones, hipocresías, concepto del pecado original, angustia existencial; la frustración de un pueblo sucesivamente castrado en sus esencias y siempre recuperándolas o, al menos, intentando hacerlo.

Por todo el poema la claridad avanza a zarpazos, mientras que el cuerpo (nuestro único tesoro) maltratado, desesperado y acosado, trata de cubrirse «con pencas dc palmas, con yaguas traídas distraídamente por el viento, con cotorras y pitahayas, con sombrías hojas de tabaco y restos de leyendas tenebrosas». El sentido de nuestra luz –esa obsesión que recorre toda la obra de Piñera– alcanza aquí su definición absoluta: «la claridad es una enorme ventosa que chupa la sangre». Absorbidos, somos ya su instrumento: «La claridad mueve las lenguas, la claridad mueve los brazos, la claridad se precipita sobre los negros, sobre los blancos, la claridad comienza a parir claridad».

La claridad –ese resplandor, esa luz infernal– es la clave que nos ofrece y rige los cuatro tiempos («caóticos») del poema, mañana, mediodía, tarde, noche. Una de las expresiones más auténticas de lo cubano se revela aquí a través de la luz. Más que una selva o una arquitectura, cosas que no poseemos. Cuba es un matiz y un ritmo; luminosos o tétricos espejismos siempre cambiantes. En medio de esa claridad, de esa *ventosa* que intenta absorbernos, iluminando hasta el bulto que somos en la estampida, ¿qué puede salvarnos o al menos servir de instrumento para dejar constancia de que hemos existido, si no es la invención? «La eterna miseria que es el acto de recordar». En ese recuerdo manifiesto y mitificado está la Isla recuperada, además de nuestro sentimiento de rebeldía y de triunfo. «En materia de soberanía –nos dice el propio Piñera– la única que me es dable poseer es la de la imaginación».

«Noche insular, jardines invisibles», escribe José Lezama Lima, configurando, en pleno descampado insular, un jardín que no existe y él presiente, mitificando un resplandor desde el cual, al anochecer, nos llega a veces el perfume de ese jardín difuminado e intangible.

Repasando las diversas y sucesivas calamidades, averiguándolas y enumerándolas, padeciéndolas e interpretándolas, cruza el poeta por el paisaje de su isla, usurpado siempre por el europeo «que nos deja su cagada ilustre». Componer es retomar «las eternas historias negras, amarillas, rojas»... Nunca estuvo Piñera más cerca de ese resplandor insular (esa luz que «ilumina y mata») que en este poema; por eso todo el paisaje, con su hedor y su fragancia, revienta encima de su cabeza en llamas, mientras realiza obligatoriamente (pues una isla habita) «el horroroso paseo circular. El tenebroso fuego de los pies sobre la arena circular, donde el *nadie puede salir* termina espantosamente en el choque de las claves».

La Isla, configurada en su fatídico esplendor, es también la imagen de la bestia. Bestia que es «perezosa como un bello macho y terca como una hembra primitiva». Sincretización perfecta del *empecinamiento y la tozudez* ibérica, con la *dejadez* tropical. Creada ya la isla-bestia, la misma se puebla con sus andariveles característicos, desde la esclavitud hasta el carnaval, desde el perfume de una piña hasta el *pánicum máximum*. Y sobre la bestia, es decir sobre la isla que se debate en medio de la claridad, un pueblo que intenta evadir o burlar esa luz fulminante y huye o busca en el platanal el cuerpo que lo identifique, sacie o consuele.

Las alternativas parecen ser la estampida o el platanal.

Porque también en la fresca penumbra del platanal, desnudos y abrazados a otro cuerpo perseguido y maldito, puede concluir la diáspora que marcó la separación, la expulsión, es decir la maldición bíblica con sus incesantes combinaciones. Eva y Adán, («la odiosa pareja» que iniciara el desequilibrio) son destruidos, y los nuevos amantes –cuyos sexos no se definen– se encuentran, libres de culpa, en la plantación. Esa herejía bajo la mata de plátanos (*la musa paradisíaca*) parece marcar el fin del ciclo infernal otorgándonos, al menos momentáneamente, el paraíso... Una vez más la bestia y también el cielo han sido burlados por el encuentro prohibido de la pareja. Ya «no hay que ganar el cielo para gozar el cielo», nos dice el poeta, «dos cuerpos en el platanal valen tanto como la primera pareja, la odiosa pareja que ha servido para marcar una separación». «Musa paradisíaca, ampara a los amantes».

Salvados, pues, por la herejía, por la ruptura con la tradición y el dogma judeo-cristiano, el poema, como un perfecto cosmos resuelto, cuya tensión y esplendor en ningún momento decaen, casi llega a su fin; sólo resta asumir la otra alternativa (o condición) insular –la estampida– y su tradición terrible, patética o efímera («un velorio, un guateque, una mano, un crimen»). Y «haciendo leves saludos», como para no ser descubiertos por la bestia que dormita, «golpéandonos los riñones, resueltos en enormes postas de abono» –pero ya con la Isla en peso dentro del corazón o bajo los élitros– partir. Así, como un perfecto golpe orquestal, estampida y poema culminan junto al mar. El último sonido que se emite es un aullido.

No sé de otro poema más perfecto y totalizador; más magistralmente resuelto en toda la literatura cubana, tan rica en buenos poemas. Si el mismo es básico para la comprensión de la obra de Virgilio

Piñera, lo es también para la interpretación cabal de nuestra Isla... Críticos superficiales han visto en él influencias dañinas de *Retorno al país natal* de Aimé Césaire. Basta leer cuidadosamente ambos poemas para comprender que cada poeta (ambos antillanos y contemporáneos) tenían pretensiones diferentes. Césaire marcha hacia una desmesura épica por la vía del paisaje, del surrealismo y de la explícita denuncia social; Piñera, sin ser ajeno a un ambiente antillano y colonial (¿cómo ser ajeno al mismo si se es antillano?), es más profundo y existencial, más angustioso, más abierto y a la vez más dramático. Y, en general, menos europeo.

El mundo de Virgilio Piñera es el mundo de la intemperie, del acoso y de la maldición. Sobre ese mundo, *La isla en peso* es un exorcismo implacable y luminoso.

Gracias a ese exorcismo, la Isla, con su bestia y su variada infamia, con sus cucarachas y su ojo atroz –pero con la indefinible llamarada del flamboyant y la musa paradisíaca, ese insulto perfumado que la bestia no admite, pero no puede abolir– queda para siempre definida.

4. Las seis muertes de Virgilio Piñera

Aunque generalmente los escritores sólo mueren dos veces, primero cuando dejan de escribir, luego cuando abandonan este mundo (no tenemos noticias de que habiten en otro), también en este sentido Virgilio Piñera fue diferente. Hasta ahora podemos registrarle seis muertes perfectamente definidas y definibles. Aunque tal vez sería más adecuado llamar a esas muertes *asesinatos*. Veamos cómo sucedieron, o se cometieron.

La primera muerte o asesinato de Virgilio Piñera culmina en 1971, cuando su obra es censurada completamente en Cuba y se le prohíbe también publicar en el extranjero, en virtud de una nueva ley «revolucionaria» según la cual el trabajo artístico pertenece al «patrimonio nacional» –entiéndase: a la burocracia castrista–. Esta ley, llamada de «la propiedad intelectual» y «del patrimonio nacional» fue, en el caso de Piñera, doblemente siniestra: por ser su obra parte y *propiedad* del «patrimonio nacional» no puede el autor (Piñera) publicarlo fuera de Cuba sin el consentimiento (contrato avalado) del Estado; pero, por otra parte, por no interesar la obra de Piñera al Estado y por encontrarla más bien dañina a sus intereses, el Estado ni la publica en Cuba ni autoriza su publicación extranjera... He dicho que esta primera muerte de Piñera culminó en 1971, con la proclamación de la referida ley y el documento emitido por Castro en el fatídico congreso llamado de «educación y cultura» celebrado en esa fecha. En el mismo se especifica claramente que ningún artista homosexual podría seguir existiendo como artista y quedaría desvinculado de toda manifestación pública, por ser considerado persona «aberrante» e «inmoral», que sufre un desequilibrio «patológico». –Léase el texto del «Primer Congreso de Educación y Cultura», La Habana, 1971–. Pero la agonía de esta primera muerte como escritor comenzó mucho antes. En 1964, por ejemplo, Piñera publica en Cuba sus *Cuentos* (bolsilibros UNIÓN) y vemos que, aunque en el índice del libro aparecen sus *Cuentos fríos* (publicados en 1956 por Losada, Argentina), uno de los cuentos más importantes de esta colección, *El muñeco*, con el que cierra el libro, es suprimido. ¿Razones? Las críticas que al Partido Comunista y a sus miembros hace ahí Virgilio Piñera. Y eso fue en 1956 antes de que Piñera hubiese padecido a ese «partido» en hueso propio –que de carnes Virgilio carecía absolutamente... Citemos algunos pasajes del cuento censurado en Cuba: «Vi en su mirada lo típicamente psíquico de todo comunista, esto es, vi la relatividad y la ortodoxia (...) Mirándome como sólo un comunista sabe mirar cuando afirma, por ejemplo, que la Venus de Manet no es un buen cuadro, porque este pintor no era más que un pequeño burgués» (páginas 159 y 160 de *Cuentos fríos*). Unas páginas más adelante *El Partido*, se vende por sólo mil dolares (verdad que estábamos en 1956 y no se sufría la inflación). Por esa suma, el personaje del cuento compra la cédula y el carnet de miembro del Partido, además de recibir gratuitamente un pequeño discursito del jefe que comienza así: «con gente como tú el marxismo se fortalece y prestigia»... No creo que haya que abundar más sobre las causas por las que este cuento, publicado antes del castrismo en Buenos Aires y en La Habana (véase la revista *Ciclón*), fuera luego censurado en Cuba, cuando irónicamente se proclamaba a los cuatro vientos la «apertura cultural de la revolución cubana»... *El muñeco* es además un cuento extraordinario. El tema del doble adquiere aquí proporciones alucinantes. Tan es así, que llega un momento en que se pierde la noción de quién es el personaje real, o su doble. El mismo Presidente de la República se hace fabricar un doble tan perfecto que cuando sale él –el presidente– es rechazado por el pueblo como una falsificación, y se pide a gritos al «auténtico presidente», es decir, al doble... En un mundo donde la hipocresía y la estafa pululan de tal modo que nunca, o casi nunca, se toca fondo humano, el doble viene a ser como la autenticidad y símbolo de ese mundo mecanizado y estupidizado. Se vive siempre en escena, en una perenne representación. Todos somos actores, es decir muñecos, pues termina diciendo Piñera, «un actor y un muñeco son la misma cosa».

Durante esa primera prolongada agonía, fue censurado también su poema *Paseo del caballo*, escrito y publicado en 1943, en la revista *Orígenes* que dirigía José Lezama Lima. En 1969 el poema fue suprimido de la antología poética de Piñera, *La vida entera*, si bien, con la torpeza que caracteriza a toda burocracia, el título del poema aparece registrado en el libro. ¿Razones de esta censura? A Fidel Castro se le conoce despectivamente en Cuba con el nombre de «El caballo», por lo tanto este poema, escrito y publicado en 1943, podría tener conexiones políticas con acontecimientos y personajes de 1969. Una prueba más del carácter absurdo y delirante de una tiranía perfecta.

La segunda muerte de Piñera ocurre entre 1976 y 1978, cuando la Seguridad del Estado lo somete a un riguroso interrogatorio, lo amenaza con años de cárcel, le confisca gran parte de sus manuscritos y le prohíbe terminantemente leer en lo adelante sus obras entre sus amigos íntimos, quienes eventualmente se reunían con otro pequeño grupo de amigos para escuchar a Virgilio.

Esta segunda muerte deprimió profundamente al segundo cadáver de Virgilio. Para un hombre de su carácter, con sesenta años de edad, amante de la conversación, la amistosa tertulia y el pequeño salón, ya con toda su obra censurada, lo único vital que lo unía aún al mundo exterior eran esas modestas reuniones donde daba salida a su vanidad creadora y a su sensibilidad artística.

Con gran dificultad –y terror– se dedicó Virgilio a reescribir los manuscritos perdidos. Lleno de pánico, apenas si respondía al teléfono, no contestaba el timbre de la puerta; esquivo y huidizo, salía a la calle sólo a resolver las cosas más elementales y vitales: marcar en la cola del «yogourt», ir a la «pizzería», entregar las traducciones que el

Instituto del Libro le encomendaba y que casi nunca se publicaban. Una semana antes de su tercera muerte, coincidimos en una misa que la viuda de Lezama ofrecía a la memoria de su esposo. Muy pocos estábamos en aquella misa y casi todos éramos ateos (los católicos, más conservadores y cautelosos, no habían querido comprometerse). Aún el segundo cadáver de Virgilio tenía esperanzas. «Dicen –me dijo– que Heberto Padilla ha obtenido un permiso de salida del país». Y mirando asustado a todos los sitios de la destartalada iglesia llamada del «Espíritu Santo», musitó: –«Si sale Padilla saldremos todos».

No fue así. El fatídico «nadie puede salir» de *La Isla en Peso* se cumplió cabalmente en Piñera. Una semana después, bien de mañana, un miembro de la policía secreta cubana (cuya membresía no era secreta por las incesantes delaciones que había realizado, su nombre: Roger Raúl Salas Pascual) tocó a mi puerta para decirme que Virgilio Piñera acababa de morir de un infarto.

¿Un infarto? Quizás. Pero en mis largos años de amistad con Piñera nunca supe que padeciera del corazón. Aunque, naturalmente, en una situación como la que vivíamos cualquier podía morir de un infarto.

Esta tercera muerte (o asesinato) de Piñera es hasta ahora la más turbia (aunque no la más siniestra) de las que hasta la fecha ha padecido. Con una excelente salud, muere solo, repentinamente, sin testigos... Aquí el «nadie puede salir» cumplió su cometido. Otro *detalle* realmente escalofriante y del que fui testigo (*detalle* que también es citado por Heberto Padilla en su trabajo «*Virgilio el invisible*)[27]: inmediatamente después que el escritor muere, su apartamento es *sellado*[28] por la Seguridad del Estado. Si su muerte fue repentina y hasta muchos de sus amigos no pudieron asistir al velorio por no conocer la noticia, *¿cómo la policía cubana antes de que Virgilio lanzase su último suspiro ya estaba enterada, le había «sellado» (cerrada oficialmente) la casa y, lo que es aún más sórdido, le había*

---

[27] Véase *Virgilio el invisible*, artículo de Heberto Padilla publicado en la revista *Linden Lane Magazine*, diciembre 1982.

[28] *Casa sellada*, es en Cuba la casa a la que el Departamento de Reforma Urbana le coloca un sello oficial en la puerta lo cual indica que nadie puede traspasar esa puerta y de hacerlo sería encarcelado por violación de la ley.

vuelto a confiscar todos sus manuscritos?... Quizás, *repentinamente*, entraron por la madrugada en su apartamento, quizás, *repentinamente*, dos o tres de aquellos robustos policías (muy bien alimentados por cierto) sujetaron fuertemente el cuerpo del anciano, quizás, *repentinamente*, ante los ojos llenos de pánico, uno de ellos extrajo una jeringuilla y le clavó una de esas inyecciones (exquisiteces de la K.G.B.) de efectos mortales y *repentinos* que no dejan además ninguna huella... ¿Y si la dejan, qué? ¿Acaso no es el mismo gobierno quien controla los hospitales en Cuba? ¿Acaso no es el mismo gobierno –la misma policía secreta– quien realiza las autopsias y emite los certificados de defunción?...

La cuarta muerte de Virgilio (y una vez más os ruego que cuando digo muerte penséis en *asesinato*) tiene lugar, pues, paralelamente con su muerte física: ocurre en ese mismo instante en que los ávidos miembros de la seguridad del estado, el cadáver aún caliente, le incautan los manuscritos de su obra póstuma, unas diez piezas de teatro, dos poemarios, un libro de cuento y sus memorias[29]... ¿Pero por qué, cómo astuta y experimentada cucaracha no puso a salvo sus huevos? ¿Por qué no sacó todos esos manuscritos hacia el extranjero por cualquier vía, por peligrosa que fuera? ¿Por qué? Porque el pánico en los últimos años de su vida fue total. Porque la mera amistad, es decir la plena confianza en otro semejante, es también una condición relativa. Porque en un sistema absolutamente policial nuestro mejor amigo puede ser el mejor policía. Porque el hombre es, ¿quién lo duda?, una circunstancia, y esa circunstancia, en la cual vivió y murió Virgilio Piñera, era el terror.

Y ese terror éramos también los amigos que estábamos allí reunidos, alrededor del cadáver que al fin nos habían devuelto y ante el cual apenas si nos atrevíamos a hablar; ese terror era el sobrino de Virgilio a quién él había confiado algunos manuscritos y quien tampoco se atrevió a darle salida al exterior y finalmente terminó (así me cuentan) entregándolos «voluntariamente» a la policía cubana. Ese terror, esas

---

[29] Entre las obras de Virgilio Piñera incautadas por la policía cubana deben citarse, entre otras, las piezas teatrales, *El no, El crac, La caja de zapatos vacía, Arropamiento sartorial* y *La invitación*; su libro de poemas, *La fotografía o Fotografía*; su libro de cuentos que pensaba titular *El caso baldonero o En el Carmelo* y desde luego sus *Memorias*.

cucarachas, éramos todos nosotros allí reunidos, alrededor de la cucaracha mayor, compungidos, tocándonos ligeramente, «haciendo leves saludos», con un lenguaje verdaderamente de mudos que se hacía por lo mismo más expresivo y patético. ¡Ese terror, esa cucaracha, es la misma hermana de Virgilio inmortalizada en su genial Luz Marina, y que ahora declara que no, que qué va, que a su hermanito del alma no le pasó nada, que no lo persiguieron, ni retiraron su cadáver de la funeraria, que murió *repentina* y verdaderamente feliz, y de paso recibe una buena remuneración; es decir, la entrega, el permiso oficial –*el pago*–, para que ocupe el pequeño apartamento del poeta, algo que en la actualidad cubana es un privilegio ministerial, un don del cielo, o por lo menos del «dios»...

Pero ese terror, ese pánico, se apodera también del gobierno cubano que, atemorizado de la sombra negativa que pueda proyectar para la dictadura la imagen de Piñera muerto en pleno ostracismo, ahora que ya el cadáver es inofensivo, trata nada menos que de rehabilitarlo. Su foto ha parecido hasta en el *Granma* (órgano oficial del Comité Central del Partido Comunista de Cuba) y hasta han llevado a escena una de sus obras teatrales, *Aire frío*, que tiene lugar en la Cuba precastrista... De todos los asesinatos o muertes que ha padecido Piñera, el quinto, el de la rehabilitación póstuma es el más infame y cínico; no se conformaron con asesinar su cuerpo, con asesinar su obra escrita y por escribir, con asesinar su vida, prohibiéndole hasta el habla, sino que ahora se asesina su imagen verdadera y se nos brinda un Virgilio Piñera antiséptico y purificado, que ni siquiera estuvo en contradicción con el sistema, un muerto útil, un cadáver disponible –y sin reclamo– del cual podemos utilizar la parte que mejor nos convenga y desechar el resto.

En su quinta muerte Virgilio desaparece y es sustituido por el muñeco.

Pero nuestro hombre, es decir, nuestro cadáver, con esa capacidad ilimitada para lo insólito, se prepara a nuevas y al parecer incesantes muertes. Ya se prefigura la sexta.

Recientemente he podido comprobar que no toda la obra de Piñera desapareció en las manos de los infatigables policías cubanos; algunas piezas teatrales y poemas inéditos están en el extranjero; pero, ay, en manos de persónajes de tal catadura «moral» que no están dispuestos a publicarlos así como así. Lo poco que se salvó de Virgilio –salvo sólo quizás lo que conserva su hermano, Humberto Piñera– se quiere, al parecer, negociar ahora con condiciones no especificadas... Acabo de leer, por ejemplo, en una revista local publicada en Nueva York, un poema mutilado de Piñera. ¿Razones? La persona que guarda el poema completo sólo quiere publicar un «fragmento» del mismo, para que no tenga validez como obra completa y no sea reproducido en otra revista o publicación cualquiera. Ojalá esta sexta muerte, llevada a cabo por impostores y traficantes, sea la decisiva, la más fulminante, para nuestro primer dramaturgo, y sus restos encuentren al fin –cosa dudosa– el merecido reposo.

Pero ahora yo no estoy redactando estas notas. Ahora yo soy una cucaracha más, que revolotea junto a las otras en uno de los pequeños salones de la funeraria Rivero, en La Habana y a fines de 1979. Y por última vez –el entierro será dentro de unos minutos– me acerco al cadáver de Virgilio. Ese rostro que está ahora ante mí, no es el mismo que viera por la mañana, sereno y casi burlón. El maquillaje ha desaparecido y la muerte se ha apoderado perfectamente de su cara. Los labios ya no están extendidos, sino abiertos, y un rictus de terror se escapa de su boca, que parece que de un momento a otro va a soltar un grito. Ese rostro es ahora la fiel expresión (y culminación) del pánico padecido a través de tantos años. Y creo descubrir en esa cara descompuesta y empavorecida, el horror sin testigos que sintiera aquella madrugada, cuando la puerta de su pequeño apartamento se abrió y entraron los esbirros.

Cubren el rostro aterrorizado. El pequeño carrito con el féretro cruza otra vez ante nosotros. No pude dejar de contemplar, en el momento en que el cadáver era depositado en el coche fúnebre y partía a toda velocidad, el rostro de triunfo del agente de la Seguridad del Estado que me diera noticias de la muerte.

Aunque las intenciones de esa Seguridad del Estado eran las de que casi nadie pudiera ir al entierro de Piñera (temerosos quizás de que algo pudiera suceder), y se habían tomado todas las medidas para que el entierro se realizara lo más rápidamente posible, jóvenes en bicicletas seguían a toda velocidad el cadáver, que parecía como si fuera a competir en el mundial de automovilismo. Después de todo, de haber sucedido un accidente, no hubiese habido mayores consecuen-

cias... Otros jóvenes y escritores, más precavidos, se habían apostado
frente al cementerio desde horas antes, sabiendo que allí, quiéralo o no
la policía, tendrían que ir a parar con el muerto. Así, a la hora de meter
a Virgilio en la fosa, no pudieron evitar que un numeroso público se
reuniese bajo ese sol siempre implacable del trópico, y en ésta, la
última tertulia del escritor.

Las cucarachas más cobardes (Retamar, Guillén, Vitier, Feo...) no
estaban allí. Otras se mantenían a prudente distancia; Antón Arrufat
no muy cerca, Benítez Rojo lejos, Luis Agüero lejísimo, Miguel
Barnet remoto... Otras, sin embargo, prepararon inclusive un pequeño
discursito a manera de despedida de duelo que fue una obra maestra
del pánico cucarachil. Leído por Pablo Armando Fernández, se limita-
ba a decir que Virgilio Piñera era un escritor muy cubano, que había
nacido, vivido y muerto en Cuba –claro, si desde 1967 hasta su muerte
no lo dejaron salir de Cuba, era muy difícil que muriese fuera de la
isla–. Pero eso no lo dijo el discursito–... Marcia Leiseca, directora
nacional del Departamento de Teatro y Danza donde Virgilio era un
apestado, *supervisó* hasta el final la ceremonia escoltada por esbirros
menores. Vestida de negro, más que una cucaracha, Marcia semejaba
(y era) un alacrán.

Descendió el féretro. Se le colocó la tapa al panteón. Silenciosamente todos comenzaron a dispersarse. Recuerdo que me recosté a un
árbol raquítico que por allí había y lloré. Pero no muy alto, como una
verdadera cucaracha.

(Nueva York, julio de 1983)

SIETE

La cultura popular
en la actual narrativa
latinoamericana

NO SÉ CÓMO definirá el diccionario de la Real Academia de la Lengua Española la palabra *cultura* –ni pienso averiguarlo–; pero espero que en esa definición quepan todas las manifestaciones de la imaginación. La literatura, que dentro de la cultura es una manifestación reciente, se ha alimentado y se alimenta de esa cultura popular que le antecede y marcha paralelamente a ella. No puede ser de otra manera, ya que toda literatura (toda gran literatura, es decir la más innovadora, irreverente e imaginativa) refleja, resalta, critica, resume y hace trascender la vida de los pueblos.

Pobres pueblos (ya numerosos) en los que la cultura popular, infracultura o como quiera llamársele, tienda a desaparecer. Pues en esa amalgama de tangos, «rocks», guarachas, danzones, tiras cómicas, merengues, películas melodramáticas o eróticas, jergas de solar, radionovelas y boleros, junto naturalmente con otros ingredientes, es donde está la materia prima de la que surgirá la obra de arte. Es decir, un cuerpo vivo y resistente. Una mirada profunda, poética y crítica, convierte eso que pudo haber sido simple suspiro o puro meneo, en algo que, reflejando ese suspiro y ese ritmo, les otorga la resistencia de lo permanente... Pobres pueblos (ya numerosos) donde la cultura popular, y por lo tanto la cultura en general es una preocupación estatal. Un «objetivo», codificado, atendido y controlado («estimula- do») por el Estado. Con el tiempo esos pueblos no serán más cultos, pero sí más tristes. Y la literatura (de existir alguna) habrá perdido aquella gracia, frescura, insolencia e irreverencia, poder crítico y de invención, que son características de un mundo libre, para ser un trágico mamotreto condenatorio (si es que el escritor se siente con ganas de arriesgar su vida), o un efímero panfleto laudatorio (si es que el escritor se sienten con ganas de comer). Los que quieran ilustración a lo expuesto quedan remitidos a las obras de Alexandr Solzhenitzyn para el primer caso y a los engendros de Míjail Shólojov para el segundo.

Al parecer, al censurar Francisco Franco, conjuntamente con todo lo demás, las revistas de nudismo y otras literaturas eróticas, no sólo hizo que disminuyese el número de masturbaciones en toda España (lo cual ya es muy grave) sino también la buena literatura. De ahí que en estos últimos cuarenta años, la «madre patria» haya concebido tan pocos libros legibles, a pesar de su magnífica tradición literaria.

Tampoco en los países donde se practica (y de qué manera) el evangelio según San Carlos Marx; es decir, donde la creación literaria es una dependencia del Ministerio del Interior y de la policía secreta (jamás del *misterio* del interior ni de la secreta *poesía*), tampoco en esos sitios se han producido libros notables en los últimos cuarenta años. Y si alguna obra (no sé cuál) sobrevive en esos lugares será siempre escrita a pesar del sistema; evidentemente en forma clandesti- na y a riesgo de la propia vida del autor... ¿Alguien por ventura, de entre los sosegados y cultos lectores, podría darme el título de una gran novela contemporánea escrita en Bulgaria, Rumania, Alemania Oriental, Mongolia, China o la misma Unión Soviética?

En vista de que en esos «paraísos» la creación literaria ha pasado del campo de lo esotérico al campo de concentración, volvamos pues a nuestra América Latina y hasta a las mismas Antillas, de donde han surgido autores que revitalizan la narrativa contemporánea.

Entre los más recientes se encuentra el puertorriqueño Luis Rafael Sánchez, con su ineludible e inevitable *Guaracha del Macho Camacho*. Casi resulta una perogrullada enumerar las fuentes populares de una obra cuyo título es precisamente *La Guaracha del Macho Camacho*. Es esta una novela que, recorrida por el ritmo, toma, retoma y se burla en forma avasalladora de cuanto está a su alcance –al alcance del autor–. Así, en indetenible torrente, vemos desfilar por estas páginas bailables a Lorenzo y Pepita, junto con Gabriel García Márquez, Hopalong Cassidy, las sopas Campbell, el queso Indaluce, Iris Chacón y Jorge Luis Borges, en un ensamblaje que precisamente por parecer delirante es real, es decir, puertorriqueño.

La validez de esta obra no está sólo en la incorporación de esa cultura popular (anuncios, música, jergas), sino también en la creación de varios personajes que, brotando de esa faramalla, se convierten en símbolos, entes reales y por lo mismo dramáticos, y por lo mismo poéticos, del mundo en que se desenvuelven o que los envuelve.

Pero el gran personaje de una isla antillana, quiero decir, de un sitio donde la Historia se construye con retazos de otras historias, de otras ambiciones –traficantes que dejan su huella ilustre y marchan a «tierra firme», reunión de flotas para seguir viaje, sobremesa antes y después del saqueo, paraje para muchos ideal para ser sembrado de toronjas, volver durante la recolección, tomar si acaso un baño de sol y partir; vivero para que incesantes predicadores y estafadores de toda laya instalen y explayen, con la elegante verborrea de su demagogia bien remunerada, sus focos de contaminación–, el personaje, en fin, de esos lugares ha sido, tiene que ser, el lenguaje, arma para manejar la fábula, el cuento, el grito o la estafa. Lo único que generalmente se posee. El gran tesoro. Por eso, el lenguaje en esta novela se trucida a sí mismo, se vira al revés, se increpa y retuerce, se queda trunco, se hace y deshace, parodiando y caricaturizando su caricatura. Arrolladoramente partiendo; desenfadado, rítmico, mordaz y grotesco; abatiéndose sobre carteles, botellas, etiquetas, marcas de automóviles, vestuarios, programas radiales y televisados, clases o no clases sociales: hasta configurar la dimensión exacta de una isla tropical, con toda su miseria e insubstancialidad, no por ruidosa menos trágica. Pues a esas aparentes figuras de historietas cómicas, Luis Rafael Sánchez les insufla una dimensión caricaturesca y patética, una dimensión tragicómica, una dimensión de intemperie insular, de pobre ganado que pasta, ya en potreros de lujo como el Senador Vicente Reinoso, ya en solares y escombros como la China Hereje... La trascendencia de la intrascendencia, lo verdaderamente patético de lo aparentemente cómico, la tristeza de esa guaracha supuestamente alegre; el mundo de la subcultura o transcultura, meneo, propaganda, ridículo, pobreza y ramplona opulencia. El país captado con lenguaje y ritmo insulares. Lo que equivale a decir, al son de un vaivén abierto y desenfrenado, oscilando incesantemente sobre un presente que no termina nunca de pasar y por lo mismo se reitera.

Dentro de ese universo insular-antillano (sensualidad y nostalgia impregnando tiempo y paisaje) se ubican las obras de dos de los escritores más importantes de la narrativa contemporánea: Severo Sarduy y Guillermo Cabrera Infante.

Sarduy es el maestro de un lenguaje hiperbólico donde los personajes, acorazados de connotaciones barroco-caricaturescas, no son hombres ni mujeres: sino infinitas posibilidades del trasvestismo en función de voceros e intérpretes de toda la cultura o subcultura popular antillana: negra, blanca, china... Él es el arco que unifica a Silvestre de Balboa y a Lezama Lima.

En esos lujosos y a veces congelados arabescos barrocos, Sarduy irrumpe con una inmensa guanábana, que deja caer en el centro de la ceremonia para que la misma no se detenga.

Cabrera Infante es ya nuestro gran clásico de esta literatura que parte de las fuentes populares. *Tres Tristes Tigres* es una novela no sólo elaborada con todas las posibilidades del idioma español, del lenguaje cubano, de la jerga habanera y de las voces nocturnas; sino además con las nuevas posibilidades, los nuevos lenguajes, que el autor inventa. Obra para ser reconstruida y leída en voz alta, tomando siempre en cuenta (como quien maneja un Alfa-Romeo) sus diversos cambios de velocidad y (como quien canta en la ópera) sus múltiples registros. Cabrera Infante asume esa cultura que parte de la intuición, de la espontaneidad y del canto, de las palabras sugestivas, corrosivas y precisas. Por eso los personajes de esta novela van más allá de las mismas páginas del libro, irradiando tal vitalidad e irreverencia que uno teme que en cualquier momento nos salgan al paso y corrijan hasta esto que ahora mismo acabo de decir –lo cual, naturalmente, sería lo mejor para todos nosotros–.

¿Dónde radica la maestría de este flamante satiricón? Entre otras cosas en que no le interesa para nada esa maestría, y arremete contra todo postulado, tradición o norma. Aquí lo profundo se dice como jugando, precisamente para que no se convierta en descarga de academia y para que se tome en serio. Música popular, refranes, juegos de palabras, personajes del cine, de la entonces importante farándula habanera, amigos íntimos, están aquí trascendidos, fijados en el universo indestructible de su invención.

Cabrera Infante asume las voces y la nostalgia de todo un pueblo.

Lo que fue quizás pasajero costumbrismo urbano, hechizo del oscurecer, espectros más o menos atractivos de la madrugada, se ha vuelto poema. Lo insular-popular (esa forma de caminar, de hablar, de ofrecerse) es aquí un ritmo aéreo, canción que flota, nostalgia que no halla dónde posarse ante el recuerdo de una ciudad (La Habana) que se difumina frente a su mar.

En *La Habana para un Infante Difunto* y en *Tres Tristes Tigres* el sexo es parte fundamental de un juego, de una búsqueda, de una apuesta hecha a nosotros mismos. Se sale a la calle a probar fortuna amorosa (entiéndase, erótica). En ese mundo habanero de los años cincuenta y principios del sesenta, tres grupos sexuales, perfectamente definidos y no antagónicos, dueño cada uno de un verbo y de un vocabulario específicos que resumía sus fines, inundaban calles y lugares de recreación: las mujeres que salían a «coquetear», los hombres (entiéndase: machos) que salían a «ligar» y los homosexuales que salían a «fletear». –Actividades, naturalmente «superadas» (entiéndase, prohibidas) en la actual sociedad cubana, donde, de salir a la calle, habrá de hacerse con rumbo y fin exactos: desfilar, marcar en una cola, ir para la guardia. Y transitar en horas de la noche es un acto subversivo, ante el cual hay que mostrar documentación específica... Pero entonces, ese mundo del «macho ligador» con su lenguaje específico, su manera de andar, su música preferida, su vestimenta y retórica, era parte fundamental de las costumbres y por lo tanto de la cultura cubana. *La Habana para un Infante Difunto* es lo mejor que se ha hecho dentro de ese género erótico-popular en nuestra literatura. El sexo es aquí una espiral infinita. Se transita (se penetra) en una y otra figura como quien va inspeccionando casas vacías. Al final, nuestro Don Juan sale triunfante, pues, aunque no viene del brazo de Doña Inés, trae bajo el brazo una novela: reconstrucción exacta y magnificada de la ciudad y de los rostros (y cuerpos) recorridos. Como auténtico descubridor y conquistador. Cabrera Infante, al igual que Colón, al igual que Hernando de Soto, al igual que Bartolomé de las Casas, se queda solo con las palabras (el gran tesoro). Ellas construyen y vuelven a construir lo que nunca ha existido y cada vez, por imposible, se hace más nítido: una tierra llamada «la más hermosa que ojos humanos hayan visto», una «tierra firme», una región llamada «Catay», un sitio llamado «Las Indias Occidentales», una isla llamada Cuba, una ciudad llamada La Habana.

En la obra de José Agustín la influencia de la cultura popular se manifiesta sobre todo a través de la música y dentro de un tipo de música específica que podría llamarse música «rock». No se puede hablar aquí de «una penetración cultural extranjera» (término actualmente en boga y, por lo tanto, digno de mirarse con recelo), ya que la música «rock», como toda música popular, como toda música, es obra del pueblo. De modo que más que una colonización cultural a través de la música popular, los pueblos americanos, desde Estados Unidos hasta Argentina, lo que en realidad han logrado es un mayor conocimiento entre ellos. Que la música «rock» en José Agustín no sea punto de dispersión cultural, sino punto (clave) de partida para su labor creadora, él mismo se encarga de aclarárnoslo cuando dice que «el rock recoge la música de los negros, la tradición de los campesinos y los aúna en la más completa tecnología moderna, con conceptos de crítica social, política; con preocupaciones esotéricas y místicas y con alta habilidad técnica». Los personajes de José Agustín nacen al mundo por la música popular, por y para la música parecen vivir. De ahí que el autor explore el mundo del adolescente: la época de los grandes descubrimientos personales. El adolescente busca en el ritmo, en la melodía, en la canción, no sólo el objeto de un pasatiempo, sino el sentido de ese tiempo que pasa. Música es aquí arrullo, consuelo y amparo; pero también el secreto sentido de un poema (la vida) que, si no está totalmente desarrollado en el canto, algo hay en él que insta a completarlo. A través de ese ritmo (de ese reto) popular, José Agustín busca y crea el ritmo (y el reto) de sus narraciones.

Uno de los autores más originales con que cuenta la actual literatura argentina es Manuel Puig. La actitud (la obra) de Puig es doblemente heroica. Primero porque Puig quiere hacer literatura sin hacerla, lográndolo; segundo, por ser Puig argentino. Es decir, por haber nacido en un país latinoamericano, donde ya existía una tradición literaria. Manuel Puig rompe, con maravillosa desfachatez e ingenuidad, con lo que podría llamarse «la pedantería discursiva argentina». No por azar Francia (París), cuna de la verborrea contemporánea, es la capital de muchos escritores rioplatenses.

Puig deja a un lado, ignora, ese discurso fatigante y racional-materialista-metafísico-existencial-social-y-geopolítico cometido por tantos escritores argentinos y teje (¿literalmente?) sus novelas con el mundo de la realidad popular, que yace sumergido en la irrealidad cinematografica y el folletín por entregas. Puig sabe develar el trasfondo de esas oscuras vidas provincianas que quieren (sueñan) adaptarse al ritmo de las «estrellas» del celuloide. Con magistral lucidez realiza la traición a la novela rosa y a las películas hollywoodenses. Confiados nos dejamos conducir por su mano, que cualquiera diría que es la de Corín Tellado o la de la Caperucita Roja, y ya en pleno bosque descubrimos que estamos ante el terrible lobo feroz o la malvada bruja.

Puig es uno de los campeones en el difícil arte de convertir la escoria en victoria; es decir, las cursilerías más inverosímiles o verosímiles en obras de arte, por obra y arte de la profundidad. Un sentimiento situado dentro del mundo que describe. Su genio radica en ese sentir interno, en su manera de surgir dentro del contexto. Él no mira hacia allí, está allí. No señala: sabiamente se disuelve desplazándose, sin molestarnos diciendo *miren esto*. Tiene la autenticidad suficiente para envolvernos y convencer; crea partiendo, retomando su universo propio: sabiduría y mundo populares.

La otra cara de la moneda es el flamante, brillante y distante escritor Julio Cortázar. Cortázar mira a través de sus novelas a la cultura o no cultura latinoamericana con la sagacidad e inteligencia de una gran matrona europea, no por refinada y sagaz menos púdica y asombrada. Hay en él una curiosidad, un «asombro», un deseo de demostrar (sobre el mostrador) el mundo de la infracultura americana. Su obra refleja el extrañamiento, no el desentrañamiento ni el entraña-

159

miento. Sobre América Latina, Cortázar proyecta una mirada de europeo maravillado y crítico. No entra en el baile (¿conocerá el ritmo?), pero desde un balcón señala acertadamente con el índice las diversas «maravillas» de la jungla. Jungla que no tiene que ser precisamente la desembocadura del Orinoco y sí Buenos Aires. «Qué cosas más raras», parece querer decirnos al incrustar en sus libros fragmentos de periódicos locales: «vean, vean, esto es el subdesarrollo...» En ese sentido, el escritor argentino queda emparentado con ese culto y gran turista francés, que en varias ocasiones visitó a América Latina, y que se llamaba Alejo Carpentier.

No podía escapar al influjo de la cultura popular un escritor tan eminentemente realista e inteligente como es Mario Vargas Llosa.

En *Pantaleón y las Visitadoras*; Vargas Llosa emplea cartas típicamente convencionales, documentos oficiales e informes redactados por una burocracia militar y rural; primitivismo y engolamiento, lo que podría llamarse materia bruta extraída del submundo cultural. En una de sus últimas obras, *La tía Julia y el escribidor*, la técnica de la radionovela impregna todo el libro. La obra está concebida en dos planos alternos: uno en el que se desarrollan los capítulos del radionovelista, Pedro Camacho; otro en el que se cuentan las peripecias amorosas del autor adolescente, Varguitas. En ambos planos el escritor se desenvuelve con maestría. Al final tenemos la impresión de que las dos narraciones, el radioteatro (o radionovela) de Pedro Camacho y la autobiográfica de Vargas Llosa, convergen y hasta se mezclan formando ambas el contrapunto de una excelente y única radionovela con todos sus ingredientes típicos: romance, erotismo, suspenso, aventura... ¿Cuál es en fin la verdadera radionovela? ¿La de Pedro Camacho? ¿Las iniciaciones eróticas ligeramente incestuosas de Varguitas?

Vargas Llosa rescata también, para delicia del lector, ese otro don de la cultura popular latinoamericana al que no deberíamos de renunciar nunca: el sentido del humor.

Es indiscutible que la tira cómica, la radionovela y la telenovela, el cine rosado o sensacionalista, la canción sentimental, el folletín, en fin, todo eso que alguien ha llamado cultura popular o infracultura, ha influido en forma definitiva en la literatura latinoamericana contemporánea. Esa influencia se manifiesta naturalmente tanto desde un punto de vista formal como del contexto.

Desde el punto de vista del contexto, la literatura actual ha tomado conciencia de la gran cantidad de seres humanos que bajo el influjo de ese mundo de fantasías (eludiendo el otro) se comportan como si vivieran en él, y lo ha reflejado, reflejando así la sociedad que les ha tocado vivir.

Desde el punto de vista formal resulta innecesario señalar la influencia del cine y de la música en la novelística actual. Otro campo donde la crítica no se ha adentrado con tanto empecinamiento es en el de la presencia de las tiras cómicas en la novelística latinoamericana: imagen, concisión, juego con el tiempo, violencia, trucidamiento, caricatura, birlibirloque, magia, absurdo y desdoblamiento. En fin, el dinamismo entre alucinado e incesante de los *comics*. Las mil peripecias y aventuras inverosímiles –y por lo tanto fascinantes– que el Ratón Miguelito, Pluto, el Gato Félix o la bruja Ágata han realizado desde nuestra infancia, rompiendo también con esquemas tradicionales y racionales, han dejado sus huellas en las dinámicas, incongruentes y desembarazadas páginas que hoy enriquecen la literatura latinoamericana.

Por otra parte, la existencia de esa cultura popular representa para los pueblos que la disfrutan, ejercen o padecen, un síntoma de libertad. A veces de libertad crítica por la vía de lo satírico, que es generalmente la mejor vía para criticar, como en *Las Aventuras de Inodoro Pereyra* y *Mafalda*... Esas invasiones de radionovelas y telenovelas, guarachas, tiras cómicas, folletines y películas cursilonas o eróticas sólo pueden producirse en los países donde aún hay un margen de tolerancia (mezclado naturalmente con ganancias e ignorancias). En los otros, en los sistemas totalitarios perfectos, la prensa, el cine, la radio, la televisión, vallas y pancartas, todo, tiene un fin más concreto y, si se quiere, más serio: *reflejar la imagen del dictador*. Dictador que, precisamente por serlo, tiene ínfulas de primera actriz y por lo tanto no abandona nunca las pantallas.

Por lo demás, no olvidemos lo que dijo el gran Octavio (Paz): todas las dictaduras son púdicas.

A estas alturas es ya evidente que la actual narrativa latinoamericana, como toda literatura auténtica, no ha sido ajena a la cultura popular. –¿Acaso lo fueron Homero, Dante, Ariosto, Shakespeare o Cervantes?–. Casi paralela a esa infracultura ha marchado una cultura que la asume y refleja.

Ni siquiera los autores que pudiesen considerarse apartados de los giros o universos populares han sido ajenos a los mismos.

Jorge Luis Borges (el padre de la literatura latinoamericana contemporánea y por lo mismo rechazado ahora por algunos literatos o alimañas por derecho propio) tiene su *Hombre de la Esquina Rosada*, construido íntegramente con giros populares. Ha realizado además varios ensayos ineludibles sobre el habla de los gauchos; y no deja de ser significativa su pasión por el cine y su crítica a varios films recogidas en su libro *Discusión*.

Borges escribió en 1930 *La Historia del Tango*. El tango ciñe mucho de sus poemas, y en uno llamado precisamente *El Tango*, Borges expresa que éste «crea un turbio pasado irreal que de algún modo es cierto».

No podemos olvidar que si algún día alguien quisiese reconstruir la ciudad de Buenos Aires palmo a palmo (lo cual naturalmente no es una empresa recomendable) tendría que acudir, además de a esa comedia humana que forman las letras de los tangos, a la obra de Jorge Luis Borges. Porque es, en fin, la poesía (el profundo sentir) la que reanima, ilumina, y da trascendencia a ese maremágnum de voces, ritmos, figuras, dolores y cursilerías, canciones y desvaríos eróticos, humillaciones, furias, vilezas, terrores, miserias, grandezas y esperanzas que configuran un pueblo.

(New York, marzo 6 de 1981)

OCHO

Homenajes

ESCAPAR DE UNA prisión –aun cuando a esa prisión se le llame «Patria»– es siempre un triunfo. Triunfo que no significa precisamente alegría; pero sí sosiego, posibilidad, esperanza. Para los escritores cubanos recién llegados al exilio, este nacimiento o renacimiento tiene las ventajas, el consuelo, de no tener lugar en un páramo absolutamente extraño; sino en un sitio en parte enaltecido por el esfuerzo de un pueblo en destierro, y por el amparo moral y espiritual de sus más valiosos artistas.

Entre esos artistas que nos instan y estimulan, Lydia Cabrera, Carlos Montenegro y Enrique Labrador Ruiz se destacan como ejemplos magníficos.

Imposible enumerar brevemente lo que ellos significan para nuestra literatura; baste afirmar que por ellos –por artistas como ellos– Cuba aún existe. Ardua, desmesurada, terca y heroica tarea esa de recuperar, sostener y engrandecer lo que ya es sólo memoria y sueño; es decir, ruina y polvo.

Lydia Cabrera

Con Lydia Cabrera nos llega la voz del monte, el ritmo de la Isla, los mitos que la engrandecen y sostienen; la magia con que todo un pueblo marginado y esclavizado se ha sabido mantener (flotar), imponer siempre.

Tocada por una dimensión trascendente, Lydia Cabrera encarna el espíritu renacentista en nuestras letras: la curiosidad incesante. Su obra abarca desde el estudio de las piedras preciosas y los metales hasta el de las estrellas, desde la voz de los negros viejos hasta las cosmogonías continentales.

Como verdadera diosa instalada en el mismo centro de la creación, sus flechas parten hacia todos los sitios, descubriendo y rescatando los contornos más secretos (más valiosos) de nuestro mundo. Ella abarca el ensayo y el poema, la antropología y el cuento, la religión y el escepticismo.

Símbolo de una sabiduría que rogamos jamás se extinga: la de enfrentar la vida –la gente, las calamidades, el horror y la belleza– con la ironía del filósofo, la pasión del amante y la inteligencia del alma. Ella exhala esa extraña grandeza que sólo es atributo de los grandes, sencillez, ausencia de resentimiento, renovación incesante.

Su obra –y por lo tanto su vida– es un monumento a nuestros dioses tutelares, la ceiba, la palma, la noche y el monte, la música, el refrán y la leyenda. Tradición, mito, pasado y magia reconstruidos piedra a piedra, palabra a palabra, con los ojos insomnes de quien recorre un itinerario no por imposible menos glorioso. Pueblos completos recuperados, ciudades otra vez fundadas, diablos, dioses y duendes resucitados; potencias que se instalan en todo su esplendor. Todo ello gracias a la voluntad y el talento de una sola mujer que lleva en sí misma el recuerdo torrencial del poema, el *encantamiento* de un pueblo entero.

Gracias a Lydia Cabrera el tambor y el monte, el Cristo que agoniza y el chivo decapitado, la jicotea y la noche estrellada confluyen y se unifican, dándonos la dimensión secreta y totalizadora de su isla.

Enrique Labrador Ruiz

Entonces llega lo aéreo, lo abierto, lo cubano en forma gaseiforme, el sincretismo entre ingravidez y personalidad, prosa y condición insular. Magnífica decantación llevada a cabo por Enrique Labrador Ruiz, quien se instala en nuestra literatura con la autenticidad irreverente y revoltosa del dios de la brisa. Dios que es a veces, como todo dios, un delicioso sátiro; brisa que por instantes se convierte en ciclón.

Sus novelas «gaseiformes» escritas por los años treinta, sus *Novelines neblinosos*, escritos por los años cuarenta, esas narraciones explícitamente fragmentarias, aéreas, desasidas, sin contorno ni marco prefijados, hechas a rafagazos, constituyen los logros (esencia y origen) de gran parte de la tan renombrada nueva novelística latinoamericana o *boom* literario... Así, por citar nada más que un ejemplo, lo mejor de un escritor tan reconocido como Julio Cortázar tiene su origen en esas novelas gaseiformes, como es el caso de la novela titulada precisamente por Julio Cortázar *Modelo para armar*; es decir, novela para ser interpretada, terminada y enriquecida por el lector. ¿Acaso no fue eso mismo lo que en forma explícita había hecho ya magistralmente Labrador Ruiz en los años treinta con sus *Novelas gaseiformes* y sus *Novelines neblinosos*? Labrador no sólo hizo todo eso en la práctica; sino que además lo teorizó y explicó brillantemente. Dejemos que sea él mismo quien hable sobre sus logros, que abrieron nuevas modalidades a toda la novelística contemporánea.

«Novela gaseiforme –dijo Labrador hace más de cuarenta años– es la novela del futuro inmediato, la novela del presente; es la novela que ofrece en sus vacíos la media novela de todo el mundo, el pedazo de novela que cada alma lleva dentro de sí, la parte de novela que se ha querido vivir en la vida y que el novelista de nuestro tiempo no debe usar en su beneficio. Completarla es cosa de cada quien, según sus posibilidades y su talento. Yo no hago más...»

Desgraciadamente, en Cuba se ha cumplido siempre cabalmente ese proverbio que dice que *nadie es profeta en su tierra*. Así, la llamada *antipoesía* fue descubierta allí en la década del sesenta, a través del poeta chileno Nicanor Parra, cuando nuestro gran poeta insular José Zacarías Tallet la había escrito cuarenta años antes. Ionesco llevó a Cuba y al mundo el teatro del absurdo, a partir de los años cincuenta;

pero ese teatro del absurdo ya había sido escrito y representado en Cuba en 1948 por Virgilio Piñera con su obra *Falsa alarma*. También dentro de esa fatalidad insular cae nuestro infatigable Labrador: todo el mundo descubre hacia 1970, y por voces ajenas, lo que él había hecho cuarenta años antes; la novela de participación, la novela del flujo y del reflujo, la novela de vanguardia latinoamericana, que, siempre rezagados, descubrimos por voceros apócrifos y trasnochados en «exilios voluntarios» y bulevares parisinos. Y no en su auténtico y brillante creador, este octogenario, juvenil y delicioso sátiro, aéreo, corrosivo e inmortal que ya, pésele a quien le pese, se habrá de conocer siempre con el seudónimo de Enrique Labrador Ruiz.

Carlos Montenegro

Dueños pues del aire y del monte, ¿qué nos falta para completar el mito de la Isla, sino el mar? Y decir mar es decir aventura, y decir aventura es decir hombre, y decir hombre es decir todos los terrores, todas las calamidades, todos los sufrimientos, todas las soledades; pero también todas las ternuras. Esa aventura se concreta en la obra de Carlos Montenegro.

Hombre que ha padecido innumerables latitudes y calamidades, su obra se define por su contención y profundidad. Y el mar detrás, no sólo como un elemento del paisaje; sino, en última instancia, como el único gran amigo. Como fiel solitario y aventurero, el mar lo acaricia y consuela, lo acompaña e incita. «Me dejé llevar por el mar encrespado –escribe– hasta mi madre que me reclamaba con los brazos abiertos en cruz como si quisiera abarcar el universo».

Insólitamente a este hombre que escribe sobre el mar y sus hombres, sobre la violencia y la aventura, se le ha endilgado el sambenito de una influencia hemingüeyana en obras escritas veinte años antes de que Hemingway descubriese el Golfo de México. El mar en Montenegro nos mece, nos acompaña o nos hace perecer en uno de sus vaivenes telúricos. Él aporta a nuestra literatura el canto del mar, canto que es interpretación profunda (ruda y desesperada), no ditirambo turístico, ni exaltación de europeo descubridor de maravillas tropicales a la manera carpenteriana.

El mar es muchas veces el fondo donde el hombre insular ejecuta su trágico transcurrir; ese hombre puede ser para Montenegro un patriota o un aventurero, un presidiario o un niño. Quienquiera que sea, estaremos tocando la fibra más íntima y misteriosa del ser humano.

Tampoco podía faltar, en una obra que pone la mano en casi todas las llagas, el tema del homosexualismo en las prisiones y confinamientos. Tema que ahora muchos creen que ha sido descubierto (o dado a conocer) por novelistas de indiscutible talento como Manuel Puig y José Donoso. En *Hombres sin mujer* (La Habana, 1937), Montenegro desarrolla con insólita maestría y desenfado la tragedia y el horror del homosexual «activo» y «pasivo», en un ambiente asfixiante y carcelario donde lo cotidiano es la barbarie; cárcel que es espejo de una sociedad machista y corrompida, donde lo «moral» o «inmoral» se condiciona acorde con nuestros deseos y prejuicios sexuales.

Carlos Montenegro realizó también en los años cuarenta lo que en los años sesenta muchos narradores cubanos han intentado hacer: la épica de la guerra, la épica de la Historia (así, con mayúscula)... Esa caballería mambisa tan perfectamente delineada en su libro *Los héroes* (1941), ¿no es acaso lo que autores recientes, como un Norberto Fuentes o Jesús Díaz han intentado hacer en la Cuba actual? Pero lo que entonces logró Montenegro no lo.han podido llevar a cabo los narradores cubanos del momento. Ha faltado, además del talento excepcional del cuentista —ese brochazo con que se define a un hombre, una situación, una época—, ha faltado, por encima de todo, eso que muchas veces tuvo el narrador republicano: *la indiferencia oficial* —gran privilegio— que no conminaba al autor a escribir según el dogma ministerial o el postulado realista-socialista expuesto bajo la mirada condenatoria o laudatoria (premio-prisión) del Gran Hermano; quien, desde luego, entre sus múltiples desdoblamientos y encarnizamientos, resulta ser también, y con qué armada pasión, crítico de arte... Así, la grandeza de Montenegro estriba también en su irreverencia. En sus narraciones el Generalísimo Máximo Gómez, no sólo es un excelente generalísimo sino que gusta frecuentemente de empinar el codo... *El Resbaloso* se encamina hacia su amada con tal pasión y virilidad que el miembro hace un trillo en el sendero. Dentro de esa línea irreverente-erótica está el magnífico cuento *El regreso*, alucinada narración donde el fantasma de un niño –sacrificado por el amor supuestamente «sacrílego» profesado a su madre– ronda incesantemente la costa, obsesionado por el rostro amado que lo sigue también desde la sombra con un gesto «entre compasivo e irónico».

Escritor realista y fantástico, y por lo mismo verdaderamente realista, es decir profético. Por eso cuando en su cuento *La ráfaga* escribe: «No pudo hallar nada que no fuese vedado, agresivo, que no estuviese controlado por las leyes rígidas, todo reglamentado, previsto como el proceso de una cosecha»; eso, escrito cuarenta años atrás, tiene una desgarradora validez en la Cuba actual.

Pero el hombre, a pesar de las violencias y de las infamias padecidas y por padecer, a pesar de las sucesivas, humillaciones es, como Montenegro bien intuye, un animal fantástico, un creador de belleza. Y una vez más vuelve sus ojos hacia el mar para ofrecérnoslo, íntegro y eternizado: «El mar yace en una inmensa onda inmóvil de superficie sólida, que es hendida por el salto combado, y continuado en series, de los delfines azul-acero, talla en cristal de roca, ellos también mar...»

Llegamos así a la clave, que hace de este hombre uno de nuestros grandes narradores; se trata de un poeta. Y por lo tanto de un sabio, de un niño que sabe que la tierra se vuelve plana para consolar y reconciliar a un anciano que así lo desea; alguien que sabe que los recuerdos, la aventura, el dolor, son los únicos tesoros con que podemos enfrentar y retar al misterio o, si se quiere ser más parco, a la nada, derrotándola.

Constituye para mí una dicha (y una pena) inconmensurable encontrarme hoy junto –y para siempre– a estos campeones: Lydia, Labrador, Montenegro. Ellos nos configuran y regalan eso que ya nadie nunca nos podrá arrebatar, puesto que ellos lo han consignado en la eternidad: el monte, la brisa, el mar. Otra vez la Isla salvada gracias al misterio, la resistencia, de la creación.

(Miami, diciembre 14 de 1980)

NOTAS BIOGRÁFICAS

Lydia Cabrera:

La Habana 1900. Destacada etnógrafa, cuentista y ensayista, creadora de toda una escuela literaria que se basa en la investigación antropológica y religiosa, llevando estas experiencias al plano de la ficción. Se ha especializado sobre todo en el estudio de las culturas negras cubanas y antillanas. Su primer libro se publicó en francés antes que en español, traducido por Francis de Miomandre y con el título de *Contès nègres de Cuba* (París, Gallimard, 1936), entre sus otras obras se destacan: *Por qué...* (París, Gallimard, 1954); *El monte* (La Habana, 1954); *Anagó* (vocabulario lucumí) (prólogo de Roger Bastide), (La Habana, 1957); *La sociedad secreta Abakuá narrada por viejos adeptos* (La Habana, 1959); *Las piedras preciosas* (Miami, 1970); *Itinerario del insomnio* (Miami, 1980); *Cuentos para adultos niños y retrasados mentales*, (Miami, 1983).
Lydia Cabrera vive en el exilio desde 1961.[30]

Enrique Labrador Ruiz:

Las Villas, Cuba, 1902. Uno de los grandes novelistas de este siglo: entre sus obras deben mencionarse: *El laberinto de sí mismo* (La Habana, 1933): *Cresival*, (La Habana, 1936); *Anteo* (novela gaseiforme, La Habana, 1940); *Carne de quimera* (novelines neblinosos, La Habana, 1946); *La sangre hambrienta*, (La Habana, 1950); *El gallo en el espejo* (La Habana, 1953): *Conejito ulán* (La Habana, 1963).
Desde 1972 reside en el exilio.[31]

---

[30] Nota del editor: Lydia Cabrera murió en Miami en 1991.

[31] Nota del editor: Enrique Labrador Ruiz murió en Miami en 1991.

Carlos Montenegro:

1900. Es autor de la novela *Hombres sin mujer* (La Habana, 1937) y de los libros de cuentos, *El renuevo y otros cuentos* (La Habana, 1929); *Dos barcos* (La Habana, 1934) y *Los héroes* (1941).

A los dieciocho años, acusado injustamente de un crimen, permanece en la cárcel del Castillo del Príncipe en La Habana casi 15 años. Luego ingresó en el Partido Comunista, al cual renunció más tarde. Desde 1960 vivió en el exilio, donde murió en 1981.

V

NECESIDAD
DE LIBERTAD

LETRAS

¿ARENAS DESAPARECIDO?

No se tienen noticias del escritor desde hace cinco meses.

Reconocido, a partir la publicación de sus libros en Francia, como el más dotado de los novelistas habaneros, el joven escritor cubano Reinaldo Arenas, no ha dado señales de vida a sus amigos ni a su editor francés (Le Seuil) desde el mes de noviembre de 1974. Arenas, a quien se le reprocha el haber publicado sus libros en el extranjero, se negó a comparecer el 12 de noviembre a un juicio en su contra. El 17 de noviembre hizo llegar, a través de México, una carta describiendo la gravedad de su estado de salud (una meningitis infecciosa) y un largo comunicado donde pormenorizaba la persecución de la que ha sido objeto.

¿Dónde se encuentra Arenas hoy? ¿En prisión? ¿En el hospital? ¿Huyendo? Se espera que, por simple humanidad, las autoridades cubanas tranquilizarán a los amigos del escritor.

Comunicado[32]

La Habana, Parque Lenin, noviembre 15 de 1974

A la Cruz Roja Internacional, a la ONU y a la Unesco, a los pueblos que aún tienen el privilegio de poder conocer la verdad.

Desde hace mucho tiempo estoy siendo víctima de una persecución siniestra por parte del sistema cubano. Todos mis amigos han sido «chequeados» y a veces obligados, por la violencia y el chantaje, a dar informes sobre mi persona. Mi correspondencia ha sido interceptada; mi cuarto registrado centenares de veces durante mi ausencia. Mi obra ha sido interceptada por la policía y sus agentes auxiliares, y ahora mi vida misma corre en estos momentos un peligro inminente. El sistema comunista ha utilizado cuantos medios posibles están a su alcance para

---

[32] NOTA EN 1983: Este documento salió para París el 16 de noviembre de 1974 a través del ciudadano francés Joris Lagarde, el mismo fue entregado a Jorge Camacho, Margarita Camacho, Olga Neshein y Claude Durand. Aunque llevaba órdenes expresas de que el mismo se publicara inmediatamente, conjuntamente con mis manuscritos inéditos, los depositarios determinaron no hacerlo, temiendo las consecuencias que pudiera acarrearme, ya que a los pocos días de su expedición fui nuevamente arrestado. Desde la prisión, efectivamente, y luego de las «visitas» de la Seguridad del Estado, escribí a mis amigos franceses diciéndoles que «estaba muy bien de salud», y rogándoles «no publicasen nada»... La transcripción que aquí aparece es copia fiel del original, por eso he respetado su ortografía, y puntuación. El original se encuentra en la biblioteca de la Universidad de Princeton, donde puede ser consultado.

aniquilarme, llegando por último a levantar contra mí una causa penal por violación de menores, corrupción, publicación de mis novelas en el extranjero y haber sido supuestamente llamado en 1963-64 a un campo de trabajos forzados. Todo esto lo he afrontado en silencio y tratando de rebatir tanta difamación, a través de los métodos legales de justicia. De manera que, cuando pensaron que yo pudiera tener alguna posibilidad de salvación, se presentó la policía en mi casa (1 de noviembre de 1974), y ya en la estación comencé a ser víctima de métodos criminales y violentos de tortura. Cuando se me iba a trasladar a otra prisión, pude milagrosamente darme a la fuga. Y aquí comienza la etapa más arriesgada y difícil de mi existencia. Mientras todo el aparato policial, equipados con variados instrumentos de persecución, (desde los perros hasta los rayos infrarrojos, me buscan) he hecho tres veces el intento de salvar mi vida. Primero, me lancé al mar sobre una cámara de automóvil sin remos ni alimentos; así pasé una noche a la deriva hasta que la misma marea me trajo hasta la costa. Luego llegué con inenarrables dificultades hasta las cercanías de la Base Naval Norteamericana de Guantánamo. Pero por allí resulta imposible cruzar. Las autoridades cubanas han minado toda la región, colocando todo tipo de radares, han dispersado postas y perros y en fin asesinan a todo el que se atreva a acercarse a la barrera. Este es el trato que recibe un ciudadano cubano por el simple hecho de querer salir del país. Regresé a La Habana e intenté inútilmente entrar en alguna embajada. La única embajada que da asilo es la embajada mexicana, y la policía cubana la mantiene tan vigilada que es prácticamente una fortaleza. Mi situación es pues completamente desesperada. Mientras la persecución se multiplica, redacto en forma clandestina estas líneas y espero, de uno a otro momento, el fin de mano de los aparatos más sórdidos y criminales. Debo pues apresurarme a decir que esto que digo aquí es lo cierto, aún cuando más adelante las torturas me obliguen a decir lo contrario.

Sólo me resta avisar a los jóvenes del mundo libre para que estén alertas contra esta plaga desmesurada que parece abatirse sobre el universo. La plaga del comunismo. Mi delito consiste en haber utilizado la palabra para expresar las cosas tal como son, para decir y no para adular ni mentir. Mi delito consiste en pensar y expresar mi pensamiento, cosa que no se permite aquí a ningún ciudadano. Éste grito de alerta desesperado que quiero comunicar a todos los jóvenes y a todo el mundo, si llega a trasmitirse será gracias a que aún existen algunos países donde impera la libertad y la democracia... Otros escritores cubanos han sido aún más desafortunados que yo. **René Ariza, por ejemplo, Premio Nacional de Teatro, se pudre en una cárcel luego de haber sido torturando hasta el punto que ha perdido la razón...** ¿Qué se sabe de Manuel F. Ballagas, el joven escritor, hijo del gran poeta? También él fue una madrugada sacado a golpes de su casa y conducido a una mazmorra. Nelson Rodríguez, joven escritor que publicó un notable libro de cuentos titulado «El regalo», pasó tres años en un campo de trabajo forzado y luego de haber sido vilmente vejado, cuando intentó desviar un avión para abandonar el país, fue internado en un hospital y luego fusilado como un criminal. En Cuba se fusila en las cárceles y en las costas. Y lo peor es que siendo tan sórdidos los aparatos de la censura y de la persecución, el mundo nada puede saber de los crímenes espantosos que aquí se cometen día tras día. ¡Y este es el país que pretende ser ejemplo y guía para el mundo! Yo hago un llamado a la ONU para que compare dónde hay más libertad, si en Chile o en Cuba. Yo apelo a las Naciones Unidas para que practique una investigación a fondo sobre los innumerables crímenes que día a día se cometen en este país, donde el servicio militar, por ejemplo, no es más que una forma burda de esclavitud, donde el terror y el chantaje dominan toda la vida de un pueblo condenado al encierro.

¿Cuáles son los derechos humanos con que cuenta un ciudadano cubano, que ni siquiera pueda elegir libremente un empleo o cambiar de trabajo o de vivienda, escoger una carrera o un gobernante, elegir el producto o el libro que desee, y en fin salir o entrar en su país cuando le plazca? ¿El ejemplo de nueve millones de seres humanos esclavizados y amordazados, no ha de servir a la juventud de advertencia para que sepa escoger un futuro que ampare y amplíe las conquistas obtenidas, en lugar de destruirlas, suplantándolas por una perpetua tiranía militar que lo controla y se apodera de todo?

El comunismo es el gran negocio del siglo para los caudillistas y los dictadores; además de apoderarse de todo el país que dominan, se aseguran la propaganda, el título de «progresistas» y el poder vitalicio.

Jóvenes del mundo occidental: el hecho de que ustedes puedan criticar o aborrecer o simplemente abandonar el país en que viven y elegir, es un privilegio que se extingue. Traten de mantenerlo el mayor tiempo posible, pues hasta entonces ha de durar la civilización y el pensamiento humano, con toda su grandeza y heroísmo, que el mismo lleva consigo.

Reinaldo Arenas
Nov., 15 de 1974

UNO

Hágase también usted
un hombre nuevo

LEYENDO (por truculencias del azar) a Cintio Vitier en su beato folletín sobre la poesía cubana. ¡Qué triste –y qué irritante– es todo! Este señor no antologó a los poetas por los méritos que como tales reflejen en sus obras; sino por las limitaciones, la mojigatería, la cobardía, el conformismo, la paciencia, el renunciamiento a la vida, el sufrimiento o los prejuicios que padecieron, aceptaron, asumieron o no pudieron superar y ahora nos los hacen padecer, y la resignada calma con que supieron tolerar o callar las infamias que su tiempo les deparó. De este modo, el monje Cintio quita y pone, entrona y destrona, guiado por un extraño sentido crítico, en el que la santurronería (renuncia, penitencia, abstinencia, pudibundez, hipocresía y otros remilgos de convento) someten a la inteligencia, a la imaginación, al talento y a la sensibilidad... No es raro, pues, que una *mentalidad* de este tipo haya encontrado su sitio (y de qué manera) en la actual dictadura cubana. Catolicismo ramplón y comunismo (fanatismo y dogmatismo) son términos equivalentes en lo que podría llamarse *una particular ética de la hipocresía*. No exponen la vida a la realidad, sino a una teoría de la realidad. Ambos se rigen no por la experimentación, sino por la adoración del dogma. La vida no cuenta. Cuenta la obediencia, los preceptos, y naturalmente las jerarquías. Un beato obediente (Cristo cada vez más lejano) tiene que aceptar y apoyar cualquier humillación impuesta a su vida, ya que precisamente su religión no es más que una cadena de limitaciones e imposiciones antinaturales. El comunista militante (Marx casi prohibido) debe de antemano renunciar a toda autenticidad, a toda vitalidad, y obedecer incondicionalmente las orientaciones que «bajan» del partido. *Bajar*, esa es la palabra. Indiscutiblemente «la Divinidad» (Dios o el dictador vitalicio) está muy alta. La libertad (creación, amor, rebeldía, renovación, vida) es ajena a ambas teorías (y prácticas), o más que ajenas, ambas teorías (y prácticas) son enemigas irreconciliables de la libertad (vida). El catolicismo se vanagloria (gloria vana) de haber sobrevivido a cuatro sistemas sociales: esclavismo, feudalismo, capitalismo y ahora comunismo. Cuando pudo, empleó todo el terror ciego que implica el poder en manos del dogma, para implantar su hegemonía. Ahora, que los instrumentos de la fe (fuego, persecución y metralla) han pasado al campo de sus enemigos materialistas, emplea medios más hipócritas, más ladinos, más débiles, para sobrevivir. De una religión que, a fin de sobrevivir pacta con los que la niegan y la combaten, la ridiculizan y persiguen, se puede esperar cualquier monstruosidad. El comunismo ha comenzado por donde la Iglesia termina. En un principio, no teniendo el poder, desarrolla una «sutil, delicada y amplia» labor humanista. Es la época de la «preconquista». Época en que se ensalzan las grandes ideas y hasta las obras de arte, época de «holgura filosófica» y comprensión hacia los débiles, o los pobres, o los condenados de la tierra. ¡Ah, cómo se respeta entonces al héroe víctima del enemigo; cómo se respetan (se justifican, incluso) las debilidades, los defectos, de los futuros prosélitos –los futuros esclavos que por esos mismos defectos que los instigaron a la rebeldía y a la lucha serán luego los más terriblemente sometidos, pues entonces entrarán en la categoría de traidores!– Una vez en el poder, el comunismo tiende a ser menos tolerante que cualquier sistema anterior. No puede ser de otro modo. Regido y sostenido por una supuesta «verdad ecuménica», no admite ninguna teoría (y mucho menos una *práctica*) diferente a la que propaga y lo «justifica». Sus remiendos, sus defectos, sus monstruosidades son tales que cualquiera (si le concediese la menor oportunidad) podría poner al desnudo el cuerpo deforme que tales parches (uno robado aquí, otro más allá) tratan inútilmente de camuflagear. El comunismo es, sin duda, una suerte de catolicismo, con la diferencia que entre las ofertas de éste, paraíso o infierno, el comunismo sólo cuenta con el infierno, y al enemigo, aunque se retracte, nunca se le perdona. Ese infierno resulta además más pavoroso y aburrido, pues siendo más estricto, arrebata también a sus víctimas la esperanza (aquel consuelo remoto) de trascenderlo. Sus dioses, aunque más terrenales (engordan rápidamente) no son por ello menos inhumanos. Desde luego, hay que adorarlos diariamente, ratificar y repetir de memoria sus oraciones, bulas y excomuniones que proliferan en forma alarmante, padecer sus iras y sus cambiantes caprichos, imitar sus fisonomías, sus rasgos, gestos y voces. Todo con gran optimismo, sencillez y fe. En este aspecto es indudable que nuestra religión (la comunista, naturalmente) es más fetichista y fanática. Pero ambas, en fin, y esto es lo que debe tenerse siempre presente (para poder sobrevivir, es decir: evadirlas), niegan la realidad o toman de la misma aquello que les sirve para continuar el juego. El hombre que, acogiéndose a una de estas doctrinas, pretenda desarrollarse como tal, está perdido; pues para ambas el hombre es una oveja o un enemigo. La vida, en las dos, es sometimiento. Naturalmente, una vez en el poder, el comunismo se desenmascara, y, al igual que el catolicismo, *despliega su medioevo*, y con más brillantez –es decir, *negrura*– y eficacia, que para algo ha habido, caramba, una revolución técnica... El comunismo, al parecer, es una doctrina más popular. Los rateros y los frustrados son más numerosos que los reyes, príncipes, marqueses, terratenientes, potentados, etc., (lo cual no quiere decir, perdón, que sean más despreciables)... Lo que más me sorprende es que en esta época de «grandes cambios», venenos y autoflagelaciones, barbadas putonas izquierdistas que desde París inventan o apoyan revoluciones inexistentes (que no son más que unánimes prisiones para forzados) quedándose siempre con el *copyright*; lo que más me sorprende, repito, es que aún todos los países no sean comunistas. Hecho que se debe sin duda a una torpeza o a una negligencia de los gobiernos imperantes. Pues en verdad os digo, voraces y ventrudos dictadorzuelos, que se trata del NEGOCIO DEL SIGLO: El mandatario que es vitalicio, se convierte (otra vez) en dueño y señor de toda vida y hacienda, modifica el pasado, dispone el presente y planifica a su capricho el futuro, además, como «progresista», se llena de gloria, lo cual le otorga la «penosa» tarea de premiar los himnos compuestos en su nombre, disponer sus estatuas, acuñar monedas con su efigie e inundar el mundo con sus fotografías, además naturalmente de aceptar el «Premio Lenin de la Paz» y sostener entrevistas con Bárbara Walters... La experiencia vale mucho. El «desarrollo», la «dialéctica» son cosas indiscutibles: el comunismo pone en práctica (agudizándolas) las características (es decir, las más connotadas barbaries) de los sistemas anteriores. Tomemos por ejemplo, la *plusvalía*, manoseada piedra angular de los monjes marxistas. Pues bien: en el nuevo sistema, el comunismo, el obrero trabaja más que en cualquier otro, recibe menos, se le trata peor, y lo que finalmente puede adquirir ha de pagarlo más caro (ocho o diez veces por encima de su costo de producción y del precio anterior), siendo el producto de más baja calidad. Sin embargo, ya no hay capitalistas que se roben el fruto de su esfuerzo. ¿Qué ha sido pues, señor, de la plusvalía? Mencionarla es ya un acto subversivo... En realidad, vuelvo a repetirlo, no sería honesto negar que la técnica avanza, que la «Historia marcha»: antes se entregaba al Estado el *diezmo*; la nueva clase (economista, al fin) ha comprendido que es mucho más práctico, rentable y hasta «revolucionario», abolir los impuestos, contribuciones, etc., y convertir al hombre en una suerte de letra de cambio *ad vitam aeternam*... ¡Nada de diezmos! El Estado es ahora el único usufructuario –ningún intermediario– y el súbdito, siervo, esclavo, obrero o camarada (llámesele como se quiera) puesto que no se pertenece, puesto que no existe como ente legal y humano, debe obedecer naturalmente al Estado. El Estado, como artefacto monumental, lo es todo. No se trata ya pues de huelgas ni protestas, ya que la lucha de contrarios (esa condición tan elemental para la preservación y continuidad de la vida) ha sido abolida judicialmente, y cualquier tipo de insinuación será detectada y castigada con la pericia y la crueldad que son atributos de toda gran maquinaria... Por lo demás, no habiendo ya clases: sino, de un lado, el Estado plenipotenciario y omnipresente, y del otro el bloque monolítico de la masa esclava, ¿ante quién se va a protestar? El ser humano (si es que ya no es ridículo llamarlo así) bajo el nuevo sistema ha de renunciar a todas sus inquietudes trascendentes, de lo contrario, lo aniquila el sistema, o se aniquila él mismo: –lo aniquila el sistema–... Aspiremos, pues, a que dentro de un año nos otorguen el permiso sindical para comprar una olla de presión o dos sillas, que lógicamente habrá que pagárselas al Estado a sobreprecio; es decir, con lo que hubiera sido nuestra plusvalía, agregando además lo que podría llamarse *un monto socialista*. Ahora la bolsa negra es también un asunto estatal. Economistas, economistas... Levantémonos temprano, aplaudamos, inclinémonos, sospechemos del que no haga estas genuflexiones y denunciémoslo inmediatamente (a lo mejor lo hace para *probarnos*), manejemos un lenguaje simple y repetido, si es posible, monosílabos risueños (¡Sí! ¡Sí! ¡Ea! ¡Ea! ¡Viva! ¡Hurra!) Más allá, todo es muy oscuro, confuso y peligroso, y nadie vendrá a rescatarnos, al contrario, traficarán con nuestra esclavitud y con nuestros cadáveres... Y en cualquier momento «El Dios» nos puede conceder la gracia de abolirnos... Como se habrá podido observar, ambas doctrinas son monstruosas. Ahí radica su atracción, el éxito que ahora la segunda parece recoger. El hombre, en su miseria ancestral, en su debilidad patética y congénita, no puede tolerar su libertad. Cuando, por una pereza de la maldad, la disfruta, se llena de angustias existenciales, de culpas, de complejos, de resentimientos para consigo mismo y hasta para con sus semejantes, quiere inmolarse, corre desesperada y lastimosamente en busca de alguien que le pegue una argolla al cuello y le conceda el honor de darle un puntapié en el trasero... Tocado por una suerte de majadería trágica, a la vez que por un recuerdo de la manada, no cesa de buscar el objeto de su sometimiento y sumisión. Dios, Carlos Marx, Mao y hasta algún subderivado tropical: un dictador vitalicio... Escoja usted. Le recomiendo, si quiere «ajustarse» a la época, el comunismo. Su fuerza, a no dudarlo es avasalladora. Cuenta por derecho propio –además de los ultrajados y explotados por sistemas opuestos–, con los débiles, los frustrados, los ignorantes, los resentidos, los reprimidos y los impotentes, los ingenuos y los jorobados, los niños bien aburridos de que papá los mantenga, los demagogos que hacen carrera política y hasta artística negociando con el oportunismo ideológico, las grandes casas editoriales del mundo occidental y del oriental (ni los presos ni los cadáveres compran libros), los traficantes de la palabra y de la esperanza, y, naturalmente, con los malvados de oficio y hasta las prominentes damas nobles o millonarias a las que la menopausia o el exceso (entiéndase, fuego uterino) las ha provisto de un espíritu inmolatorio... Es decir, cuenta con casi todo el género humano. Así, pues, aplauda y agáchese. *¡Hágase también usted un hombre nuevo!*... Sin embargo, entre esas hendiduras que deja el terror o la Historia (hendiduras que cada día son más estrechas), suelen guarecerse, alimentados por la soledad y el fuego, los siempre escasos, los raros –los aguafiestas– que han tenido la terquedad de no acogerse a ninguna bendición. Ellos, tan antiguos, tan viejos, tan nuevos, tan pocos, tan inevitables e indestructibles, justifican y enaltecen a esos millones y millones de pobres bestias mansas, anónimas, mudas y enjaezadas, que ya (otra vez) se inclinan, se postran, ante «El Redentor». Amén.

(La Habana, 1969)

DOS

José Cid

N ACE EN Cartagena, España el 4 de enero de 1919 pero desde su juventud residió en Cuba. Hombre de extracción muy humilde, fue vendedor ambulante, quincallero, pequeño comerciante. Luego pasó a trabajar a la UNEAC (Unión de Escritores y Artistas de Cuba) como redactor de la revista *La Gaceta de Cuba*. Llegó a publicar un libro de cuentos. *El pasajero del autobús* (1969, ediciones UNIÓN), también publicó una novela *La casa* (ediciones UNIÓN); pero la misma no se puso nunca en venta, atacada de «inmoral» por presentar relaciones incestuosas, fue destruida por el Estado y convertida nuevamente en pulpa de papel –método que se ha aplicado allí a muchos libros–. Cid se dedicó entonces a pintar, pensando quizás que los colores son menos conflictivos que las palabras. Su muerte, al parecer un asesinato estratégico, fue en 1980, en La Habana.

La Habana, diciembre 31 de 1971

Margarita Camacho
París, Francia

Hoy recibí tu carta de fecha 8 de noviembre. Me alegra inmensamente tener noticias tuyas y de Camacho, y saber que están bien. También me ha alegrado mucho saber que has hecho amistad con Olga, gente formidable, y una de las pocas personas inteligentes que nos ha visitado últimamente... Paulette, la pobre, vive en otro mundo, mundo inexistente que yo no quise destruirle, ¿para qué?... Ah, los pájaros, verlos perderse, verlos acercársenos, escucharlos. Yo tengo un árbol cerca de mi cuarto (trabajo me ha costado mantenerlo) y mi mayor placer por las mañanas es ponerme a observar desde las persianas todos los movimientos, costumbres, ritos secretos de los pájaros. Tengo también a mano un libro exquisito que se titula así: «Los pájaros», publicado por la colección «Breviarios» del Fondo de Cultura Económica. Ruego le pidas a Durand mis libros de poemas «El central», y «Morir en junio y con la lengua afuera», allí podrás saber cabalmente cuál es mi vida y también mi amor por los pájaros. También para el libro de las flores[33] deben ponerse de acuerdo con Durand. Alguien me dijo que en EU existen varios ejemplares, y que se trata, y debe seguirse tratando, de localizar al editor. Aquí este año no ha habido invierno, pero José Cid ha montado una bella exposición de cuadros surrealistas, que ha sido superior en belleza y poesía a los cambios climáticos tan necesarios y raros en la Isla. Ahí les mando la breve nota introductoria que yo escribí para su exposición, la misma fue presentada en el sitio donde Camacho expuso su magnífica obra. Un amigo mío trabaja para la radio, el programa consiste en tratar temas «curiosos»: los peces, las aves, por ejemplo. Así, leyendo sobre las aves, descubrió unos pájaros maravillosos que hacen unos nidos largos, mullidos y profundos, a los cuales por lo mismo no llega nunca la luz exterior; bien, ¿pues sabes lo que hace ese pájaro? Caza cocuyos, los hace prisioneros entre los hilos del nido, les busca comida y

---

[33] El libro de las flores era una clave secreta sostenida entre un grupo de amigos íntimos y significaba llevar a cabo los trámites para la salida de Cuba (Nota del Autor en 1984).

los tiene allí, sirviéndose de ellos como si fueran lámparas fluorescentes. Lezama, también admirador de las aves, habló mucho recientemente conmigo sobre este tema. Me hizo mención del sinsonte, el más bello y musical, el rey de las aves canoras de la Isla; este hermoso pájaro no tolera la prisión, y cuando alguien lo caza y lo enjaula, el pobre, deja de cantar y sólo sabe golpear su cabeza contra las rejas, o deja de comer, hasta morir... ¡qué lástima! ¿verdad?... Muchos son los muchachos que se complacen en atrapar sinsontes, todos, querida, van muriendo metódicamente. Parece ser una ley del Maligno, como diría nuestro maestro. Bueno, espero por las deliciosas lecturas que ustedes me enviarán, abraza a Camacho, y a Olga, y tú, recibe un fuerte abrazo de tu amigo de siempre,

Reinaldo Arenas

_____

Postdata en febrero 20 de 1972: Ahora es cuando pienso poder expedir esta carta. Ahí va *Morir en junio*..., quiero que lo lean detenidamente y luego se lo remitan a Durand NO PARA PUBLICAR AHORA. Para el libro de las flores deben ponerse de acuerdo con el editor Alberto Santos 1615 S.W. 101 avenue. Miami Fla. 33165. Hablen con él, que es el tío de Ismael, amigo mío aquí en Cuba.

DISCRETA REVERENCIA[34]

Esas ciudades pulcras y perfectas, situadas al resplandor de grandes círculos luminosos y alucinantes, guarecidas junto a un puerto profundo, o aferradas a los peñascos de una montaña que se disuelve en el tumulto de un cielo serpenteante, cerrado, alto, pródigo, al parecer, en premoniciones y amenazas cuya variedad y fin nos resultaría imposible calcular...; esos colores que estallan, esa luz que cae a raudales y, sin embargo, no aniquila la inquietante palidez de los árboles lunares, ni resta prestigios al ensombrecido rostro del ahorcado –único ser humano que habita estos sitios prodigiosos–, esa armonía, constituyen un logrado ejemplo de imaginación y rigor, de alucinación poética y trabajo minucioso; de paciente y acertada espera (siempre atento, siempre preparado) para que cuando llegue el Duende –Señor fugaz, difícil, y sin cuya visita, sin embargo, nada es posible en arte, y seguramente en ninguna otra empresa memorable– estar presto, y, tomándolo por sus más decisivos flancos, estampar de una vez su grito. Porque en los cuadros de José Cid –heredero de las radiantes leyendas mozárabes, de la austera Península y del lujuriante e imprevisible trópico– hay el paciente oficio de un maestro del color, de la

---

[34] NOTA EN 1983: esta introducción a la pintura de José Cid aparece en el catálogo de la exposición del pintor, realizada en el Hotel Habana Libre en septiembre de 1971. Aunque la exposición estaba auspiciada por El Consejo Nacional de Cultura, ni el sello del organismo, ni el pie de imprenta aparecen en el catálogo: el nombre de José Cid y el de Reinaldo Arenas no podían figurar vinculados a un organismo del gobierno.

línea del *miniaturismo*; es decir, hay un hombre que sabe pintar, y por encima de este requisito indispensable y paradójicamente no común en muchos pintores, hay un poeta. El trazo seguro, la perfecta combinación, el equilibrio entre el vacío y la silueta, entre la luz y la sombra, y más allá, aprovechando (y de qué manera) esos secretos profesionales: el loco. La mano afiebrada del poeta (o del diablo) que coloca estilizadas garzas sobre altas veletas, duendes ensimismados entre nubes, pueblos avasallados por cielos de fuego, arcos terminados en búhos, llamas en perenne espera, ciudades que se marchan presurosas en un globo fantástico, mientras un oso triste y fijo, solitario y blanco, las ve perderse ya. Figuras humanas tan perfectas que no pueden ser reales y por eso nada de ellas se refleja en las aguas; casas hamacadas entre palmeras... ¡Qué distantes y qué reales, qué imposibles y qué ciertas! ¿No es precisamente ahí, en ese mágico detalle de ver realizado lo imposible, donde radica el secreto de toda creación artística? Ese pavorreal que ilumina los umbrales de una ciudad sin tiempo, es más real que todas las aves de su género, pues el artista lo ha investido de una vitalidad, de un color, de un misterio de una consciente originalidad, que trasciende la que anteriormente le otorgó la naturaleza; ese gato colocado a la entrada del misterioso recinto, es, seguro, el más felino y vivo de su especie, pues sus ojos me han mirado con tan callada solicitud, con tan desoladora compasión, con tan aterradora complicidad, que, sin duda, esa fulgurante criatura está más allá de la frágil envoltura con que ingenuamente nosotros (hombres, animales, plantas, piedra inmóvil) pretendemos encarar al tiempo. Y esa cigüeña que, cabalgando una pequeña isla, se remonta sobre peristilos, cúpulas y cumbres nevadas, rumbo al sol, es la más real de todas las cigüeñas de la zoología y las leyendas, pues ¿quién, antes que ella, se atrevió a realizar tan arriesgada travesía? ¿Acaso la historia –es decir, la confirmación de que *fuimos*– no coloca siempre en sitio preponderante a aquel que supo arriesgarse y asumió las consecuencias?... A veces el propio hecho ya de por sí intolerable de vivir se ve asediado de extraños e injustificados amasijos, de sinuosos recovecos o altos muros, de airadas resoluciones y sentencias que parecen cernirse sobre la memoria y los sueños. Quisiéramos, entonces, cruzar ese esbelto y curvado puente que comunica con la ciudad resplandeciente... Llegamos a sus umbrales. La contemplamos extasiados. Pero no podemos pasar. No porque sea irreal. No porque sea un espejismo. Sino sencillamente, porque su intensidad y perfección nos detienen. ¿Qué podríamos hacer allí nosotros? ¿Qué sería de la ciudad si entráramos? ¿Cómo no minarla con nuestros tediosos chillidos, con la inevitable tramoya que todo vivir impone?... Así, la ciudad de los sueños, la obra de arte, es nuestra parte más noble, lo más sagrado, lo que no queremos lastimar. No entramos, y tal es la sentencia: El hombre, al respetar y rendir homenaje a las obras de arte, respeta y rinde homenaje a la parte más noble y secreta de sí mismo. Discretamente, hacemos una reverencia y nos marchamos.

Reinaldo Arenas

(La Habana, septiembre 19 de 1971)

Nueva York, enero 14 de 1983

Margarita Camacho
París, Francia

Mi querida e inolvidable Margarita:

Me ha impresionado mucho tu carta de enero primero, así como la copia de mi carta que te había enviado hace diez años y que me remitiste junto con el trabajo sobre la pintura de José Cid. Y es que hay algo que no puedes siquiera imaginarte y que desde Cuba nunca pude decirte: todo parece indicar que hacia 1980 José Cid fue asesinado por la Seguridad del Estado Cubana. Desde hacía algunos años, por esas cosas siniestras que sólo en sitios como la Cuba actual puede ocurrir, Cid que era vigilado, censurado y amenazado por la Seguridad del Estado, pasó a trabajar para ella. Lo chantajearon, como a tantos, tenía que vigilar a sus amigos escritores e informar... Él mismo, un día en que necesitaba desahogarse me dijo todo eso y me aconsejó que me cuidara pues «ellos» *querían informes* sobre mi persona... Al parecer llegó un momento en que Cid no pudo más: pidió (o intentó) salir del país, apeló a su antigua nacionalidad española. Entonces lo ingresaron rápidamente en un hospital del estado (allí todos los hospitales son del estado) y rápidamente «falleció»... Sí, sé que es horrible decirte todo esto y que es horrible reconocerlo y sé que es muy difícil que alguien que no lo haya vivido lo pueda creer y mucho menos comprender. Y sin embargo así fue. Y así sigue siendo para muchos. El mismo Heberto Padilla que era (o parecía ser) su amigo, seguro que podrá aportar más detalles sobre este «caso»; uno entre tantos, que nadie conocerá, que hasta los mismos familiares presionados y temerosos se apresurarían a desmentir, y que me hace aún tener pesadillas casi todas las noches además de viajar casi siempre en tren, no sea cosa que con los desvíos de aviones por los agentes cubanos, caiga yo de pronto repentinamente en aquel «paraíso» y después recibas una carta firmada por mí, diciéndote que me siento «muy feliz», y tenga (otra vez), si conservo la vida, que escribirte en claves, como esa carta de fin de año de 1971... Qué suerte, realmente inmensurable poderte escribir ahora libremente y que la carta llegue además rápidamente a tus manos. Esas son cosas que muchos piensan que es normal, pero para los que venimos de aquel mundo sabemos que es un milagro.
Abrazos a ti y a Jorge, siempre,

Reinaldo Arenas

TRES

El poema de Armando Valladares

USTED NO VA A protestar, ¡atrevido!, por los crímenes o las injusticias que la revolución por la cual usted luchó, ahora está cometiendo, dejando de ser revolución. ¡Nada de eso! Usted va directamente, ¡de cabeza!, para la cárcel, como todo el que se atreve a hacer lo que usted ha hecho. Usted, que tiene ya 22 años, va a ser condenado ahora a 30 años. Usted, que ha vivido 22 años, va a vivir ahora otros 22 en una celda. Irá aprendiendo a sobrevivir, o si no, sencillamente perecerá. Porque nadie va a preocuparse por usted; porque, en medio de esta inmensa bachata, de tantos aplausos, himnos y consignas, de tantos invitados oficiales que vienen a disfrutar de «las maravillas» que le ponen (gratis) ante sus ojos deseosos de verlas, casi de inventarlas, nadie va a preocuparse por un hombre, por un simple hombre, encerrado y bien custodiado en una prisión, a la cual además nadie puede acercarse, cuando ahí, en la calle, y con música de conga, desfila la Historia –sí, la Historia...–, y sólo se oye el estruendo de los que dan gritos de *vivas* o el lacónico *sálvese el que pueda* de los que ya huyen... Usted está en su celda silenciado, bien tapiado, ¡y que a nadie se le vaya a ocurrir pensar, mucho menos preguntar, cuál fue, cuál es, su crimen, dónde están realmente las pruebas del supuesto delito!... Afuera siguen resonando los himnos. Se habla de una libertad jamás antes conocida. Se habla de «un manantial de libertad, donde todos los pueblos vendrán a beber». En tanto, por todos los sitios, adentro y afuera, pasa el tiempo. De reja a reja usted hace amistad con otros hombres que se despiden –una despedida breve y eterna, casi siempre sin palabras– rumbo al paredón. Han pasado ya algunos años; pero dentro está la misma oscuridad y afuera los mismos himnos y discursos, ahora cada vez más prolongados e histéricos, y los flamantes invitados extranjeros siguen llegando, directos para el hotel y luego a la tribuna, donde en letras enormes se lee CUBA PRIMER TERRITORIO LIBRE DE AMÉRICA... Le han quitado el escaso alimento que le daban, le han suprimido el agua, le han tapiado aún más la celda; ha visto masacrar a ballonetazos a cientos de hombres, ha visto niños condenados y violados, ha visto a los mismos niños prostituirse para seguir viviendo y luego morir repletos de enfermedades venéreas. Ha visto también cómo aquel cuerpo casi adolescente y flexible, que era el suyo, ha dejado de serlo; y ahora es algo magro, esmirriado, anguloso, que se tambalea cuando intenta incorporarse. Pero afuera los himnos no han cesado.

Usted está ahora en la celda, paralítico; lleva ya más de quince años encerrado; la vista comienza a fallar, el pelo que era negro y abundante se vuelve claro y ralo. ¿Qué sabor tiene un domingo? ¿Cómo huelen los árboles? ¿Qué se siente cuando estamos frente al mar abierto? ¿Cómo era, cómo es, el rostro de nuestro mejor amigo? ¿Cómo sostener en la memoria el cuerpo de una mujer?... Para apoderarse definitivamente de todas esas cosas que no posee, escribe. Los papeles más mínimos, conseguidos a riesgo de peores castigos, son llenados minuciosamente a riesgo de castigos aún peores. Ha descubierto no solamente la manera de contar (y cantar) su horror, sino también una forma mágica de derrotarlo y trascenderlo. La resurrección viene camuflageada de hojas en blanco, en esas hojas triunfa la vida, taimada, secretamente garrapateada, insólitamente escapada de la prisión, aún más peligrosamente lanzada fuera de la Isla, que es toda una gran cárcel muy bien custodiada... La expresión de un rostro anhelado, la ausente luz con sus infinitos matices, el adiós irrepetible del amigo, el chantaje, la vileza, sufridos por nuestros familiares más allegados, la nueva remesa de golpes y ofensas... Contra todo eso, el clandestino consuelo de unas palabras trazadas velozmente, que quien sabe además adónde irán a parar... Y afuera aún se escucha el estruendo unánime de los himnos, los airados discursos que recomienzan y se repiten hasta la saciedad, un pueblo en estampida que corre hacia el mar, los arteros ballonetazos y la descarga –siempre a la misma hora– del pelotón de fusilamiento, que ya asesina a los condenados con la boca amordazada, para que ni siquiera en el último momento puedan gritar su desprecio hacia el régimen y su amor, su fe –su ingenuidad– hacia la libertad. Y del otro lado, más allá del mar y la prisión, «progresistas», «liberalísimos» personajes que, desde sus confortables residencias, situadas en las más lujosas capitales del mundo libre, escriben odas, loas y ensayos sobre la libertad del país donde usted lleva ya más de veinte años encerrado e incomunicado. Y también acá, rodeados por un mar custodiado, se habla con grandes gestos de «emancipación social», de «leyes justas», casi maravillosas de un pueblo que ha conquistado al fin su dignidad y su independencia. Pero usted, desde su celda tapiada, oye el estruendo del pelotón de fusilamiento que estrella contra el muro los cuerpos maniatados y amordazados de campesinos, de estudiantes, de trabajadores e intelectuales por, para (y gracias a) quienes se hizo una revolución y se han llevado a cabo esas «maravillosas conquistas» que ya sólo aparecen en las grandes y rojas letras del periódico *Granma*, junto naturalmente con la nómina de los distinguidos visitantes que llegan y se van (ninguno se queda) pues esa «maravillosa realidad» al parecer prefieren contemplarla desde un catalejo... Veinte años, han pasado veinte años. ¡Cómo no añorar el aguacero, el sol, el verde y los espacios abiertos, el sabor de ciertas comidas, de ciertas voces y melodías!... ¿Cómo seguir viviendo si ya nuestra casa es una visión fantasmagórica, si jamás atravesaremos *aquélla* calle, si no tendremos ni el día ni la noche, ni el sabor de una comida preparada por manos amantes, ni la complicidad de un recuerdo, si hasta la memoria va perdiendo consistencia y nada sucede que nos permita engrandecerla? Veinte años, veintidós años. Y todo en blanco. Sólo una celda estricta, una pared infranqueable y generalmente ensangrentada... Quizás allá afuera alguien haya aprendido a leer (aunque naturalmente sólo podrá leer las publicaciones oficiales), quizás alguien ahora tenga un empleo que antes no tuvo (aunque naturalmente lo mantendrá mientras sea fiel al sistema), quizás algunos niños hayan sido vacunados contra ciertos virus (porque naturalmente lo que se desea es que estén aptos para servir al sistema). Pero todo eso, aún si fuese cierto, aún si fuese llevado a cabo con buenas intenciones, pierde validez y nobleza; porque hay un hombre tapiado en una celda desde hace 22 años, y esa celda, esas miles de celdas, manchan y contaminan la Isla, y la vida, y todas las vidas, y todos los gestos patéticos o grandiosos, mínimos o espectaculares, que allí hagamos... Veintidós años, doscientos sesenta y cuarto meses, siete mil novecientos veinte días, y algo más... Un paseo, una playa, una reunión familiar, una película, una aventura, un sorbo de café, un cuerpo, un deseo sosegado. ¿Qué fue de todo eso? ¿Cómo seguir viviendo? Y lo que es aún más difícil, ¿cómo seguir creando? Y lo que es aún más difícil, ¿cómo seguir amando? Ante estas preguntas, tan vastas y misteriosas como la condición humana, quizás sólo se pueda proponer una simple y difícil palabra: *grandeza*.

Hay hombres –escribió Martí– *que no se cansan de luchar cuando parece que los pueblos se cansan. En esos hombres van miles de hombres, va un pueblo entero, va la dignidad humana.*

Porque tal parece que la historia de la dignidad humana (ese poema incesante y terrible) es también como un fuego sagrado que, a través de la eternidad, se traslada de uno a otro hombre –de uno a otro elegido– para que jamás se extinga y ennoblecer y justificar así la existencia toda del género humano.

(Nueva York, julio de 1983)

Nueva York, junio 10 de 1982

Severo Sarduy
París, Francia

Acabo de recibir la edición alemana de *El mundo*. Excelente, incluyendo la contratapa. Al fin alguien descubrió el vínculo de esa novela con Goya y le rinde homenaje al gran sifilítico, al menos en la portada. Me imagino que los libros llegaron a mis manos gracias a tu amistad diligente e incesante. Eso me hace quererte siempre –y más–.

Por mi parte te remito el número segundo de *Linden Lane*, el Homenaje a Lydia en *Noticias de Arte*, y otros números de la misma revista donde podrás apreciar los modestísimos esfuerzos por estampar en cualquier sitio nuestros gritos –habrá escándalo para rato y para ratas... Vivo, disfruto del verano neoyorkino. Fui al Gran Cañón de «El Colorado»– hasta para mí fue una sorpresa... Me entristece no haber recibido tu trabajo para el número especial de Lydia Cabrera. Espero tener la dicha de publicar algo tuyo en *Linden Lane*, y también desde luego en *Noticias de Arte*. Es una revista sobre artes plásticas. Algo donde tú eres también un experto. Este es un gran momento para la literatura cubana –fuera de Cuba, la verdadera– todos los valores están junto a nosotros, y es realmente necesario que estemos unidos a través del talento y de la libertad. El número especial de *ESCANDA-LAR* confirma lo que digo. Número realmente antológico y que ya Fidel Castro nunca podrá realizar allá. ¡Cómo les debe doler! Naturalmente, ya todos los esbirros están movilizados: desde la embajada de Cuba en París se lanzan amenazas y «consejos» a las editoriales o revistas que nos publican. Agentes solapados vuelan de uno a otro continente clamando por mesura, contención, discreción; otros agentes –detrás de éstos– confirman todos nuestros movimientos y, en última instancia, se proyecta –se toman en cuenta– posibles aniquilamientos físicos. Todo eso lo sé. Por algo he vivido veinte años bajo (y dentro) del terror... Pero ya para ellos es demasiado tarde. Somos una fuerza (la fuerza del talento y de la furia) sólo comparable con el caso judío. Si bien a nosotros nos cabe el honor de no ser nación, sino pueblo disperso, con la mitad del mundo en contra y la otra babeante y titubeante.

Leí con rafagazos de encantamiento, tu trabajo sobre la pintura cubana en ese número antológico de ESCANDALAR. Debes integrar un libro con ese trabajo, que es una pieza maestra. Leo (¿o creí leer?) entre líneas una gran nostalgia (¿diré algún día *homesick*?) por el paisaje cubano, por aquella ciudad llamada La Habana, por aquel país que fue Cuba... «Si vuelvo a la Isla, como lo vaticina Lezama en una de sus últimas cartas»... Claro, Lezama, hombre de gran candor –sabio de especie extinguida– no podía concebir que el mal o «el maligno», como él gustaba decir, pudiera ser permanente. Para él ese vaticinio tenía (aunque lejana) una certeza: la destrucción o autoaniquilamiento de una dictadura que lleva ya 23 años en el poder, ha fusilado a miles de seres humanos, ha causado la ruina espiritual y económica de todo un pueblo y ha provocado un exilio de más del 10 por ciento de su población, a pesar del riguroso estado de alerta criminal mantenido contra toda persona que intente abandonar las costas... No puede haber regreso mientras exista allí el crimen, el terror, las cárceles repletas y un dictador que, en nombre de todo el pueblo esclavizado, habla él solo diciendo que todos allí son hombres libres. Y no puede haber regreso, pues cualquier viaje o «viajecito», realizado a un sitio donde imperan el terror y el crimen, la censura y la humillante persecución y autotraición, es –quiéralo o no el viajero– una manera de apoyar toda esa infamia. NUNCA EL GOBIERNO CUBANO –entiéndase la seguridad del Estado y la Unión Soviética– PERMITIRÁ QUE TÚ ENTRES A SU TERRITORIO (entiéndase, Cuba) SI NO ES POR SU PROPIO BENEFICIO, ES DECIR CON EL FIN DE UTILIZARTE, NEUTRALIZARTE, y NEUTRALIZAR TU OBRA, TU CONDICIÓN HUMANA Y EL EXILIO CUBANO EN GENERAL. Ya no eres, querido mío, un simple ser humano que quiere ver a mamá y a papá y ver aquella esquina donde una vez... Eres algo más sublime y a la vez más digno de ser negociable: eres una figura internacional, cuya actitud se sopesa, mide y codicia...

Sé de todas las sutilezas «y delicadezas» que los esbirros cubanos son capaces de desplegar cuando se trata de «acercarse» a un objetivo. Pero sé también de tu grandeza y de toda la soledad y rigor a la que has tenido que someterte para ser hoy quien eres. Nunca pongas en juego esa grandeza, a cambio de una nostalgia satisfecha. Quien en la época de Hitler visitara Alemania, atizaba los hornos crematorios.

Cuba es hoy ese campo de concentración infamante, pero poderoso, donde se ha fusilado a adolescentes de 15 años, como Ángel López Rabí, a escritores de veinte y pico como Nelson Rodríguez, donde desde hace más de veinte años hay poetas que se pudren en la mazmorras estando ya paralíticos por las torturas recibidas... No puede haber regreso cuando el sitio que amamos es hoy un campo de exterminio. Llegar allí es *salpicarse*... Y ellos lo saben muy bien. Por algo ya están coqueteando con muchos escritores de occidente para que los visiten. La historia estará siempre de parte del perseguido, del prófugo o del encarcelado. Miles de jóvenes escritores te admiran en Cuba y muchos miles te admiran fuera de Cuba. Ir allí sería perder la estimación tanto de una parte como de la otra. Los que están fuera de Cuba tienen todavía el privilegio de ser dignos; los que están dentro de la Isla están obligados a traicionarse para sutilmente sobrevivir y quizá algún día ser ellos mismos. Un viaje a Cuba quedará grabado en la conciencia hasta del que allí te aplaude mientras desfila –¡pero secretamente te maldice y espera!... No puede haber regreso a un sitio donde al escritor más grande que tuvo, Lezama Lima, fue vilmente humillado, censurado y vejado cotidianamente– y aún después de su muerte es aún vejado y tratan de borrar hasta la imagen de su resistencia crítica y creadora. ¿Qué fue de Lezama Lima desde 1970 hasta su muerte? ¿Cómo vivió? ¿Por qué no se le publicó su obra? ¿Cómo y por qué murió así tan «repentinamente»? ¿Y de Virgilio Piñera? ¿Por qué no se le publicaba nada desde hacía diez años? ¿De qué manera tan misteriosa y «repentina» también muere?... Los agentes del crimen tratan ahora de echar tierra sobre esos cadáveres –esos crímenes–: congresos, simposios hasta ediciones póstumas de sus víctimas. El cinismo es un arma política de gran eficacia... Volveremos a Cuba cuando la verdad se pueda decir a lo largo de toda la Isla, cuando tus obras se editen en ediciones completas allí mismo, cuando no tengamos que «negociar nuestro viaje», cuando no haya que simular contenernos; es decir, cuando no exista allí una dictadura llena de esclavos a los cuales se ofende con nuestra presencia engalanada, sabiendo que podemos marcharnos y ellos se quedarán prisioneros, agradeciendo la baratija que «misericordiosos» les dejemos... No, no hay regreso para quien deja atrás, una cárcel. Si lo hay es sólo *en calidad de aliado al crimen*. Y la historia, es decir la dignidad humana, no perdonará esa alianza. No la perdonará ni se quedará impune.

Recibe un gran abrazo de quien entre más largo te escribe más te ama, tu

Reinaldo Arenas

CUATRO

La verdad sobre Lezama Lima

H ACE YA más de siete años (el 9 de agosto de 1976) murió en La Habana el gran poeta y novelista José Lezama Lima. Murió sin atención médica, luego de haber estado tres días ingresado en el Hospital Calixto García.

Al sentise enfermo, su esposa, María Luisa Bautista, llamó al médico que lo atendía; pero éste se encontraba fuera de la ciudad. María Luisa le comunicó por teléfono a la enfermera el estado en que se encontraba su esposo. A los pocos minutos, llamó el señor Alfredo Guevara (el teléfono del poeta estaba interceptado por la Seguridad del Estado), ofreciéndose para ingresar a Lezama en el hospital. Lezama ingresa un viernes por la tarde. El sábado por la mañana un médico de guardia hizo una visita de rutina a la sala *Borges* donde estaba el paciente; el domingo no hubo visita médica. El lunes Lezama había muerto. Esta es la versión textual que me brindó personalmente la señora María Luisa Bautista de Lezama.

Durante el sepelio de José Lezama Lima, la «Unión de Escritores y Artistas de Cuba (UNEAC)», que durante muchos años censuró su obra, intentó apoderarse oficialmente de tan triste circunstancia y

198

comisionó al señor Ángel Augier –Vicepresidente de la UNEAC y miembro del Partido Comunista– para que despidiese el duelo. Esta «oferta» se le hizo a María Luisa a través del «beatífico» Eliseo Diego, quien se prestó para este rejuego, a pesar de que su obra poética más importante había sido dada a conocer por el propio Lezama en las páginas de la revista *Orígenes*.

Alfredo Guevara –una de las figuras más sinuosas y siniestras del castrismo– envió las cámaras cinematográficas para filmar a Lezama-cadáver. Nunca en vida de Lezama Lima, el ICAIC (Instituto Cubano de Arte e Industria Cinematográfica) LE HIZO UN DOCUMENTAL. María Luisa Bautista se opuso enérgicamente a que Augier despidiese el duelo, diciéndole a Eliseo Diego que era cínico y vergonzoso que los mismos que habían censurado y perseguido a Lezama Lima fueran ahora quienes quisieran también pronunciar el discurso de despedida. También se opuso a que el ICAIC filmara la ceremonia –aunque esto no lo pudo evitar. Nicolás Guillen, el lépero, había enviado inmunerables coronas que las cámaras del ICAIC fotografiaban con avidez.

En pleno funeral, María Luisa tramitó el envío de los manuscritos de Lezama fuera de Cuba. De este modo se publicaron sus libros *Oppiano Licario y Fragmentos a su Imán*. Las autoridades cubanas –específicamente la Seguridad del Estado– comenzaron una campaña desesperada por silenciar a María Luisa y obtener de ella la copia de la obra póstuma de su esposo, para publicarla y evitar un escándalo internacional. En esta *tarea* jugaron papeles fundamentales los altos oficiales y agentes del dictador Fidel Castro, Luis Felipe Carneado y Manuel Moreno Fraginals, quienes asediaron a la indefensa viuda en su ya destartalada y solitaria casa de Trocadero 162.

Una vez que María Luisa supo que una de las copias de las obras estaba a salvo, entregó el resto (no le quedaba otra alternativa) al señor Carneado, miembro del Comité Central del Partido Comunista de Cuba, quien «comisionó» a Moreno Fraginals y a Cintio Vitier para que *escoltaran* los libros con prólogos laudatorios al castrismo, donde no se menciona, desde luego, la censura, la persecución, los insultos, el encierro y la incomunicación que sufrió Lezama durante los últimos años de su vida. María Luisa Bautista que sí conocía esas humillaciones, pues las padeció junto a él, convirtió la casa en un museo y consagró su existencia a cuidar todos los manuscritos, cartas, documentos y obras de arte que había dejado su compañero. Ella, sin permiso oficial, puso una tarja frente a la casa que decía AQUÍ MURIÓ EL GRAN POETA Y NOVELISTA CUBANO JOSÉ LEZAMA LIMA.

María Luisa era un estorbo para los planes de «rehabilitación póstuma» que el castrismo se proponía llevar a cabo con el poeta. Ella no se iba a prestar para un juego tan sucio. Su muerte, *también «repentina»*, ocurrida en 1981, fue el golpe de gracia para el Lezama rebelde, crítico, satírico y trágico que aún quedaba en la antigua casa de Trocadero... Un alto agente de la Seguridad del Estado, el esbirro Manuel Cossío, entró –finalmente con entera libertad– en las habitaciones donde Lezama había trabajado y vivido por más de treinta años: desaparecieron sus libros, sus manuscritos, sus cartas, sus documentos, sus cuadros... Todo fue registrado y contabilizado con la maldad y pericia de un policía experto. La casa ya vieja, ahora cerrada y sin recibir atención, ha sufrido varias inundaciones. Quizás el Estado (Fidel Castro) prefiera que se derrumbe y que hasta la misma tarja desaparezca. Pero tal vez no. Tal vez sean más cínicos y siniestros. Quizás hagan de ella un «museo o una biblioteca»[35], donde los flamantes turistas oficiales podrán admirar a un Lezama «castrista», expurgado, manipulado, sonriente y sin contradicciones... Ya hábiles e inescrupulosas huestes, que de cristianos sólo tienen el manto de la hipocresía, como Cintio Vitier y Fina García Marruz, entre otros, se afanan, con el estímulo oficial, en mostrarnos un Lezama obediente, masoquista y bovino, que no quiso salir nunca del país, a quien no le gustaba viajar, que no quiso ser nunca un hombre libre, que prefería la censura, el racionamiento, el insulto y la humillación, que amaba en fin a Fidel Castro, al Gran Hermano, al crimen.

La misma revista *Areíto* (órgano de la policía cubana en Nueva York) ha publicado entrevistas laudatorias sobre Lezama Lima. Lisandro Otero, uno de los testaferros más fieles al sistema (fidelidad amparada en su mediocridad bien remunerada) también acaba de publicar en Nueva York un artículo titulado «Para una mejor defini-

---

[35] Efectivamente, la casa de José Lezama Lima acaba de convertirse, por obra del gobierno castrista, en una biblioteca pública. Donde estaba la sala se exhiben ahora las *Obras Completas* de Vladimir Ilich Lenin (Nota del Autor en 1984).

ción de Lezama», donde, entre otras barbaridades, dice textualmente que Lezama nunca cumplimentó las invitaciones hechas por las universidades extranjeras y otras instituciones culturales porque sencillamente «se negó sistemáticamente a asistir»[36].

Esta frase hubiera tenido sentido si se le hubiese agregado un monosílabo; quedando de esta forma: «se *le* negó sistemáticamente a asistir». También acaba de publicarse en Cuba un libro atribuido a Lezama Lima, y al que él nunca le dio la forma de libro, *Imagen y posibilidad*. Se trata de una malintencionada selección de textos periodísticos y de ocasión, que Lezama NO INCLUYÓ NUNCA EN SUS OBRAS COMPLETAS publicadas por la casa Aguilar... *¿Por qué no se hizo algo semejante cuando el hombre estaba vivo y deses-perado, censurado y encerrado en las paredes vigiladas de la casa de Trocadero?*... En Poitier, un miembro del Partido Comunista Francés celebró recientemente un Congreso Internacional sobre Lezama Lima, donde no podrían faltar ni Cintio Vitier, ni Fina García Marruz y hasta el mismo Julio Cortázar y otros funcionarios de la Casa de las Américas... *¿Por qué no organizó la Universidad de Poitier un Congreso sobre Lezama Lima cuando se publicó «Paradiso» en Francia y el poeta, aún vivo, podría haber aportado el caudal irrecuperable de su gracia y sabiduría verbales?*

Ante toda esta infame manipulación que contra el verdadero rostro de Lezama Lima se quiere llevar a cabo, basta plantear, para destruirla, una sola pregunta: *¿Si Lezama Lima no tuvo ningún problema bajo el castrismo; por qué desde 1971 hasta su muerte toda su obra fue censurada en Cuba?*

Por fortuna el crimen que con la memoria de José Lezama Lima se está cometiendo por parte de las autoridades cubanas y sus agentes, no quedará impune; la mentira no podrá ahogar la voz del maestro. Existe el indignado recuerdo de los que ahora podemos hablar. Están sus cartas, testimonio cotidiano y sin ficción del infierno que fue su vida bajo el castrismo. A esos documentos irrebatibles remitimos a los intelectuales honestos del mundo, para que conozcan, de la propia voz

---

[36] *Boletín Cultural Cubano*, 1983. (Se trata de un órgano de propaganda castrista enclavado en Nueva York).

del poeta, cómo vivió y murió en la Cuba de Fidel Castro uno de los hombres más grandes de este siglo.

(Nueva York, septiembre 1983).

CINCO

Nelson Rodríguez

NELSON RODRÍGUEZ nació el 19 de Julio de 1943 en la provincia de Las Villas, Cuba. Realizó estudios en el colegio de Los Maristas. Maestro voluntario en la Sierra Maestra en 1960. En 1964 publicó su libro de cuentos, *El regalo*, por las *Ediciones R.* dirigidas entonces por Virgilio Piñera. En 1965 fue confinado a un campo de concentración en la provincia de Camagüey. En 1971, luego de salir del campo, intenta desviar un avión cubano hacia la Florida. El avión, escoltado por numerosos militares, aterrizó en La Habana y Nelson Rodríguez fue condenado a la pena de muerte por fusilamiento. Dejó un libro inédito sobre sus experiencias como forzado, que ha desaparecido a manos de las autoridades cubanas.

SI TE LLAMARAS NELSON
(A un joven norteamericano)

*Los que te tienen, oh libertad,
no te conocen.*

José Martí

Si te llamaras Nelson
estarías ahora desfilando marcialmente
(mano levantada, paso firme, pelo al rape)
frente a la tribuna donde el jefe
conceda quizás la gracia de un saludo
    Si te llamaras Nelson
grabarías en la memoria esta escena
y luego clandestinamente
en el breve descanso o el pase reglamentario
(veinticuatro horas)
               escribirías
    Si te llamaras Nelson
pasarías días enteros (los mejores) en la cola
del helado
pasarías toda tu vida esperando un pitusa
que una tía («bondadosa») prometió enviarte desde «El Norte»
    Si te llamaras Nelson
estarías ahora siendo interrogado
no porque hayas protestado públicamente
no porque hayas salido a la calle con tus hermosos cabellos
             sueltos
no porque hayas criticado abiertamente
como haces aquí
el *establishment* (allí nadie se atrevería a tanto)
sino porque alguien descubrió que eras poeta
o algo por el estilo
y por lo tanto ya esgrimen contra ti
          «el cuerpo del delito»
    Si te llamaras Nelson
de la misma plaza donde gritas o te diviertes

serías conducido a un campo de trabajo forzado
te levantarías al alba y contarías las horas
sólo por la llegada del camión custodiado
que te llevará al barracón
    Si te llamaras Nelson,
por lo que haces por lo que no haces
llevarías siempre un mono azul, una cabeza rapada
unas botas rusas (molestísimas) y un número
junto al pecho
    Si te llamaras Nelson
conocerías el verdadero significado
de esa libertad que desprecias y atacas
porque nunca la habrías disfrutado
    Si te llamaras Nelson
estarías ahora intentando salir de tu país
estarías ahora lanzándote al mar
estarías ahora siendo capturado en pleno vuelo
estarías ahora siendo capturado antes de que iniciases
la estampida
(el mejor delator es allí siempre tu mejor amigo)
estarías ahora otra vez incomunicado y esperando
la sentencia
estarías ahora caminando con las manos atadas hacia
el pelotón de fusilamiento
    Si te llamaras Nelson
tendrías como única recompensa a toda tu vida
la visión de tus propios hermanos apuntándote
    Pero si te llamaras Nelson
ni siquiera en el momento en que la metralla entra en tu cuerpo
podrías gritar
como gritas aquí, defendiendo impunemente a los verdugos
porque ellos, hombres previsores
        te llevarán amordazado al paredón
    Si te llamaras Nelson
estarías ahora pudriéndote en una fosa común
estarías ahora enterrado en un lugar anónimo
que nadie irá a fotografiar

estarías ahora bien sepultado en un hueco
donde nadie irá a descubrirte, ni sabrá qué hiciste
ni quién fuiste
ni si realmente has existido
Si te llamaras Nelson
comprenderías lo que significa esa libertad
gracias a la cual (y contra la cual) gritas y
comenzarías a conocerte
y a despreciarte.

Pero te llamas Jimmy, Tom, Eddy, y ya recoges la pancarta, impresa en tinta impecable. Tomas el tren o el auto, y regresas a casa; pues esta noche has de estar *ready* para asistir al concierto de los Rolling Stones (ya tienes el pulover lumínico) en el Madison Square Garden, o ver el Festival de Cine Soviético (qué progresista) en el Carnegie Hall Cinema. Y luego, con un grupo de amigos (o de amigas), riendo, bebiendo, fumando, aullando de vida, Village abajo rumbo al río.
Si te llamaras Nelson

(Nueva York, agosto 14 de 1983)

Washington, D.C. Diciembre 23-1982.

Sr. Edmundo Vargas Carreño,
Secretario Ejecutivo,
Organización de Estados Americanos,
Comisión Interamericana de Derechos Humanos,
Washington, D.C. 20006, USA

Señores:

Estoy muy agradecido por el interés que se han tomado en mi caso y por el resultado del mismo: RESOLUCIÓN No. 6/82.

CASO 7602-CUBA.

Ahora bien, aunque algunas situaciones han cambiado, otras se han agravado y es por ello que hoy me dirijo a ustedes de nuevo, para condenar las violaciones de derechos humanos del Gobierno de Cuba respecto a mi caso.

Pido nueva investigación, pues el 17 de septiembre de 1982, varios familiares y amigos míos fueron detenidos en Cuba, interrogados, amenazados... Ahora estoy divorciado de María Eugenia Calvar Rivero, aunque ella desea salir de Cuba en compañía de mi hija Maudie Valero Calvar.

VIOLACIONES DE DERECHOS HUMANOS.

María Eugenia Calvar Rivero: Después de tenerla sin trabajo durante dos años, ahora le han dicho que tiene que trabajar dos años para poder irse, una forma de pagar los estudios «gratuitos». El 17 de septiembre de 1982 fue detenida en Seguridad del Estado, (G2), Versalles, Matanzas. Se le obligó a devolver todo lo que tuviera mío, artículos, recortes de periódico, etc. Se le interrogó por más de dos horas.

Celina Eugenia Real Navia: una tía mía de 60 años, la detuvieron en el 82, Versalles, Matanzas. Interrogatorio. Vive en la calle Jovellanos 8312, Matanzas.

Eduardo Lolo: Escritor, expreso político, somos conocidos, nunca nos hemos escrito. Detenido en el 62, el mismo sitio. Interrogatorio.

Teresita Herrera Muiña: Escritora, apenas nos escribimos. Teresita está casi ciega, interrogatorio y amenazas. Vive en el reparto Reinold García, Matanzas.

Haydé Gómez: Detenida en igual fecha y en el mismo sitio. Interrogatorio, nunca nos hemos escrito. Vive en la calle Milanés esquina a San Carlos, Matanzas.

María Eugenia Calvar y mi hija viven en la calle Maceo 141, Matanzas.

Lo más serio de estas detenciones es que he recibido dos cartas de ellos, por razones lógicas omito los remitentes; pero puedo hacérselas llegar puesto que las tengo en otro organismo, Of Human Rights, Washington, D.C. En ambas se me alerta que el Gobierno de Cuba les ha dicho a los detenidos que VAN A MATARME por mis vinculaciones con la CIA y otras organizaciones anti-castrista, y porque yo viajaba con dinero de la CIA a otros países a hablar en contra del Gobierno Cubano. Pueden imaginarse el estado de nervios en que se encuentran mis familiares, otra razón por lo que dicen que van a matarme es por mi amistad con Húber Matos, distinguida personalidad del exilio y expreso político, (20 años de cárcel en Cuba).

Desde luego que jamás he tenido que ver con la CIA, pero parece que el Gobierno de Cuba confunde, o quiere dar a entender que las Comisiones de Derechos Humanos están controladas por esta agencia.

Por tanto: pido una investigación sobre estas nuevas denuncias y alerto a los organismos internacionales, porque aún después de salir de Cuba en forma legal, tratan de chantajearme, amedrentarme, e incluso hablar de mi asesinato. Es completamente inhumano, y es una violación de los más elementales derechos humanos, que estos familiares y amigos estén padeciendo por mí, aún cuando no mantenemos correspondencia.

Acompaño la carta de un *Resumé* mío y le haré llegar copia a todas las organizaciones pertinentes.

Juro que todo lo anteriormente escrito es cierto y estoy dispuesto a probarlo.

Muchas gracias por su atención,

Roberto Valero

Mr. Roberto Valero
3040 R St. N.W.
Washington, D.C. 20007
(202) 338-1696

SEIS

Necesidad de libertad

ESCRIBIR (crear) es un acto de irreverencia, tanto en lo ético como en lo estilístico. Una verdadera novela nunca es histórica, política o social (etc.), en el sentido académico o tradicional del término, pues de hecho dejaría de ser novela para convertirse en un testimonio o en un libro de texto, es decir, en algo aburrido. Por otra parte, el novelista, tal vez más que cualquier otro autor, necesita de un espacio y de un tiempo, tanto materiales como espirituales, para poder concebir y realizar su obra.

Son pocos los países que pueden darse el lujo, hoy en día, de albergar a un novelista. Es algo así como tener un dinosaurio en una perrera; ni la pobre bestia puede sobrevivir allí, ni la perrera puede tampoco brindarle asilo. En América Latina, esta inmensa perrera, administrada generalmente por caudillos matones, gángsteres militares, y ahora –la última moda– delincuentes de izquierda, la situación del novelista es singular, es decir, intolerable. El novelista, a los ojos de las antiguas «administraciones nacionales» era un «comebolas» o un tonto útil; ahora, con el arribo triunfante de las dictaduras de izquierdas, las más quisquillosas e inseguras, y, por lo tanto, las más atroces, el novelista sí es tomado en cuenta, y se le sitúa justamente en el índice que le pertenece: *el de la peligrosidad.*

Dejémonos ya de ilusiones tontas, de manidas esperanzas y de ridículas utopías. Digamos la verdad. Al menos, los que no cobramos para envenenar a los pueblos, explotando su ingenuidad o sus sueños, nos queda la dicha de poder decir lo que sentimos. Los que no pertenecemos a partidos ni a sectas, ni a dogmas materialistas o religiosos, podemos darnos el lujo, tomarnos el atrevimiento, de restregar en los ojos de los adormecidos, los autoconvencidos o comprometidos, el cuerpo de esa escoria que casi nadie quiere mirar de frente y que se llama *verdad.* Por eso, el sitio donde esa *verdad* (la forma profunda de sentir y ver) pueda ser expresada, ese es sin duda, el lugar que como patria debe escoger un escritor, en el caso, desde luego, que aún le sea permitido elegir, que es rechazar... Naturalmente, si el escritor es un patriota consumado, en el sentido en que lo fueron nuestros abuelos independentistas, su situación es más clara y simple: sencillamente debe renunciar a la literatura y alzarse. De hecho, aun cuando no pase a la Historia de la Literatura, pasará a la Historia de su país... Pero como no es ese mi caso, ni el de los que seguimos empecinados en escribir novelas, lo mejor que se puede hacer es buscar el sitio adecuado para trabajar en paz. Y ese lugar ha de ser aquél donde la crítica y la antagonía se puedan manifestar. Por dos razones: porque una sociedad que tolere en su seno a su contrario será siempre la sociedad más desarrollada, la más antigua, la más culta, y, sin duda alguna, la que habrá se sobrevivir, permanecer mayor tiempo; y en segundo lugar porque, ¿qué puede hacer un escritor en un sitio donde no pueda disentir?... Por lo demás, una sociedad que no pueda soportar la crítica, es una sociedad condenada a perecer. Por eso, los países del bloque comunista jamás podrán competir en igualdad moral y política (y por ende, económica) con occidente. ¿Dónde reside la grandeza de Occidente a pesar de los occidentales? La grandeza (el desarrollo) de Occidente reside sencillamente, en que puede darse el lujo de tener dentro sus propios enemigos y tratarlos con el mismo margen de libertad que es dado a sus aliados más fieles.

De hecho, esos enemigos pasan a ser, por el trato recibido a pesar de su disidencia, los apologistas más contundentes del sistema que combaten. El hecho de seguir inmunes, libres, vivos, luchando, prueba, no su grandeza, sino la grandeza del país o sociedad que atacan. Cuando una Angela Davis sale de los Estados Unidos para hacer propaganda comunista, y, por lo tanto, combatir los intereses de ese país, y luego puede entrar tranquilamente a dicho país y seguir viviendo como un ciudadano más, le está haciendo la mayor apología que pueda hacérsele a los Estados Unidos. Así mismo, cuando algunos cubanos residentes en los Estados Unidos viajan a Cuba para aplaudir lo que ellos llaman «logros» del sistema allí imperante, y regresan (pues ninguno se queda) a los Estados Unidos, donde continúan haciendo propaganda a favor de la política castrista, en realidad, la propaganda mayor se la hacen al gobierno de los Estados Unidos, a sus leyes democráticas, pues están constatando en el terreno práctico (no en el de la demagogia teórica) las seguridades y libertades que ese país, que los alimenta y alberga, posee.

Yo reto a que se me cite un caso, uno solo, de un intelectual de un país socialista que haya podido combatir o disentir libremente contra la ideología estatal dentro de su país, o que lo haya hecho fuera, y después haya podido regresar y seguir viviendo libremente.

Esa divina posibilidad de decir *no*, donde el «Jefe» dice *sí*; esa magnífica, sagrada posibilidad de cuestionar, criticar, disentir; esa duda llena de audacia, ese NO, es y será siempre lo que diferencia al hombre del rebaño, al ser humano de la bestia, al individuo del esclavo. Y en ese *no* rotundo admitido dentro de las democracias, y contra la democracia, radica la grandeza de occidente. Su definición y su grandeza. Aún cuando muchos consideremos tal tolerancia como una actitud suicida.

El hombre que en aras de una ideología política renuncie a ese *no*, está renunciando a su condición humana y pasando al campo cerrado (cerrado con muros y guardacostas) de la anónima multitud esclavizada y amordazada, que desde luego incesantemente, entre genuflexiones y aplausos, tiene que gritar *sí*.

Los intelectuales que, como «invitados de honor», visitan las tribunas de los países comunistas, si tuviesen el coraje de pensar por sí mismos y la valentía de no servir a otra causa que a la de la razón (como se supone que debe obrar un intelectual) deberían de sentirse profundamente perturbados y entristecidos cuando ante ellos y el jefe máximo, el único jefe, sólo se oye un clamoroso *sí* con sus consabidos aplausos... Qué amenaza, qué terror, algo, sin duda siniestro ronronea e impera allí, para que de manera tan *monolítica* hayan desaparecido la audacia de la duda, la voluntad contraria, el espíritu crítico, la resistencia... Afortunadamente, por sostener esa duda, por ese espíritu de revisión y curiosidad incesantes, por esa voluntad de vivir manifestándose, aún se repletan prisiones o se muere cotidianamente, no ya combatiendo directamente contra el régimen totalitario; sino sencillamente por la «osadía» de huir del mismo... Y no es precisamente Alemania Occidental la que mantiene el muro de Berlín, ni son los países democráticos los que crearon la llamada «cortina de hierro», ni hubo nunca en Cuba, antes del sistema actual, una red incesante de guardacostas, radares y lanchas superrápidas alertas para detectar, reducir, a prisión o aniquilar a cualquiera que intente abandonar el territorio. Y eso se debe a que, si bien antes aquello estaba muy lejos de ser un paraíso, tampoco era una prisión. De ahí que el hombre que huye de un país totalitario deba ser considerado como un refugiado político. ¿O es que acaso huir de la opresión, de la censura, del campo de concentración, del *sí* monolítico, no es una opción política?

Es una opción política y algo más, es una actitud vital, la más antigua y noble a que puede aspirar un ser humano, la actitud que lo define como tal: la necesidad de libertad.

(Nueva York, septiembre, 1980)

REINALDO ARENAS

EL COLOR DEL VERANO

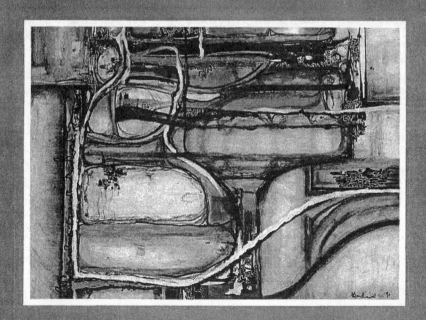

VI

LOS DISPOSITIVOS
HACIA EL NORTE

UNO

Los dispositivos hacia
el norte

ESTE TRABAJO no ha sido concebido ni contra la obra ni contra la persona de Edmundo Desnoes (ambas demasiado insignificantes para que me hubiesen motivado este derroche de páginas): pretende mostrar una realidad que muchos no quieren ver y combatir una infamia que tantos amparan. La realidad es la situación de los intelectuales y del pueblo de Cuba en general; la infamia, la taimada, incesante y bien remunerada propaganda desplegada a favor del castrismo, para investir al mismo de una aureola heroica y altruista.

Sus rubios amiguillos, más suspiradamente sutiles, lo llamaban *La margarita tibetana*, pues en alarde de bondad enredaba su afán filisteo de codearse con escritores y artistas. Era de un pálido de gusanera, larguirucho y de doblado contoneo, al sentir la brisa en el tupido junco de sus tripillas. Chupaba un hollejo con fingida sencillez teosófica y después guardaba innumerables fotografías de este renunciamiento. Pero los que lo habían visto comer, sin los arreos teosóficos, se asombran de la gruesa cantidad de alimentos que podía incorporar, quedándole por su leporina longura una protuberancia, semejante a la hinchazón de uno de los anillos de la serpiente cuando deshuesa un cabrito. Cuando con pausas y ojos en blanco parloteaba con uno de esos escritores a los que se quería ganar, estremeciéndose falsamente le cogía la mano para hacerle la prueba o timbre de su simpatía por las costumbres griegas. Si le aceptaban al lance decía: –Yo lo quiero a usted como a un hermano.– Pero si temía que su habitual cogedora manual engendrase comentos y rechazos, posaba de hombre de infinitud comprensiva y de raíz sin encarnadura. Pero era maligno y perezoso, y sus padres, que lo conocían hasta agotarlo, lo botaban de la casa. Entonces, se refugiaba en la casa de un escultor polinésico, que cada cinco meses regresaba para venderle –eran esculturas de un simbólico surrealismo oficioso, que escondían las variantes de argollas y espinas fálicas de los tejedores de Nueva Guinea– a un matrimonio norteamericano, incesantes maniquíes asistentes a conciliábulos tediosos, que poseían una vaquería sanitaria y sus derivados de estiércol químico.

(José Lezama Lima. Paradiso. Cap. II)

Lo cierto, lo inaudito es que después de esa gira, signada por mi actividad política y poética más combativa, gran parte de la cual fue empleada en defensa y apoyo de la revolución cubana, recibí, apenas regresado a Chile, la célebre y maligna carta de los escritores cubanos, encaminada a acusarme poco menos que de sumisión y traición. Ya no me acuerdo de los términos empleados por mis fiscales. Pero puedo decir que se erigían en profesores de las revoluciones, en dómines de las normas que deben regir a los escritores de izquierda. Con arrogancia, insolencia y halago, pretendían enmendar mi actividad poética, social y revolucionaria (...) Este costal de injurias fue engrosado por firmas y más firmas que se pidieron con sospechosa espontaneidad desde las tribunas de las sociedades de escritores y artistas. Comisionados corrían de aquí para allá en La Habana, en busca de firmas de gremios enteros de músicos, bailarines y artistas plásticos... El asunto era un ovillo, una bola de nieve o de malversaciones ideológicas que era preciso hacer crecer a toda costa. Se instalaron agencias especiales en Madrid, París y otras capitales, consagradas a despachar en masa ejemplares de la carta mentirosa. Por miles salieron esas cartas, especialmente desde Madrid, en remesas de veinte o treinta ejemplares para cada destinatario. Resultaba siniestramente divertido recibir esos sobres tapizados con retratos de Franco como sellos postales, en cuyo interior se acusaba a Pablo Neruda de contrarrevolucionario (...) Me contaron después que los entusiastas redactores, promotores y cazadores de firmas para la famosa carta fueron los escritores ROBERTO FERNÁNDEZ RETAMAR, EDMUNDO DESNOES Y LISANDRO OTERO. A Desnoes y a Otero no recuerdo haberlos leídos nunca ni conocido personalmente. A Retamar sí. En La Habana y en París me persiguió asiduamente con su adulación. Me decía que había publicado incesantes prólogos y escritos laudatorios sobre mis obras. La verdad es que nunca lo consideré un valor, sino uno más entre los arribistas políticos y literarios de nuestra época.

(Pablo Neruda, *Confieso que he vivido)*,
Memorias.

LA INVASIÓN A CHECOSLOVAQUIA[37]

Fragmentos del discurso de Fidel Castro.
23 de agosto de 1968.

...Empezó a desatarse allí una verdadera furia liberal: empezaron a surgir toda una serie de consignas políticas en favor de la formación de partidos de oposición...

Y nuestro punto de vista es que no es permisible y que el campo socialista tiene derecho a impedirlo de una forma o de otra...

Porque, ciertamente, desde el punto de vista de las ideas socialistas, desde el punto de vista de las ideas revolucionarias, requiere no una justificación sino una explicación, un análisis de por qué tales circunstancias pueden presentarse en un país como Checoslovaquia.

Y de hecho se presentaron, y de hecho surgió la necesidad. Surgida la necesidad es incuestionable que sólo había una alternativa, era la alternativa de impedirlo. Pero para impedir eso, desde luego, el precio que se paga, es un precio muy caro.

Y para un pueblo como el nuestro, que en su formación revolucionaria, histórica, durante muchos años tuvo que enfrentarse a los problemas de intervenciones, que ha tenido que estar luchando contra toda la política del imperialismo yanqui, es lógico que haya una reacción de tipo emotiva en mucha gente frente al hecho de que tengan que venir ejércitos de fuera de la frontera del país para evitar una catástrofe.

Y como lógicamente, por razones diferentes, se ha formado la conciencia en el concepto, en el repudio a esos hechos, sólo el desarrollo de la conciencia política de nuestro pueblo puede permitir la capacidad de analizar cuándo ello se puede presentar como una necesidad y cuándo ello, incluso, es necesario admitirlo aun cuando viole derechos como son el derecho de la soberanía que en este caso, a nuestro

---

[37] Discurso pronunciado por Fidel Castro el 23 de agosto de 1968, con motivo de la invasión soviética a Checoslovaquia.

juicio, tiene que ceder ante el interés más importante de los derechos del movimiento revolucionario mundial y de la lucha de los pueblos contra el imperialismo que a nuestro juicio es la cuestión fundamental y que, sin duda de ninguna índole, el desgajamiento de Checoslovaquia y su caída en brazos del imperialismo habría constituido un golpe muy duro, más duro todavía para los intereses del movimiento revolucionario en el mundo.

Y nosotros debemos aprender a analizar estas realidades y cuándo un interés debe ceder a otro interés para no incurrir en posiciones románticas e idealistas que no se ajustan a estas realidades.

Nosotros estábamos contra todas esas reformas liberales burguesas dentro de Checoslovaquia. Pero estamos también contra las reformas liberales económicas que estaban teniendo lugar en Checoslovaquia y que han estado teniendo lugar también en otros países del campo socialista.

....

Ahora bien, las dos preguntas a nuestro juicio más importantes. En la declaración de *Tass*, al explicar la decisión de los gobiernos, del Pacto de Varsovia, en su último párrafo se declara: «Los países hermanos oponen firme y resueltamente su solidaridad inquebrantable a cualquier amenaza del exterior. Nunca se permitirá a nadie arrancar ni un solo eslabón de la comunidad de estados socialistas». Y nosotros nos preguntamos: ¿esta declaración incluye a Viet-Nam? ¿Esta declaración incluye a Corea? ¿Esta declaración incluye a Cuba? ¿Se considera o no a Viet-Nam, a Corea y a Cuba eslabones del campo socialista que no podrán ser arrancados por los imperialistas?

En aras de esta declaración se enviaron las divisiones del Pacto de Varsovia a Checoslovaquia. Y nosotros preguntamos: ¿serán enviadas también las divisiones del Pacto de Varsovia a Viet-Nam si los imperialistas yanquis acrecientan su agresión contra ese país y el pueblo de Viet-Nam solicita de esa ayuda? ¿Se enviarán las divisiones del Pacto de Varsovia a la República Democrática de Corea si los imperialistas yanquis atacan a ese país? ¿Se enviarán las divisiones del Pacto de Varsovia a Cuba si los imperialistas yanquis atacan a nuestro país, o incluso ante la amenaza de ataque de los imperialistas yanquis a nucstro país, si nuestro país lo solicita? (Aplausos prolongados).

1. Sin irritar la cólera del amo

Desatinada y desenfadada, pero militante: quejumbrosa y frustrada, pero obediente; taimada y arrogante, pero monolítica: Edmundo Desnoes, *Los dispositivos en la flor* (Ediciones del Norte, Hanover, USA, 1981). Una antología sobre la literatura cubana que, según expresa su contratapa, es «algo más que la primera antología mayor de la revolución cubana, es la visión intensa de veinte años que han cambiado la historia de Nuestra América»[38] (sic), y que, según su autor, trata de abarcar toda la revolución, presentar sus contradicciones y mostrar «una suma de aproximaciones»[39]. Sin embargo, luego de haber leído las casi seiscientas páginas de este libro lujosa y rápidamente editado, se siente la impresión de que, más que una antología de la literatura cubana que refleja las contradicciones de los últimos veinte años, lo que se tiene entre las manos es una edición extraordinaria del periódico *Granma*, especialmente confeccionada para norteamericanos ingenuos.

Veamos, pues, los titulares: FIDEL CASTRO, COMENTARIOS DE INFANCIA Y JUVENTUD. FIDEL CASTRO, EL ATAQUE AL CUARTEL MONCADA. FIDEL CASTRO, PLAYA GIRÓN. FIDEL CASTRO, ANGOLA Y EL INTERNACIONALISMO CUBANO. CELIA SÁNCHEZ Y HAYDÉE SANTAMARÍA. RECUERDOS. Del

---

[38] Edmundo Desnoes, *Los dispositivos en la flor*: nota de la contratapa del libro.

[39] Obra citada: Prólogo, pág. XVI.

222

Comandante Ernesto Guevara aparecen cinco extensos trabajos en esta «antología» de la literatura cubana, en la cual José Lezama Lima figura una vez y Virgilio Piñera brilla sólo por su ausencia.

Para justificar esas incesantes apariciones del «Máximo Líder» de Edmundo Desnoes, él mismo expresa que se propone «ordenar una serie de textos que permitan al lector sentirse atravesado (sic) por una de las experiencias más creadoras y desgarradoras de la historia contemporánea»[40]. Lo insólito es que al intentar darnos esa «experiencia» no antologue a un Carlos Franqui, por ejemplo, que sí ha dado testimonios insoslayables y de primera mano sobre esas experiencias «desgarradoras». Resulta también insólito que ya que no es la calidad literaria la que rige esta «selección», sino el intento de mostrar «una suma desgarrada», sólo se presente la cara favorable (oficial), exportable del sistema. ¿Dónde está en una selección que abarca desde Fidel Castro hasta Manuel Pereyra, la obra de los poetas y escritores confinados a prisión precisamente por querer mostrar el rostro realmente desgarrador de la actual dictadura cubana? ¿Dónde están los poemas de Ángel Cuadra, de Armando Valladares o Jorge Valls, poetas que llevan algunos veinte años de encierro? ¿Cómo se puede dar una «visión intensa» de los veinte años de la revolución cubana antologando cinco veces a Fidel Castro y no poniendo ni siquiera una de las cartas de Húber Matos a su esposa, escritas en una prisión que se prolongó también por veinte años? ¿Cómo puede llamarse este libro *objetivo* cuando se antologan a escritores tan irrelevantes como Lisandro Otero, H. Zumbado, Ambrosio Fornet; Nelson Herrera, Nancy Morejón y Manuel Pereyra y ni siquiera se hace mención a la obra fundadora de un Enrique Labrador Ruiz o un Lino Novás Calvo? La omisión de esos textos y otros que iremos mencionando obedecen sencillamente a una táctica que, de tan evidente, se vuelve burda e ineficaz en un libro en el cual se descubren, desde la portada hasta los titulares, desde el prólogo hasta el epílogo que *escoltan* a los textos, las orientaciones oficiales de la burocracia cubana.

---

[40] Obra citada: Prólogo, pág. XVI.

Si algo no pueden ser los aliados del actual sistema cubano es objetivos. Serlo implicaría tácticamente el cuestionamiento de una serie de hechos que socavarían las bases del mismo sistema.

Siendo Edmundo Desnoes jurado al *Premio Casa de las Américas* (Desnoes fue un jurado incesante a este «Premio»), un joven escritor cubano llamado Nelson Rodríguez presentó un libro de relatos sobre la situación de los forzados en un campo de trabajo en la UMAP[41]. Este libro, que mereció el elogio privado de Jorge Edwards, nunca fue mencionado por Desnoes. Pocos años después Nelson Rodríguez fue fusilado junto con su amigo, el poeta Ángel López Rabí[42] quien sólo contaba quince años de edad. Esas «contradicciones» de un sistema que fusila niños de quince años sí que no pueden ser señaladas aquí por Desnoes; romperían las reglas del juego que la concepción de su libro implican.

Se regodea Edmundo Desnoes en el diario del «Che» Guevara y en las notas redactadas por Fidel Castro en su prisión de varios meses (hoy quien cometa el mismo delito es allí fusilado inmediatamente); pero no recoge el testimonio desesperado de la madre de Pedro Luis Boitel contando cómo su hijo murió en la prisión de El Príncipe (por órdenes del mismo Fidel Castro) mientras los demás presos incendiaban sus colchones en señal de protesta y gritos de auxilio. Lo más «cómico» de esta «omisión» es que Desnoes utiliza el libro, *Vista del amanecer en el trópico*[43], de G. Cabrera Infante, donde aparece este testimonio; pero toma sólo las viñetas más inofensivas al castrismo.

En general, Desnoes utiliza de cada autor lo que mejor conviene a su propósito. Los antologados han sido usados en forma alevosa, y los que, por una u otra razón no se pueden utilizar se suprimen. Ese es

---

[41] Nelson Rodríguez, nació en Las Villas en 1943. Autor del libro de cuentos *El regalo*, publicado por Ediciones R, 1964. Fue fusilado en los fosos de La Cabaña en 1971. Dejó inédito un libro de relatos sobre los campos de trabajo forzado en Camagüey, donde pasó varios años. Al parecer este libro ha desaparecido.

[42] Ángel López Rabí: nació en La Habana en 1957. Había comenzado su primer libro de poemas cuando fue fusilado (1971) por intentar desviar un avión de Cubana de Aviación (en vuelo nacional) rumbo a Estados Unidos.

[43] Guillermo Cabrera Infante: *Vista del amanecer en el trópico*, Seix Barral, Barcelona, 1974.

el caso de Virgilio Piñera, uno de los escritores más importantes de toda nuestra historia. ¿Por qué se omite aquí a Virgilio Piñera, que fue además un partidario de la revolución cuando ésta lo era, director de las ediciones *Revolución* y colaborador de *Lunes*[44]? No se antologa porque la obra de Virgilio no encaja en ninguna de las secciones de este libro. Los libros escritos por Piñera durante el castrismo son la fiel expresión del pánico y el terror que padeció –Virgilio fue incluso «recogido» en la calle y conducido a la prisión de El Morro–. Ese talento repleto de pánico que fue Virgilio Piñera no escribió ni una línea que se ajustara a lo pedido a Desnoes para esta antología. La corrosiva sensación de terror que invade toda la obra de Virgilio no le daba la menor brecha a Desnoes para escamotearla. De ahí que no quedaba otra alternativa que eliminarlo para no aguar la fiesta.

Por otra parte, el odio de Fidel Castro y de Ernesto Guevara a Virgilio era proverbial, por su talento crítico e irónico. Hasta un poema llamado *Paseo del Caballo*, publicado por Virgilio en 1943, fue censurado en su proyecto de reedición hacia 1969. De modo que Virgilio Piñera no podía aparecer en esta antología de la literatura cubana. Lo cual resulta más absurdo que una de sus propias obras. Equivale a hacer una antología de la literatura griega y no poner a Eurípides.

Pero hay un principio que todo vasallo ha de saber observar: no irritar la cólera del amo. Eso Desnoes no lo olvida.

2. Cuba, un «manjar» inaceptable

Dejando a un lado lo que Edmundo Desnoes no presenta en su «suma de aproximaciones» (que se convierte en una resta de buenas intenciones), veamos qué métodos les aplica a los antologados; de qué modo, entre sutil y burdo, altera biografías, textos, contextos y citas... Según Desnoes, de no haber tomado Fidel Castro el poder, no existiría una literatura cubana, «Nosotros, los escritores –dice incluyéndose– no hubiéramos emborronado páginas ni publicado libros». Al parecer,

---

[44] *Ediciones R.* (Revolución) y *Lunes de Revolución*, surgieron al principio de la revolución; pero pronto fueron clausurados.

Desnoes olvida que la más importante de las revistas literarias de nuestra historia ha sido *Orígenes* (1943-1958) y que si es cierto que Lezama y su grupo tuvieron que sacrificarse económicamente para costearla, no es menos cierto que ahí está la revista, como testimonio de una época de esplendor literario, en un tiempo donde el escritor podía contar al menos con la indiferencia o el desprecio oficiales. Ahora, por el contrario, la literatura cubana es tomada muy en serio por el Estado, a tal punto que ha pasado a ser una dependencia del Ministerio del Interior, donde al mismo Nicolás Guillén se le mira con recelo. Los más importantes premios literarios los entregan ahora las Fuerzas Armadas y el mismo Ministerio del Interior[45].

Durante las pasadas y desde luego deleznables dictaduras (causantes de la que ahora padecemos), a Lezama Lima no se le grabaron a mansalva sus conversaciones privadas por miembros de la policía secreta, como tantas veces se le hizo durante el régimen de Fidel Castro y como consta en el *affaire Padilla*[46], ni se censuró su obra como se hizo en los diez últimos años de su vida... Durante las pasadas, y desde luego aborrecibles tiranías, aún hubo un margen para que hicieran sus obras autores como Lino Novás Calvo, Labrador Ruiz, Lydia Cabrera, Fernando Ortiz y hasta el mismo Alejo Carpentier a quien su militante obediencia a Fidel Castro (pero desde París y bien remunerada) le reportó literariamente un gran desbalance... Basta consultar su obra a partir de *El Siglo de las Luces* –fechada, astutamente por Carpentier en 1958, pero publicada por primera vez en 1962.

Entre ese *antes* lamentable y este *ahora* intolerable, se extraviaron las rendijas, el margen, el mínimo de libertad, que todo autor necesita.

Ahora es evidente que se publican libros, pero sólo aquellos que al Estado le interesa publicar; es decir, los que resaltan las «glorias» presentes y los defectos del pasado. Obedeciendo ese riguroso esquema oficial, esa norma de *presente-optimista, pasado-negativo*, tienen que trabajar ahora en Cuba todos los escritores, pintores, cineastas, dramaturgos y hasta los bailarines y los confeccionadores de historie-

---

[45] Premios FAR y MININT.

[46] Véase: «Muerte de Lezama». Acápite Nº 7.

tas infantiles, radionovelas y «sketches» para la televisión. Cuando Desnoes dice que «si no fuera por la revolución no se hubiesen emborronado páginas ni publicado libros», abusa en forma desmesurada del verbo haber. Habría sido más objetivo si hubiese escrito: «yo, Edmundo Desnoes, no hubiera publicado mis libros»... Cuando Desnoes regresa a Cuba en 1960, luego de haber trabajado durante diez años para la revista *Visión*, en New York, llevaba consigo todos sus manuscritos rechazados por las editoriales norteamericanas. Al convertirse en un alto funcionario de la literatura cubana tras haber denunciado –ya en Cuba– a la revista *Visión* (de la cual fue su redactor por ocho años) como instrumento subvencionado por la CIA y Trujillo[47], Desnoes asumió ese «súbito y mediocre poder de convertir manuscritos en libros»[48]. Desde luego, entre esos manuscritos convertidos en libros se encuentran sus novelas *El cataclismo, No hay problemas, Memorias del Subdesarrollo*, y una reunión de artículos (*Puntos de vista*) cargados de resentimientos y envidias personales contra Ernest Hemingway.

Pero Desnoes no sólo confiere a la dictadura cubana, es decir, a Fidel Castro, el honor de ser la madre y el padre de nuestra literatura, sino que va aún más lejos: Fidel Castro es el padre de toda la literatura latinoamericana. *Sí, Señor, cómo no*[49]. Según el autor de *El cataclismo*, escritores como Cortázar, Fuentes, Vargas Llosa, García Márquez y todos los más relevantes «surgieron impulsados por el triunfo de la revolución cubana al auge de la literatura latinoamericana. Que hoy el movimiento se conozca con el nombre inglés de el *boom* es una ironía»[50], afirma Desnoes con lo que sencillamente quiere sugerir que ese «movimiento literario» debe llamarse también Fidel Castro. Así pues, siendo Castro el creador no sólo de nuestra literatura, sino de la americana en general, se deben exhortar a los venerables miembros de la Academia Sueca a que lo galardonen con su premio literario; de este

---

[47]   Véase: *Lunes de Revolución*.

[48]   E. Desnoes: Obra citada, pág. XV.

[49]   Véase; Nicolás Guillén, *Sóngoro cosongo*.

[50]   E. Desnoes. Obra citada, pág. 535.

modo, la lista obligada de funciones y títulos que él mismo se ha conferido, quedaría más o menos así: Primer Secretario del Partido, Comandante en Jefe, Primer Ministro, Presidente del Consejo de Estado, Presidente de la República, Presidente del Consejo de Ministros, Presidente de los Países no Alineados, Jefe de la Revolución y Premio Nobel de Literatura (ovación).

Todo esto, aunque parezca una sarcástica pesadilla, es aún algo más triste: la situación real en que vive actualmente el pueblo cubano.

Lo primero que hace un dictador comunista es abolir todas las leyes –es decir la seguridad personal de cada hombre– y transferirlas al campo de la demagogia. De ahí que todo dictador comunista se caracterice por el espectáculo. Al no haber leyes coherentes, la justicia y la vida misma pasan al plano de la representación, fabricándose siempre una versión y una imagen pública que se habrá de exportar (no importa a qué costo) al enemigo. De ese modo, un grupo de invitados norteamericanos será más «celosamente» atendido que una delegación de visitantes búlgaros o de cualquier otro país (de alguna forma hay que llamarlo) del Este. Lo que verdaderamente le interesa a esos sistemas totalitarios no es la situación de sus colonias anexadas (ni la de sus miembros) sino la anexión del resto del mundo. Cuando se trata de un país en desventaja militar, sencillamente se invade y somete, como se hizo con Afganistán, Checoslovaquia, Hungría, Polonia, Estonia, Lituania, Angola, Mongolia, Etiopía, etc... Estados Unidos es todavía (quizás) una potencia militar, de ahí que una invasión directa resultaría peligrosa y hasta ineficaz. Para esos países (que cada vez son menos) se planifica otra clase de invasión, otros soldados, otros ejércitos, no por sutiles y silenciosos menos eficaces: la invasión ideológica, que no es ajena naturalmente al terrorismo cauteloso.

La función de esa invasión es la de despertar la mala conciencia del pueblo contra el sistema, para ello no se habrá de escatimar en editoriales, concursos, revistas, películas, invitaciones incesantes a fórums y congresos, premios y campañas, y cuanto tipo de estímulo, escarceo y propaganda sean necesarios. Todo resentido, fracasado, frustrado, insatisfecho o simplemente torpe o tonto es un buen soldado para esa invasión, descontando lógicamente a los malvados por derecho propio, a los que ni siquiera hay que reclutar: se presentan voluntariamente. El ejército es imponente y se mantiene siempre en actividad. Su misión es ganar más partidarios y finalmente someterlos a todos. Crear ese «bloque monolítico» del que se habla abiertamente en los países totalitarios y especialmente en Cuba[51] es la finalidad primordial y vital de la Unión Soviética.

Pero para perfeccionar esa inmensa trampa y lograr que todo el mundo caiga en ella, es decir, para ganar prosélitos y luego someterlos, es imprescindible que el espectáculo y la mercancía que se ofrezca al exterior sean aceptables. Son pocos los que muerden el anzuelo por el sabor del acero. Debe, pues, camuflagearse con un manjar aceptable.

El manjar que, a través de la Unión Soviética, Cuba sirve en su anzuelo, apesta: campos de trabajos forzados, un millón y pico de cubanos en el exilio, cárceles repletas, veintiún años de razonamiento estricto y progresivo, pena de muerte para mayores de quince años, recogidas multitudinarias en las calles, 100 mil soldados a África, 100 mil personas que abandonan la Isla en un mes, 10 mil personas que se asilan en una embajada en cuarenta y ocho horas (siendo en su mayoría jóvenes nacidos bajo el sistema); fuga, muerte o prisión de casi todos los escritores, suicidio de dirigentes fundamentales y fundadores como Haydée Santamaría, Alberto Mora, Eddy Zuñol... Cohetes atómicos en la isla, para cuya instalación se cede el territorio en forma oficial a la Unión Soviética[52], asaltos ordenados y dirigidos por el mismo Fidel Castro a embajadas latinoamericanas para sacar a disparos, golpes y con gases lacrimógenos a mujeres y niños indefensos y hacerlos desaparecer, como ocurrió el año pasado en la Embajada del Ecuador en La Habana. (¿Quién se acuerda ya de los exiliados sacados por la fuerza de ese territorio extranjero? ¿Dónde están? ¿Acaso viven? ¿Qué ha hecho la ONU, la Unesco, el Tribunal de Derechos Humanos y demás instituciones nominales por ellos? ¿Qué dijo sobre esto el New York Times? ¿Donde está la protesta del Pen Club y de los hombres llamados «progresistas»?...)

---

[51] Véase: Discurso pronunciado por Fidel Castro y declaración del Primer Congreso de Educación y cultura, La Habana 30 de Abril, de 1971.

[52] Véase: Carlos Franqui, *Retrato de familia con Fidel*, Seix Barral, Barcelona 1981.

Borrar esas imágenes de la realidad cubana, dorar ese anzuelo, ocultar esos crímenes, no es tarea fácil ni para Desnoes ni para nadie. Proponerse hacer una «suma de la revolución cubana con sus contradicciones», donde se pase por alto a un escritor fusilado, donde no se mencione a los demasiado lúcidos, ingresados obligatoriamente en manicomios, los ametrallados en el mar o los prisioneros, es realmente una labor temeraria además de aborrecible.

¿Cómo si es ésta una «suma objetiva» no aparece aquí Delfín Prats, autor del libro *Lenguaje de Mundos* (Premio «David» de poesía 1968), convertido en pulpa por el Instituto Cubano del Libro, de cuya sección de Arte y Literatura era entonces responsable Desnoes? ¿Dónde se explica en esta «suma» el ostracismo y la persecución que padeció Piñera en los últimos diez años de su vida y la desaparición de su obra póstuma? ¿Dónde se habla aquí de la forma en que murió Oscar Hurtado, luego de años de silencio y hambre[53]? ¿En qué página aparece aquí René Ariza, Premio Nacional de Teatro, 1969, condenado luego a ocho años de trabajo forzado, por intentar enviar un manuscrito fuera del país? ¿Por qué no se menciona la nueva oleada de represión a nivel nacional desatada en 1977, que convirtió a La Habana en una ciudad virtualmente policial con motivo de las futuras celebraciones del llamado «Festival Mundial de la Juventud y de los Estudiantes»? ¿Qué dice esta «suma» de Julián Portal Font, dramaturgo y novelista que guarda actualmente prisión en La Cabaña por intentar asilarse en la Embajada de Venezuela en La Habana? ¿Y de Reinaldo Bragado, novelista, preso también con Julián? ¿Dónde está Manuel Granados, escritor negro de 55 años y excombatiente de la Sierra Maestra[54]?

¿Cómo, si se quiere dar una visión «objetiva» de la realidad cubana, no mencionar las nuevas leyes represivas creadas por el gobierno en los últimos cinco años? *La Ley de la Peligrosidad, la Ley del Diversionismo Ideológico, la Ley de la Predelincuencia, La Ley del*

---

[53] Óscar Hurtado: Escritor cubano autor de varios importantes libros de poesía y relatos fantásticos. Murió en pleno ostracismo hacia 1977.

[54] Manuel Granados: Novelista, autor del libro *Adire y el tiempo roto*, mención de honor en el Premio Casa de las Américas.

Normal Desarrollo Sexual de la Juventud y de la Familia, la Ley de la Extravagancia (!), y demás leyes promotoras de insólitos delitos que abarcan prácticamente a todo ser humano con alguna intención o intuición vitales? Esos son los últimos aportes del sistema de la «legalidad socialista» (palabras en sí mismas enemigas): leyes que condenan al ser humano antes de delinquir («predelincuente»), leyes que por diverger ideológicamente pueden llevarlo a uno a la cárcel por un tiempo de ocho a quince años («diversionista»); leyes que bajo el tortuoso acápite de antisociales («peligrosidad») aglutinan a todos los homosexuales, personas con ideas religiosas, rebeldes, intelectuales y cualquiera que no observe los principios reaccionarios e inhumanos de una moral machista y clerical estrechamente vinculada al medioevo español.

¿Cómo, si se pretende reseñar objetivamente el proceso cultural cubano en los últimos veinte años, no mencionar la clausura y condena de las ediciones *El Puente* (llevada a cabo por el mismo Fidel Castro), la desaparición de la revista *Pensamiento Crítico* (por orden de Raúl Castro)[55]? ¿Cómo no mencionar las purgas desatadas en el teatro cubano a partir de 1971, después del llamado «Primer Congreso de Educación y Cultura» (por el mismo Fidel Castro auspiciado)? Esas purgas fueron el golpe de gracia a la rica tradición teatral de nuestro país, una de las más arraigadas y antiguas... Cientos de artistas (actores, escritores, dramaturgos, diseñadores, bailarines y directores) fueron lanzados a la calle a morir literalmente de hambre, en un país donde el Estado que expulsa es el único que puede dar empleo. Este hecho, que en cualquier lugar del mundo hubiese provocado protestas multitudinarias, en Cuba se silenció mediante un terror taimado y minucioso y la amenaza, a las víctimas, de un castigo peor. No olvidemos que bajo el infierno socialista los círculos se multiplican de acuerdo con las necesidades del cancerbero.

---

[55] *Pensamiento crítico*, revista de filosofía clausurada por Raúl Castro quien la acusó de «revisionista».

3. Canciones

A todas estas, canciones.

Silvio Rodríguez salmodiando «Playa Girón». Aunque Desnoes olvida mencionar la serie de canciones que el Estado le censuró al mismo Silvio y sus confrontaciones sostenidas con altos funcionarios culturales, entre ellos el fatídico comandante «Papito» Serguera y otros oficiales que conminaron a Silvio hacia una militancia lírico-laudatoria hacia Fidel Castro y Ernesto Guevara. «Canciones»: Pablo Milanés aullando «La vida no vale nada» y alentando la violencia armada... Sin consignar, naturalmente, que Milanés fue uno de los tantos forzados enviados a la UMAP por homosexual y que sólo convirtiéndose en un vocero oficial del régimen por los cuatro costados (incluyendo el posterior) ha podido ser «rehabilitado»... Desnoes cierra esta sección de «canciones» con la composición «Comienza el Día», de Noel Nicola, que dice así:

> Comienza el día y aún detrás de la puerta
> te pido un beso fuerte para salir al sol.
> Afuera comentan la televisión,
> afuera el sindicato discute una ley,
> afuera la patria está por reventar,
> afuera me están llamando
> —y voy[56].

No creo que este final de las «canciones» antologadas por Edmundo Desnoes merezca comentario alguno. Sólo falta pedirle al mismo Edmundo que lance las salvas y las serpentinas, y que mientras se alzan los inmensos carteles (pintados por Raúl Matínez) con la figura de Fidel Castro, chisporrotean los fuegos artificiales...

Lo realmente patético e irritante es que con esos compositores (ninguno de los cuales es un verdadero cantante), Desnoes se propone anular el resto de la música popular cubana. ¿De qué manera? Pues muy sencillo; Desnoes «aventura la hipótesis» de que nuestra música

---

[56] E. Desnoes: Obra citada, pág. 217.

popular «era una forma nacional de fuga (sic), un huir de la frustración de la vida colonial»[57]. Y ya, sin mayores trámites, afirma que «esa música era la forma existencial que tenía el cubano de huir de su realidad, de sublimar su frustración social en desahogos sensuales»[58]. En otras palabras, los cubanos amaban la voz de una Olga Guillot, de un Barbarito Diez, de una Celia Cruz, y las composiciones de un Sindo Garay o de un Ernesto Lecuona, porque aún no habían leído *El Capital* de Carlos Marx, y desde luego desconocían el trabajo forzado, la libreta de racionamiento, la obligada autotraición, el verbo «parametrizar» y las posibilidades de ser enviados a Siberia para talar bosques.

En realidad, si en alguna rama del arte Cuba había alcanzado una repercusión internacional y una identificación nacional, era en la música. El cubano es en sí mismo música. Las canciones de María Teresa Vera, de Sánchez de Fuentes, Beny Moré, La Sonora Matancera y cientos de orquestas y cantantes desaparecidos o exilados (y por lo tanto allí prohibidos) constituyen la más auténtica expresión de un pueblo que se expresa a través del canto y del ritmo, a través de la melodía. Si alguna gran tradición ampara a la Isla es una tradición musical y danzante, una cadencia aérea y sensual en la que todo cubano verdadero se diluye e identifica. Pero para Desnoes esa tradición musical de más de cuatro siglos no es más que «un mundo entre la creación y la marginalidad, entre la bohemia y las drogas»[59].

Es muy probable que los cantantes oficiales cubanos (los otros están en el ostracismo o fuera de Cuba) lleguen a ponerle música al *Manifiesto Comunista* o a los discursos de Fidel Castro (si es que ya no lo han hecho). Pero el pueblo seguirá tarareando (aunque sea clandestinamente) aquellas canciones rítmicas, aéreas y sensuales, amorosas y penetrantes como la brisa de la Isla, y no los pavorosos engendros burocráticos de un Silvio Rodríguez clamando «en cada casa un comité»... O «te amo con las mismas manos de matar»...[60].

---

[57] E. Desnoes: Obra citada, pág. 551.

[58] E. Desnoes: Obra citada, pág. 551.

[59] E. Desnoes: Obra citada, pág. 551.

[60] Silvio Rodríguez: *Con las mismas manos* (canción).

La realidad es que nuestra grandiosa corriente musical se ha quedado trunca, y aunque Desnoes trate de justificar ese trucidamiento, haciendo desesperados y lamentables malabarismos lingüísticos, como ese de «una forma nacional de fuga» (sic) ese estancamiento se debe sencillamente a que en un sistema absolutamente policial todo arte desaparece –al menos de la superficie visible... Una canción, un verso, una novela, un cuadro o una sinfonía, cualquier manifestación artística es un reto, una aventura liberadora y a veces crítica, que no puede manifestarse en un sitio donde sólo resuenan himnos laudatorios y voces de atención.

Y Desnoes lo sabe perfectamente, por algo se las arregló, de una u otra forma, para salir de ese campamento militar que es hoy Cuba. O ir solamente de turista...

4. Los antologados: Carpentier vs. Cabrera Infante

La tarea de rehabilitar ante los ojos de Occidente la cada vez más desprestigiada imagen del castrismo, no es una empresa fácil. Para ello hay que acudir a innumerables artimañas, omisiones, adulteraciones, distorsiones y falsificaciones y, en todas circunstancias, a la invención y a la mentira.

Así, pues, siguiendo esas reglas del juego, Alejo Carpentier ha de ser presentado como un escritor de intachable y revolucionaria trayectoria política, íntegro y obediente. No se podrán insinuar sus vínculos oficiales con el dictador venezolano Pérez Jiménez. Edmundo Desnoes no llega siquiera a consignar en esta antología el sitio donde murió Carpentier, que fue en París y no en La Habana. Aun cuando Carpentier se sabía gravemente enfermo, prefirió lanzar su último suspiro allá, a pesar de los diplomáticos intentos del Estado por fijar su lecho de muerte en Cuba. Sólo ya cadáver carenó finalmente Carpentier en La Habana –quién sabe si a regañadientes...

En realidad, Alejo Carpentier fue más bien un turista de la Revolución cubana y un hábil funcionario del castrismo. Era fiel, pero desde lejos, y disfrutando de una buena remuneración. Cómoda posición que le evitaba padecer las vicisitudes del pueblo cubano y a la vez lo investía de una aureola de hombre progresista. Carpentier era ese arquetipo de lo que podría llamarse el comunista de lujo (como García Márquez y muchos más). Lúcidos cronistas, gente a veces brillante que trafica elegantemente con la carroña, pero a distancia. Ellos están guarecidos en una cómoda teoría que le rinde grandes beneficios; pero astutamente también están lejos de las calamidades que la práctica de esas teorías implica.

Para los conocedores de la obra de Carpentier puede resultar casi hasta divertida la manera en que el mismo aparece antologado por Desnoes: textos inofensivos que en ningún momento divergen del sistema totalitario cubano. Sin embargo, la más importante de las novelas de Carpentier, *El Siglo de las Luces*, publicada en 1962, tiene evidentes implicaciones críticas a la violencia fatalista y represiva de la revolución cubana. Algunos pasajes de *El Siglo de las Luces* (como la llegada de la guillotina a las Antillas, aporte «revolucionario») debieron ser incluidos, por lo menos, bajo el acápite de *Contradicciones*, si no de *Visiones*... Pero eso hubiese roto las reglas que la confección de esta antología implica. Alejo Carpentier, miembro del Comité Central del Partido Comunista, Diputado al Poder Popular por La Habana Vieja, alto funcionario del castrismo, no puede aparecer aquí como un escritor fatalista o crítico a ese sistema. Para Desnoes, eso hubiese sido ir muy lejos.

Pero a Guillermo Cabrera Infante, exilado desde hace muchos años en Londres, sí hay que presentarlo como un escritor pesimista y contrarrevolucionario, como «un enemigo visceral de la revolución cubana»[61]. En realidad, los términos debieron haberse invertido. El castrismo es un enemigo visceral de Cabrera Infante, como lo es de cualquier artista que no quiera traicionar su condición. Cabrera Infante ha sido más bien un verdadero revolucionario (tanto en su actitud humana como artística). Director y fundador del suplemento literario *Lunes de Revolución*, creador de la Cinemateca de Cuba, autor del libro *Así en la paz como en la guerra*, donde se denunciaban los crímenes de la tiranía de Batista, Cabrera Infante tuvo que abandonar su país precisamente por su condición revolucionaria, es decir, experimental, rebelde y crítico. Su actitud desenfadada e irreverente, no podía congeniar con

---

[61] E. Desnoes: Obra citada, pág. 18.

los reaccionarios estatutos del Partido Comunista Soviético, que es en definitiva quien dicta las pautas culturales (y todas las demás) en Cuba. Cabrera Infante fue atacado, *Lunes* cerrado y la película *PM*, realizada por su hermano Sabá y Orlando Jiménez Leal, censurada, ya que tanto en ese periódico como en esa película (como en Cabrera Infante) había una vitalidad intransigente contra el dogma. Para esa fecha ya Fidel Castro (el comunismo) tenía todo el poder en sus manos y podría quitarse la capucha, es decir, censurar, encarcelar o fusilar a todo aquel que discrepase de los principios de la nueva iglesia estalinista. Cabrera Infante, Carlos Franqui y muchos más tuvieron que abandonar la Isla para poder seguir desempeñando una labor auténticamente revolucionaria, innovadora. De residir actualmente en Cuba, Cabrera Infante estaría, en el mejor de los casos, escribiendo novelas policiales donde el gran macho (desprovisto por lo demás de toda intención erótica) es el agente castrista perfecto que caza y aniquila al malvado «enemigo del pueblo», «agente de la CIA» de sospechosas inclinaciones sexuales... Ni siquiera los pasajes de un cargado costumbrismo erótico, brillantemente recreados por Cabrera Infante, hubiesen sido pasados por alto a la quisquillosa santurronería de la dirigencia cubana, ya que amor, sensualismo, placer y toda manifestación erótica, como actividad vital en función de búsqueda y diálogo, es también una actividad subversiva y nociva para los cimientos de una estructura política que se sustenta gracias al renunciamiento, la gazmoñería y la rígida obediencia a una deidad (machista-fascista educada en colegio jesuita)[62] no por terrenal menos omnipresente e implacable.

5. Calvert Casey y Haydée Santamaría: Suicidios y Versiones

Una de las tesis que, con taimada sutileza, sostiene la antología confeccionada por Edmundo Desnoes, es la de que el escritor cubano al abandonar el sistema actual (es decir al abandonar a Fidel Castro y su finca) se desprende prácticamente de su condición de escritor. Así, sobre Cabrera Infante dice que «diecisiete años después de haber

---

[62] Fidel Castro, quien pertenecía a una familia de terratenientes, recibió toda su primera educación en un colegio de jesuitas, exclusivo para varones.

abandonado la Isla publica su novela *La Habana para un infante difunto*[63]. Desnoes no hace mención a los libros de ensayos y relatos publicados por Cabrera Infante en esos diecisiete años, ese mismo patrón se le aplica a Calvert Casey cuando dice que «se suicida en Roma varios años después de haber abandonado la Revolución»[64]. El postulado de Desnoes se hace evidente: No se puede abandonar la dictadura cubana (para él «la revolución») si lo haces, o no vuelves a escribir más por lo menos en diecisiete años o te suicidas.

En realidad, si sobre la conciencia de alguien debe pesar el suicidio de Casey es sobre los funcionarios de la revolución cubana, entre los que debe incluirse el propio Desnoes, quienes lo aterrorizaron y persiguieron bajo la acusación de ser homosexual. Calvert Casey tuvo que abandonar «la revolución», porque a un escritor lúcido, y como si fuera poco, homosexual, en un sistema de carácter eminentemente fascista-inquisitorial, sólo le esperaba el ostracismo o el campo de trabajo forzado. Casey abandonó Cuba cuando esos campos de trabajos forzados, la UMAP (que ahora existen en forma «institucionalizada») estaban en las primicias de su apogeo, implantados directamente por Fidel Castro y por el señor Ernesto Guevara (para Desnoes «el Ché») «con su moral insobornable y con su contenida ternura»[65] (sic).

No deben pasarse por alto los diversos tratamientos que reciben aquí los suicidas. Si la persona lo comete fuera de Cuba, Desnoes consigna, con minuciosidad escolar, fecha y lugar; pero cuando el estampido suena dentro de la revolución, Desnoes hace todo lo posible para atenuarlo.

Haydée Santamaría se dispara un tiro el 26 de julio de 1980 en La Habana, sin duda desalentada por una revolución que había dejado de serlo, para convertirse en una dependencia militar soviética, con ejércitos que no vacilan en atropellar y asesinar en las calles al pueblo (como se hizo cuando la toma de la Embajada del Perú). Su suicidio es eminentemente político. Es el colofón que pone punto final (junto con la invasión a la Embajada del Perú) a la revolución cubana. Hay-

---

[63] E. Desnoes: Obra citada, pág. 18.

[64] E. Desnoes: Obra citada, pág. XIX.

[65] E. Desnoes: Obra citada, pág. XVIII.

dée Santamaría fue una de las fundadoras del 26 de Julio, apoya el desembarco del Granma y participa en el asalto al Cuartel Moncada en 1953; después fue la directora del centro cultural más importante del sistema: La Casa de las Américas, y miembro del Comité Central del Partido Comunista de Cuba. Nadie, ni el políticamente más iluso o desinformado, podría concebir que esta mujer se iba a suicidar por puras desavenencias sentimentales. Ella se suicidó, sencillamente por hallarse en un callejón sin salida: funcionaria y fundadora de un sistema que reunía las mismas atroces características (aunque más perfeccionadas) que aquél contra el cual había combatido.

¿De qué modo aborda Desnoes este acontecimiento escabroso y desmoralizador para el castrismo? Simplemente lo elude, remitiéndose al discurso del Comandante Juan Almeida en la ceremonia oficial de la despedida del dueño: «No la recordaremos en su trágico minuto final –dice el discurso «orientado» de Almeida, y lo repite Desnoes–: «sino, junto a Abel y a Fidel en la preparación del movimiento revolucionario. La recordaremos como heroína del Moncada. La recordaremos como combatiente de la sierra y del llano. La recordaremos como constructora de nuestra patria»[66]. Discurso que encierra una irreparable contradicción y un sarcasmo, el de que la constructora de «esa nueva patria» no pueda vivir en ella y tenga que pegarse un tiro.

Si durante la tiranía de Batista, Haydée Santamaría (para Desnoes «Yeyé») pudo arriesgar su vida combatiéndola, bajo el castrismo tuvo que quitársela en un acto de honestidad e impotencia. Su suicidio fue su fuga. Su nuevo asalto al Cuartel Moncada, su liberación, su Mariel. Su último combate. La única acción que podía (quizás) a estas alturas realizar.

6. Abundancia de policías y de novelas policiales

Atenuar las atrocidades, crímenes y fracasos del castrismo (culpando de todo ello a Estados Unidos), dar por irrecuperables para la creación a los artistas que logran abandonar dicho sistema, ensalzar a

---

[66] E. Desnoes: Obra citada, pág. 207.

bombo y platillo a los oportunistas más obedientes, que no vacilan en escribir una novela bajo el título de «*Sacharium*»[67] si lo que predomina ese año en la balanza política es la caña de azúcar, en rematar un poema diciendo «Buenos días Fidel»[68] o en componer melopeas laudatorias a los cuerpos represivos cubanos, para que estos mismos organismos les otorguen un premio, es una de las labores que, con minuciosidad y falta de escrúpulos casi admirables, realiza Edmundo Desnoes en sus *Dispositivos en la flor*.

Tocado por un candor digno de ponerse en tela de juicio en un hombre que ha sido alto comisario de la cultura cubana durante muchos años, Desnoes consigna su sorpresa y optimismo ante la proliferación en Cuba de las novelas policiales.

Extraño que un individuo que ha ejercido la crítica durante tantos años no haya descubierto aún que todo sistema dogmático-inquisitorial fomenta y estimula únicamente ese tipo de literatura apologética hacia sí mismo. Esta tradición en blanco y negro (que incluye desde los cantos al gran faraón hasta los villancicos, desde las loas a Claudio Cesar hasta las odas a Stalin), culminó en el medioevo. Viviendo actualmente el pueblo cubano un sistema policial de estructura medieval, tanto en su aparato represivo inquisitorial como en su dogmática rigidez moral y en su adoración incondicional y desmedida hacia un solo Señor (Fidel Castro), es lógico que la literatura oficial (la única permitida) haya dado esa involución anti-renacentista (emparentada con los ciclos de la tabla redonda, aunque con menos imaginación) donde el Caballero Audaz viene a ser ahora el agente de la Seguridad del Estado y el que intente burlar su vigilancia deviene en una suerte de Roberto El Diablo.

Desnoes antologa copiosamente a los premiados por la FAR (Fuerzas Armadas Revolucionarias) y el MININT (Ministerio del Interior). Estos organismos represivos además de invadir, perseguir, arrestar y fusilar, tienen también la función de otorgar premios literarios.

---

[67] Manuel Cossio: *Sacharium* (novela), Premio Casa de Las Américas, 1970.

[68] E. Desnoes: Obra citada, pág. 219.

Es altamente significativo, y esto sólo bastaría para hacernos comprender la «validez», «coraje» y «objetividad» de esta «suma», ver cómo Desnoes antologa a los escritores que el Ministerio del Interior premia, pero no aquellos que censura, envía a las prisiones o fusila.

Siendo actualmente Cuba un estado policial, Edmundo Desnoes no tiene por qué sorprenderse ante este florecimiento del *género*.

7. Muerte de Lezama

El castrismo quiere a toda costa (y costo) exportar una tesis positiva sobre sí mismo. Esta tesis exportable es imprescindible para su subsistencia moral en el exterior. Y ya no pueden ser los cubanos esclavizados de la Isla quienes la amparen; se busca, pues, en los visitantes extranjeros, o en la propaganda lanzada hacia afuera, la justificación de un sistema cuya realidad hay que ocultar con congresos de enanos resentidos y con inmensas pancartas laudatorias. En los sistemas totalitarios comunistas hay dos historias: la real que todos padecen, pero nunca aparece en el periódico; y la falsa, la optimista, que ocupa siempre la primera plana.

Tengo ante mí la edición del periódico *Granma* de agosto 1ro. de 1981. La primera plana dice en letras enormes y rojas que una vaca llamada *«Ubre Blanca» rebasó* (cito textualmente) *los cien litros de leche»*. La otra noticia del día es que «Celebran con nutrido acto de masas el XX Aniversario del Ministerio de Transporte»[69]. Para esta fecha la rebelión de los obreros polacos es una noticia que ocupa y preocupa a todo el universo. Pero en Cuba ese mismo periódico *Granma* dice escuetamente que «se trata de un grupo de delincuentes al servicio de la CIA»: Los cubanos tienen que conformarse con saber que una vaca dio cien litros de leche (leche que ellos además no beberán, pues está racionada) y olvidarse de lo que ocurre en el mundo y en su propia Isla. La situación de tan patética a veces se vuelve risible. Recuerdo a muchos jóvenes cubanos a quienes nunca pude

---

[69] Véase: Periódico *Granma*, agosto primero de 1981.

convencer, ni probarles textualmente que el hombre había llegado a la luna. La prensa cubana no publicó ni un artículo sobre esta hazaña, por haberla realizado los Estados Unidos.

Cuando el gran poeta y novelista José Lezama Lima murió de una «muerte repentina», los cubanos nos enteramos después que se hubo efectuado su sepelio. El periódico *Juventud Rebelde* –y el *Granma*– dieron a conocer la noticia en un escueto comunicado en la página tercera y bajo la irónica sección de ¿QUÉ HAY DE NUEVO? Mezclado con diversas noticias insignificantes, entre las cuales se consignaba que el señor Roberto Fernández Retamar acababa de partir para Europa, el breve cintillo publicado el día 10 de agosto de 1976 dice textualmente así:

EFECTUADO EL SEPELIO DE LEZAMA LIMA
«El destacado escritor y poeta cubano, José Lezama Lima falleció ayer víctima de una repentina enfermedad. Los médicos que atendieron al distinguido hombre de letras, hicieron todos los esfuerzos por salvar la vida de quien con su desaparición deja una sensible pérdida para la literatura nacional»[70].

Eso fue todo cuanto se publicó en Cuba a la muerte de José Lezama Lima. El Estado tuvo incluso la «prudencia» de publicar, no la noticia de su fallecimiento, sino la de su *sepelio*, sin duda para evitar que sus amigos y admiradores en general le rindieran un homenaje póstumo, congregándose a su alrededor. Aun después de muerto, una reunión con Lezama había que tratar de impedirla.

Mientras tanto, las primeras planas de los periódicos más importantes de Europa y América Latina daban a conocer la muerte del poeta; numerosos trabajos fueron publicados en el mundo entero con motivo de este triste acontecimiento. Pero en Cuba, donde había muerto el más grande de los cubanos de este siglo, nadie pudo siquiera enterarse.

---

[70] Véase Periódico Juventud Rebelde, agosto 10 de 1976.

Lo realmente increíble e inadmisible es que, aunque Lezama Lima fue censurado y prohibido en Cuba, aunque nunca se le concedió la autorización para salir del país, aunque murió en absoluto ostracismo y vigilancia, y la breve noticia de su sepelio apareció burdamente amontonada entre una serie de acontecimientos baladíes, ahora Edmundo Desnoes y el castrismo pretenden hacerles ver (a los no cubanos naturalmente), que el gobierno rindió grandes homenajes al poeta, «admitiendo que existe algo mayor que la revolución»[71]; agregando además que «Lezama Lima, escritor católico, idealista hasta el tuétano, se publica en Cuba» y declarando que «esto es una virtud de la cultura cubana»[72]. Afirmaciones realmente insólitas y más aún cuando se toma como ejemplo para apoyarlas al propio Lezama, quien fue una de las víctimas en quien más se encarnizó la represión castrista. Bastaría decir que *Paradiso* (1966) novela que se convirtió rápidamente en un best-seller internacional y se tradujo a los idiomas más relevantes, nunca vio su segunda edición en Cuba a pesar de que la primera fue sólo de cinco mil ejemplares y se agotó en una semana.

Desde 1971 hasta su muerte, Lezama padeció una rigurosa censura, fue víctima del desprecio y los ataques oficiales, y a pesar de su infatigable labor creadora no se le publicó ni una letra durante todo ese fundamental período de su actividad artística. ¿Dónde están las ediciones cubanas de Lezama Lima desde 1971 hasta su muerte? ¿Dónde están las reediciones cubanas de *Paradiso*? ¿Cómo concilia Desnoes su apología hacia las virtudes de la revolución con el hecho de que, a pesar de las incesantes invitaciones enviadas a Lezama por instituciones tan distinguidas como el Pen Club, la Unesco, y diversas universidades de Europa y de América, a Lezama Lima nunca se le concedió el permiso para que pudiese cumplimentarlas? La simple, la escueta verdad, es que Lezama Lima fue vigilado y perseguido en Cuba como si se tratara de un criminal o de un encarnizado enemigo del sistema, hasta tal punto que se le colocaron subrepticiamente micrófonos en su propia casa, a fin de registrar hasta su ahogada respiración de asmático.

---

[71] E. Desnoes: pág. 548.

[72] E. Desnoes: pág. 548.

Cuando el poeta Heberto Padilla, escoltado por dos agentes de la policía secreta, fue a visitar a Lezama Lima para comunicarle que no quedaba otra alternativa que retractarse y pedirle que «rectificara» algunos comentarios críticos hechos sobre el sistema, ingenuamente Lezama refutó haber emitido tales comentarios. Sin mayores trámites uno de los agentes extrajo una pequeña grabadora y dejó escuchar ante los atónitos oídos de Lezama su propia voz (la de Lezama) criticando al sistema castrista. Para los que deseen más detalles sobre este asunto, ahí está Heberto Padilla que puede suministrarlos. (Heberto Padilla, «Lezama frente a su discurso» *Linden Lane Magazine* enero, 1982).

Así fue como se trató en vida a «esa sensible pérdida para la nación» (como consigna Desnoes). De esa manera fue vejado, sórdidamente humillado y aterrorizado, hasta el punto de que, en los últimos años de su vida, no solamente no se le publicaban sus manuscritos, sino que los mismos desaparecían en «las gavetas» de Nicolás Guillén –presidente de la UNEAC– a quien Lezama, con candor de adolescente perpetuo, seguía enviándole sus escritos. Esos escritos iban directamente, no a las páginas literarias, de alguna revista, sino a los recintos policiales. A la muerte «repentina» de Lezama, su viuda, María Luisa Bautista[73], tuvo el coraje de sacar inmediatamente los manuscritos fuera de Cuba y comunicárselo luego al gobierno cubano. Esa actitud, casi sin precedentes en nuestra historia literaria, fue la que permitió que hoy estudiosos y admiradores de Lezama hayan podido leer *Oppiano Licario y Fragmentos a su imán*, y desde luego conminó al gobierno cubano a editar póstumamente esos libros en la Isla para evitar un escándalo internacional, aunque en realidad nadie los vio en las librerías.

Pero dejemos por lo menos que sea el mismo Lezama (y no Edmundo Desnoes) quien nos explique su situación en Cuba. Veamos las cartas envidas a su hermana Eloísa Lezama Lima[74].

---

[73] María Luisa Bautista, acompañó a Lezama Lima durante sus últimos quince años. Murió también «repentinamente» en 1981.

[74] Eloísa Lezama Lima: *José Lezama Lima CARTAS (1939-1976)*. Editorial Orígenes, Madrid, 1978.

La Habana, julio, 1974: «Se me hace imposible pensar haya *un canalla que te haya dicho que yo tengo un Alfa, pues vivo una vida en extremo sencilla y retirada*».

La Habana, abril, 1971: «Comprendo también que ustedes han sufrido; soy muy sensible al dolor de los demás, pero el dolor de ustedes tiene compensaciones y el mío no. Cada día más desesperado, más triste. Escríbeme, Eloy, necesito tus cartas como un consuelo y como si te sintiera de cerca. Vivo en la ruina y en la desesperación».

La Habana, 11 se abril de 1976: en mi última carta te decía que me enviases cinco o seis pomitos de Dysné Inhtal, tú sabes que son necesarios para la dilatación normal de mis bronquios anormales».
–Esta carta fue enviada a sólo unos tres meses antes de su muerte.

La Habana, mayo de 1974: «En lo que me dices de la venida de Orlandito, te diré. Tengo en mi casa muy pocas comodidades y él es un muchacho acostumbrado a vivir muy bien. El segundo cuarto tiene un colchón viejo y destrozado. Hay que bañarse con jarritos».

La Habana, agosto de 1974: «La Universidad de la Aurora en Cali, Colombia, me invitó al IV Congreso de la Narrativa Hispanoamericana, con tal de que diera una charla o una conferencia con otros dos escritores. Llegaron los pasajes aquí a La Habana, pero el resultado fue el de siempre: no se me concedió la salida. Ahora recibo otra invitación del Ateneo de Madrid, para dar unas conferencias. Siempre acepto, pero el resultado es previsible».

La Habana, marzo de 1969: «Aquí no hubo Nochebuena ni Pascuas, pasó ese día por debajo de la mesa, cuando estábamos acostumbrados a ver en la mesa tantas cosas agradables, tiernas, inolvidables».

Y como si todo lo antes expuesto fuera poco, aquí está este párrafo de una carta enviada a su hermana el 16 de septiembre de 1961, que resume la desesperación y el acorralamiento en que vivió el poeta durante los últimos 16 años de su vida: «No es lo mismo estar fuera de Cuba, que la conducta que uno se ve obligado a seguir cuando estamos aquí, metidos en el horno. Existen los cubanos que sufren fuera y los que sufren igualmente, quizás más, estando dentro de la quemazón y la pavorosa inquietud de un destino incierto».

Pero en los últimos años de su vida la situación se le hizo aún más intolerable, ya no sólo se le había borrado del mapa literario de la Isla, sino que muchas veces su correspondencia (tanto la enviada como la recibida) era interceptada; ni sus propios libros publicados en el extranjero, ni los premios recibidos le eran entregados:

La Habana, diciembre 20 de 1972: «Recibí tu carta sobre el premio de Italia. Me extraña que digan que no han recibido ni siquiera una carta de agradecimiento. Les he mandado cables y les escribí dándoles las gracias. *No he recibido la menor noticia interior ni exterior sobre el premio*. Todo es muy raro»[75].

Y ahora está última carta escrita a su hermana el 7 de julio de 1976, un mes antes de su muerte: «No sé si has recibido mis últimas cartas en las que te hablaba de la distribución de los libros de la casa Aguilar. *Todavía yo no he recibido ningún ejemplar y estoy ansioso de tenerlos en mis manos*. Ellos en una carta me dicen que desde el 3 de mayo me enviaron dos ejemplares. Pero *aún no los he recibido*. Esperar, esperar. Siempre esperar».

Un mes después esta espera culminó con la muerte del poeta, aunque para la vida literaria y oficial del país hacía diez años que había sido aniquilado.

Que al morir el periódico *Juventud Rebelde* consignara fugazmente su desaparición en la sección «*¿Qué hay de nuevo?*», diciendo que se trataba de «una sensible pérdida», rebasa las reglas del cinismo oficial para convertirse en una verdadera canallada.

8. El caso y el ocaso de Padilla

Una de las grandezas del pueblo cubano es que se desprende más fácil de la vida que del sentido del humor. Sentido del humor que contiene casi siempre un profundo sentido crítico e irónico.

El castrismo, con su secuela de represiones, crímenes y escaseces, no ha podido sin embargo, disminuir nuestro sentido del humor. Muy a pesar suyo (del castrismo) el sentido del humor se ha vuelto aún más

---

[75] Aunque a Lezama Lima se le otorgó en Italia el premio *Maldoror*, las autoridades cubanas que controlaban la correspondencia del poeta, no querían que éste siquiera se llegase a enterar que había recibido tal premio.

mordaz; aunque los chistes ahora tengan que decirse en voz apagada y en forma cautelosa. Recuerdo uno de ellos, muy popular en Cuba: Pregunta –¿Cuál es el colmo de un dictador? Respuesta–. Matar a un pueblo de hambre y no cobrarle el entierro–.

Ese sentido del humor –esa ironía– es también un arma que han sabido esgrimir (a veces muy sutilmente) los escritores cubanos. Recuerdo el trabajo de Virgilio Piñera publicado en 1969 en la revista UNIÓN, con motivo de la muerte de Witold Gombrowicz. Allí Virgilio decía que se consideraba con el deber de escribir sobre Gombrowicz; ya que, «aunque los escritores cubanos no tenemos derechos, sí tenemos deberes» –aludiendo irónicamente a la supresión de la propiedad intelectual por Fidel Castro en discurso recientemente pronunciado en Pinar del Río, con motivo de la inauguración de varias cochiqueras.

Ese astuto sentido de la ironía (y hasta de la burla); esa habilidad para decir entre líneas, fue también un arma que utilizó Heberto Padilla en el momento dramático y caricaturesco de su retractación.

El 20 de marzo de 1971, el poeta Heberto Padilla (junto con su esposa Belkis Cuza Malé) fue arrestado y conducido a una de las celdas del Departamento de Seguridad del Estado. Estas celdas son unos espacios de dos metros cuadrados, herméticamente cerrados, con un bombillo y una escotilla en la puerta de hierro, por la que a veces suele asomarse el carcelero de turno. En las mismas se aplican diversos grados de torturas que van, desde los golpes hasta el suministro de incesantes baños de vapor y luego baños congelados (las celdas están equipadas para estas y otras eventualidades).

El propósito de Fidel Castro al enviar a Padilla a ese sitio espeluznantemente célebre en toda Cuba, era lograr que el poeta, que había mantenido una actitud crítica ante el sistema, se retractara y quedase de ese modo desmoralizado, tanto antes los jóvenes escritores cubanos que ya comenzaban a admirarlo, como ante las editoriales extranjeras que comenzaban a publicarlo, y ante todos sus lectores. Para lograr esa humillación o retractación se acudió al no por antiguo menos eficaz método inquisitorial, puesto en práctica con tanta pasión por los monjes medievales: la tortura. Por treinta y siete días Padilla fue sometido a sus diferentes grados, entre los que se incluyeron el ingreso en un hospital de dementes, golpes en la cabeza, torturas sicológicas[76], amenazas de exterminio o una condena infinita. Al cabo de los treinta y siete días los diligentes oficiales obtuvieron lo pedido por Castro: la flamante retractación firmada por Heberto Padilla, en la cual se contemplaba la mención a sus amigos íntimos, incluyendo, también a Lezama Lima quien había premiado el libro *Fuera del juego* y a la propia esposa de Padilla.

El método, que de tan burdo hubiese causado quizás la repugnancia de Torquemada, no podía ser más práctico.

Castro, pródigo en ignominias y abruptas torpezas, creó el «caso Padilla» con el propósito de provocar su ocaso, desmoralizándolo y neutralizándolo, aterrorizando de paso al resto de los intelectuales cubanos que tenía las mismas inquietudes. Pero no lo logró. Como en el caso del llamado «Cordón de La Habana»[77], como en el caso de la cacareada industrialización nacional, como en el caso de la Zafra de los Diez Millones, como en el caso de las innumerables y delirantes leyes creadas con el fin de adoctrinar y estupidizar a todo el pueblo, además de aterrorizarlo, el tiro le salió por la culata: no fue Heberto Padilla el que quedó manchado ante la Historia, sino el propio Fidel Castro, por haber obligado a un escritor, a un ser humano (a través del chantaje y la tortura) a retractarse públicamente de su propia condición humana, de lo que más profundamente lo justificaba y enaltecía: su página querida.

Si el arresto y prisión de Padilla provocó urticaria en los intelectuales del mundo entero, la obligada (y filmada) retractación que tuvo que representar al salir de la celda de Seguridad del Estado, puso al descubierto el verdadero rostro de la tiranía cubana. Sus llagas se abrieron de tal forma que hoy en día sólo los mediocres útiles y los inescrupulosos bien remunerados (entre los que hay que incluir naturalmente a los agentes disfrazados de intelectuales) se atreven a visitar ese cadá-

---

[76] Véase: Heberto Padilla, *En mi jardín pastan los héroes*. Argos Vergara, Barcelona, 1981.

[77] *El Cordón de La Habana* consistía en un plan que tenía como propósito convertir todos los alrededores de la capital en un gigantesco cafetal, plantado y atendido por toda la población.

ver blindado al estilo soviético, que hace muchos años se llamó *revolución cubana*.

La astuta ironía de Padilla (su sentido del humor aún en circunstancias tétricas) ayudó a mostrar, a quien tuviese alguna duda, lo aberrante de aquella retractación.

Fui uno de los cien escritores «invitados» a presenciar la confesión de Padilla aquella noche del 27 de abril, en los salones de la UNEAC. Allí estaban también Virgilio Piñera, Antón Arrufat, Miguel Barnet, José Yánez, Roberto Fernández-Retamar y muchos más. Milicianos armados cuidaban afanosos la puerta de la entrada de la antigua mansión del Vedado, ocupados en constatar que todo el que llegase estuviese en la lista de «invitados». Hombres vestidos de civiles, pero de ademanes y rostros ostensiblemente policiales, preparaban diligentes la función. Allí estaba también Edmundo Desnoes. Se encendieron las luces, las cámaras cinematográficas del Ministerio del Interior comenzaron a funcionar. Padilla representó su Galileo. Sabía que no le quedaba otra alternativa, como en otro tiempo lo supo el Galileo original, como en otro tiempo lo supieron tantos hombres, quienes, mientras las llamas los devoraban, tenían que dar gracias al cielo por ese «bondadoso» acto de purificación... Pero esta vez el espectáculo era además filmado; lo cual de paso nos enseña que el avance de la técnica no tiene por qué disminuir el de la infamia.

Fue entonces cuando Padilla, en medio de aquella aparatosa confesión filmada y ante numeroso público oficialmente invitado, puso a funcionar su ironía, su hábil sentido del humor, su burla. Entre lágrimas y golpes de pecho dijo «que en las numerosas sesiones que había mantenido por espacio de más de un mes con los oficiales del Ministerio del Interior, había aprendido finalmente a admirarlos y a amarlos»[78].

Para cualquiera someramente versado en literatura y represión, era evidente que Padilla estaba aludiendo aquí a los numerosos interrogatorios y torturas que había padecido a mano de esos oficiales de la Seguridad del Estado. Y en cuanto a la expresión «admirar y amar», no por azar Padilla la empleaba, sino por tétrica coincidencia. Dicha

---

[78] Heberto Padilla: Confesión publicada en la *revista Casa de las Américas*, La Habana, 1971.

expresión traía a la memoria el terrible momento final de la obra 1984 de George Orwell, donde el protagonista, luego de haber sido sometido a todo tipo de torturas, luego de haber sido «vaporizado» al igual que lo estaba siendo Heberto Padilla en ese momento, terminaba diciendo que «amaba al Gran Hermano».

Durante diez años, Padilla, al igual que el Winston de Orwell, vivió vaporizado en Cuba, hasta que en 1980 logra trasladarse a Estados Unidos. Recuerdo sus palabras en el discurso pronunciado en la Universidad Internacional de la Florida en 1980. Allí Padilla dijo, aludiendo a su obligada retractación, que tuvo que hacerla: «porque cuando a un hombre le ponen cuatro ametralladoras y lo amenazan con cortarle las manos si no se retracta, generalmente accede; ya que esas manos son más necesarias para seguir escribiendo»[79].

Los que hemos padecido los eficaces métodos implantados, para lograr sus propósitos, por los que en Cuba manejan las ametralladoras, no tenemos nada que objetar a Heberto Padilla; quien debe avergonzarse es el inquisidor, no el confeso; el amo, no el esclavo.

Lo que resulta realmente inconcebible es que Edmundo Desnoes, para neutralizar la efectividad del mensaje en la poesía de Padilla contra el castrismo anteponga, como introducción a esos poemas, fragmentos de la obligada retractación obtenida por la Seguridad del Estado. Esta «coincidencia» entre el aparato inquisitorial de la Seguridad del Estado cubana y Edmundo Desnoes, no se puede pasar por alto.

«Hay clichés del desencanto» –dijo Padilla durante su autocrítica dictada por la policía cubana y vuelta a utilizar por Desnoes–, «y esos clichés yo los he dominado siempre. Aquí hay muchos amigos míos que yo estoy mirando ahora, que lo saben. César Leante[80] lo sabe. César sabe que yo he sido un tipo escéptico toda mi vida, que yo siempre me he inspirado en el desencanto».

---

[79] Estas mismas declaraciones hechas por Padilla acaban de ser publicadas en la revista *Interviú*, (23-29 septiembre) España, 1981.

[80] Irónicamente, el mismo Cesar Leante acaba de asilarse en España cuando iba en viaje oficial hacia Bulgaria (Nota en 1982).

La visión desgarrada y real que nos da Heberto Padilla en sus poemas sobre la represión, los crímenes, y el fracaso del castrismo y del comunismo en general, Desnoes (y naturalmente las autoridades cubanas) quieren neutralizarla, presentándonos al poeta como un ente pesimista y escéptico... Al parecer, ante los campos de trabajos forzados, las prisiones repletas, el hambre crónica y los jóvenes ametrallados en el mar, el poeta debe entonar loas optimistas y agradecidas al Estado, que impone tal situación. En este caso, al propio Fidel Castro.

Si quisiéramos establecer una comparación entre la represión padecida bajo la lamentable tiranía batistiana y la actual, bastaría trazar un paralelo entre la forma burda e ilegal en que fue arrestado y tratado Padilla hasta obtener su retractación, en la cual se llamaba a sí mismo un *criminal* por el simple hecho de haber escrito un libro de poemas, y la manera en que se llevó el juicio contra el propio Fidel Castro por haber atacado, minuciosamente armado, al cuartel Moncada en Santiago de Cuba, donde murieron decenas de hombres. Para demostrar esas diferencias vamos a citar textualmente a un testigo excepcional y jefe del asalto armado, a quien ni siquiera Desnoes ni Fidel Castro podrían poner en tela de juicio. Se trata del mismo Fidel Castro: «A los señores magistrados mi sincera gratitud por haberme permitido expresarme libremente, *sin mezquinas coacciones*, no os guardo rencor, reconozco que en *ciertos aspectos habéis sido humanos*, y sé que el presidente del tribunal, hombre de limpia vida, no puede disimular su repugnancia por el estado de cosas reinante, que lo obliga a dictar un fallo injusto»[81].

Esas «mezquinas coacciones» que no padeció Fidel Castro en la prisión y que por lo tanto no le impidieron hablar libremente en su defensa, se convirtieron en «el caso Padilla» (dirigido por el mismo Fidel Castro[82]) no sólo en *mezquinas*, sino en *sórdidas, ineludibles e inhumanas*, a tal extremo que Padilla tuvo que aprender a «admirar y amar» a sus carceleros y torturadores.

---

[81] Fidel Castro: *La Historia me absolverá*, (de este documento hay ediciones en todos los idiomas). En Cuba se han hecho unas veinticinco ediciones del mismo.

[82] Heberto Padilla: prólogo a la novela *En mi jardín pastan los héroes*.

9. De la «Conversión» del Cintio Vitier

Conocí a Cintio Vitier en la Biblioteca Nacional. Era yo un guajiro acabado de llegar de las lomas cercanas a Holguín y naturalmente me sirvieron de estímulo los consejos y las consideraciones que, sobre mi jaba repleta de manuscritos, el crítico emitió.

Entre mis poemas había algunos que hablaban positivamente del sentido de la revolución y la esperanza que implicaba. A Cintio eso no le gustó. Me manifestó abiertamente su rechazo al régimen. Me entregó dos libros suyos –*Canto llano* y *Escrito y cantado*, en el cual se hacían alusiones bastante directas contra la revolución. Esos libros no aparecen ni siquiera consignados en la bibliografía que sobre Cintio ofrece Edmundo Desnoes... Eliseo Diego, poeta de condiciones muy superiores a Cintio, fue también del mismo parecer que éste. Los dos me comunicaron su intransigencia al sistema y criticaron duramente a José Lezama Lima por dar a publicar sus ensayos y poemas. Según Cintio y Eliseo, había que hacerle una especie de boicot cultural a la revolución. Ellos, por lo menos, se mantenían firmes en la actitud de no publicar ni una línea. Estábamos en 1962.

Cuando les manifesté, admirado, mi reciente descubrimiento de la obra de Virgilio Piñera, los dos poetas, que fungían en aquellos tiempos como mis tutores literarios, no pudieron contener su malestar. Cintio me dijo que a Piñera «había que leerlo con mucha cautela»... Eliseo me comunicó textualmente con un aterrorizado candor que aún no he podido olvidar, lo siguiente: «¡Virgilio Piñera es el diablo!» Yo veía inmediatamente cómo le salían a Virgilio dos largos y curvos cuernos y una gran cola, lo cual desfavorecía aún más su figura de por sí poco agraciada. Estábamos en 1963.

Cuando Lezama Lima publicó *Paradiso*, yo, que aún, trabajaba en la Biblioteca Nacional, le manifesté mi entusiasmo a Cintio. Cintio me comunicó, con cierta irritada tristeza, que *Paradiso* había sido el gran error de Lezama y que si la madre del poeta aún hubiese vivido, ese libro no se habría publicado. Fina García Marruz me dijo que no podía opinar sobre el libro ya que su esposo, Cintio Vitier, le había aconsejado que no lo leyera, debido a los pasajes eróticos que en el mismo aparecen. Estábamos en 1966.

Una noche varios amigos y yo (Tomás Fernández Robaina, Edelmiro Castellanos, Delfín Prats...) fuimos a la Biblioteca Nacional a escuchar una conferencia pronunciada por Cintio Vitier. Allí estaba toda la alta burocracia cubana, incluyendo a Raúl Roa, José Antonio Portuondo y Roberto Fernández Retamar. También había varios creadores, incluyendo al mismo Lezama Lima. Recuerdo aquel discurso de Cintio. Se proclamaba completamente partidario del régimen, revolucionario y admirador incondicional y arrebatado (arrobado) del «Che» Guevara y de Fidel Castro.

Cuando terminó el acto, Lezama llamó a Roberto Fernández Retamar y le dijo en voz alta, con una ironía que era en él un arma fulminante: «Cuídate, porque te ha salido un competidor peligroso». Lezama se refería naturalmente al oportunismo político de Retamar, quien tenía ahora en Cintio un emulador... Pero, ¿qué le había pasado a Cintio? Mis amigos y yo salimos a la calle muy confundidos... Decidimos tomarnos un helado. Extrañamente, las calles estaban desiertas. Al llegar a «Coppelia» la heladería nacional de Cuba, llamada popularmente «La Catedral del Yogourt», tampoco divisamos alma viviente, cosa realmente sorprendente en un sitio congestionado siempre por colas multitudinarias. Por último, alguien detrás de un arbusto nos llamó cautelosamente, comunicándonos cuál era la causa de aquella paz. Las autoridades cubanas habían practicado en todos los lugares céntricos de la capital una «recogida» gigantesca. Decenas de «guaguas» eran llenadas y vueltas a llenar con los jóvenes que, a golpes y culatazos, eran conducidos a las estaciones de policía o directamente a los campos de «rehabilitación».

Aquella inmensa recogida de seres humanas pasó a nuestra particular historia del terror, con el nombre de *La recogida de Capri, Coppelia y La Rampa*. La moral del Partido (la de Fidel Castro) estipulaba que toda persona que transitase en horas de la noche por los lugares más céntricos en la ciudad era un individuo «sospechoso» y automáticamente «inmoral». Por truculencias del azar, Cintio había escogido para su «conversión» al sistema cubano, la misma noche en que éste desplegaba su represión más bárbara. También, por ironías del azar, nosotros, por haber estado escuchando a Cintio, no habíamos sido recogidos. Estábamos en 1968.

Pero, ¿qué era lo que le había pasado a Cintio? Lezama decía que su conversión era tan extraña como la de las doce señoritas ateas, a quien un padre robusto y diligente convirtió al catolicismo en sólo una noche... Pero, realmente, ¿qué es lo que había ocurrido con Cintio? ¿Se había convertido en un oportunista sin escrúpulos, maleable siempre al vaivén de las circunstancias políticas, al estilo Retamar-Otero-Desnoes?

Creo que la conversión de Cintio fue, en gran medida, sincera. Cuando en los primeros años de la revolución Cintio estaba en su contra, la misma representaba una posibilidad renovadora. Lezama publicaba sus obras, Virgilio dirigía una editorial, había una editora para los poetas noveles, *El Puente*, existía una revista llamada *Pensamiento crítico*, se publicaba a Sartre y a Camus y hasta el mismo Solzhenitzin. Al final de la década del sesenta todos esos escritores fueron prohibidos. *El Puente* fue derrumbado por el mismo Fidel Castro; *Pensamiento Crítico* por Raúl Castro. La invasión a Checoslovaquia fue apoyada con bombo y platillo por Fidel Castro. Se desató una minuciosa represión contra toda manifestación vital. Agresivas milicianas, que habían hecho de su menopausia un arma de combate, se lanzaron a las calles con tijeras para pelar al rape a todo joven que ostentase una melena provocadora. Espléndidos policías disfrazados de civiles hacían proposiciones a los sospechos de homosexualidad. Si éstos aceptaban eran arrestados por el mismo que hacía la oferta. Las purgas por «diversionismo ideológico», «extravagancia» o «conducta inmoral» sacudieron toda la isla. Obras como *La Celestina*, de Fernando de Rojas, fueron censuradas; libros, como *Lenguaje de Mudos*, de Delfín Prats, fueron quemados; por un tiempo, hasta los bares y centros de recreación nocturnos fueron clausurados. Cuando se abrieron eran ahora lugares asépticos, cegadoramente iluminados y a los que sólo se podía entrar con previa identificación y en parejas heterosexuales, hombre con su esposa, novio con su novia... El medioevo, moralizante, reaccionario y tenaz se apoderó de la nación.

¿No era pues normal que Cintio Vitier, católico conservador, quien le había prohibido a su esposa leer *Paradiso*, se sintiera nuevamente en su elemento? De ahora en adelante, Cintio pasó a ser fiscal literario de la obra de Virgilio Piñera y naturalmente, su censor. «¿Comprometido? A fondo. *Nupcialmente*», escribe Cintio en su poema «Compromiso»[83] escrito a finales del sesenta... Pero ese, *nupcialmente*, ¿no es una palabra vinculada directamente al dogma de la ceremonia católica? ¿Esas «nupcias» no son las nupcias de Cintio con el dogma, con la iglesia? No importa qué iglesia sea, en su finalidad represiva y reaccionaria todos los dogmas se igualan. No hay pues por qué asombrarse de que Cintio Vitier se haya convertido al castrismo, siendo el castrismo uno de los sistemas más represivos de nuestra historia: Mojigatería, reacción y represión siempre se han dado la mano.

No, no hay que asombrarse de esa «conversión» de Cintio Vitier. Él es consecuente con sus principios. Sobre *La Isla en peso* de Virgilio Piñera, el poema más totalizador y perfecto, más desgarradoramente cubano con que cuenta toda nuestra literatura, Cintio Vitier escribió lo siguiente: «*La isla en peso* convierte a Cuba en una caótica, telúrica y atroz antilla cualquiera, para festín de existencialistas. La vieja mirada del autoexotismo, regresiva siempre en nuestra poesía, prolifera aquí con el apoyo de un resentimiento cultural que no existió nunca en *las dignas y libres transmutaciones de lo cubano*» (sic)[84]... Si para Cintio Vitier, el genocidio completo de toda nuestra población indígena (un millón de habitantes), la conversión de Cuba de una inmensa colonia de plantación cañera en los siglos XVIII y XIX con más de tres millones de esclavos trabajando 18 horas diarias bajo el látigo y el cepo, y la era republicana con sus incesantes cadenas de gángsteres y dictadores, no son más «las dignas y libres transmutaciones de lo cubano», cómo no se va a sentir ahora identificado con las recogidas colectivas de seres humanos como ganado, con la implantación de los campos de trabajo forzados, y con la censura y desaparición de un Virgilio Piñera, quien supo descubrirnos en 1943 el verdadero rostro realmente atroz de nuestra Isla. Isla que ha servido siempre, no «para festín de existencialistas», sino para festín de asesinos caudillos, con los cuales Cintio se ha identificado y colaborado.

---

[83] E. Desnoes: Obra citada, pág. 493.

[84] Cintio Vitier, *Lo cubano en la poesía* (pág. 480-481). Instituto Cubano del Libro, La Habana, 1970.

No hay nada pues de que asombrarse. La conversión de Cintio Vitier al castrismo es, digámoslo con sus propias palabras: «¡A fondo, nupcialmente!»

Ante lo arriba expuesto nadie podrá ya extrañarse de que, en su inmenso sayón, Cintio acoja ahora oficialmente al cura Ernesto Cardenal, que apoyó al fascismo en España. Su condición de reaccionario perfecto congenia tanto con la Iglesia Católica Apostólica y Romana como con Fidel Castro, quien naturalmente lo utiliza y a la vez lo desprecia... Cuando se ha vivido bajo el dogma y el renunciamiento, cualquier teoría que suprima la vida nos es leve y a veces hasta «edificante».

Naturalmente, Edmundo Desnoes, en un libro destinado a conseguir prosélitos extranjeros para el castrismo, no podía pasar por alto ese «filón» llamado Cintio Vitier-Cristiano-Católico-Revolucionario-Comunista. Es una imagen que puede ser vendible a los millones de latinoamericanos verdaderamente cristianos, que padecen diversos grados de opresión –menos la comunista– y (¿por qué no?) hasta a las viejitas pías que, elegantemente emperifolladas, se pasean por la Quinta avenida de Nueva York con un gigantesco y lanudo perro de una mano y un breviario en la otra.

Astutamente, Edmundo Desnoes toma como título de su antología un verso de Cintio Vitier («los misiles están en la flor»). Desde un punto de vista táctico no hubiera sido conveniente haber tomado uno de Nicolás Guillén, comunista de oficio, miembro del Comité Central y Presidente de la Unión de Escritores de Cuba, además de *Premio Stalin*... Aunque en realidad, el título que le vendría como anillo al dedo a este libro, tanto por su contenido y exposición como por su obediencia, es el de estos versos (de alguna manera hay que llamarlos) de Nicolás Guillén, también aquí antologados: «*Buenos días, Fidel*» (sic)[85].

Pero la imagen en un Cintio, militante-revolucionario-pro-castrista y a la vez envuelto en una cándida aureola cristiana, es mucho más eficaz.

---

[85] E. Desnoes: Obra citada, pág. 219.

En realidad hay que tener mucho cuidado con estos señores burgueses, que nunca ven lo atroz, sino «lo blanco» y «lo prístino», allí donde la sangre corre a borbotones y que descubren su veta «revolucionaria» a los sesenta años. Son como esas solteronas que despiertan a la vida sexual cuando ya nadie las mira: resultan siempre las más arrebatadas y temibles.

10. Desnoes funcionario

Como funcionario del gobierno cubano, Edmundo Desnoes siempre ha sido obediente y celoso. Durante la primera década de la revolución, cuando había que ganarse el apoyo moral de occidente y naturalmente de sus más flamantes intelectuales, Desnoes, director de la sección de Arte y Literatura del Instituto Cubano del Libro, publicó a Sartre y a Nathalie Sarraute. Eran los momentos en que Fidel Castro, con hipócritas ráfagas antisoviéticas, coqueteaba con Europa, de la cual (ya se sabe) Francia es (o era) la capital. Hasta Francoise Sagan visitó Cuba y se le entregó su ramo de flores. Gerald Philip en pantalones estrechísimos pasó junto al «Máximo Líder» impertérrito y enfundado en sus monolíticas babuchas verdes. Madame Simone de Beauvoir, acompañando a Sartre, dijo arrobada, en una amplia suite del Hotel Nacional (construido durante la decada de 1920) que el pie de la mujer rusa era ahora mucho más pequeño... En una de las más lujosas habitaciones del Hotel «Habana Libre» (construido por Hilton), Margaritte Duras, atendida diligentemente por una mulata tropical, se fumó un habano... Evidentemente se podía publicar a Camus y a Sartre en aquellos tiempos, y quién sabe si hasta un poquito de Genet... Pero después las orientaciones culturales (entiéndase políticas) cambiaron, y con ellas cambió, desde luego, el plan editorial.

Mi novela *El mundo alucinante*, mención 1966 en el Concurso de la UNEAC, fue rechazada por el Instituto Cubano del Libro, aunque su publicación había sido aprobada por unanimidad por la comisión de lecturas de la Unión de Escritores de Cuba. En cuanto a *Celestino antes del alba*, no obtuvo nunca, como afirma Desnoes en su antología, el premio nacional de novela «Cirilo Villaverde», 1965. La novela premiada fue *Vivir en Candonga* de Ezequiel Vieta, ya que la misma asumía partidistamente el tema de la lucha armada de Fidel Castro contra las tropas de Batista. Evidentemente, Desnoes me adjudica premios que nunca he recibido en Cuba para mostrar al lector no cubano que allí las cosas no andan tan mal... Pero después, las orientaciones culturales (entiéndase siempre políticas) siguieron cambiando, y naturalmente también los planes editoriales, así como las actividades extraintelectuales de sus funcionarios. El extremismo, el delirio unipersonal, la obediencia a la madre patria soviética y la rigidez dogmática llegaron a un punto notable (aunque todavía no culminante) cuando hasta el mismo Pablo Neruda, viejo comunista, miembro del Comité Central y Premio Stalin, fue culpado de «debilidad ideológica» y de hacerle el juego al «imperialismo norteamericano».

Siguiendo la pauta oficial, y las orientaciones que desde muy «arriba» bajaban, la fidelidad (o degradación) de Desnoes como funcionario culminó cuando (junto con Roberto Fernández Retamar y Lisandro Otero) se encargó, por orientación superior, de redactar la tristemente célebre CARTA ABIERTA A PABLO NERUDA donde se insultaba al poeta «con arrogancia, insolencia y halago»[86], al visitar a los Estados Unidos invitado por los escritores del Pen Club.

Esa «celebre y maligna carta»[87] como la llamó el propio Neruda, donde se le acusaba de «sumisión y traición»[88], fue ordenada por la Unión Soviética a Fidel Castro; ya que, entre los invitados al Pen Club de Nueva York, figuraban algunos escritores soviéticos disidentes. Así pues, la Unión Soviética se propuso boicotear el congreso de Nueva York. Para ello se encomendó la tarea a Cuba, ya que, como sucede siempre, el amo delega las operaciones más sucias en sus subalternos. Y fue de esa forma cómo Edmundo Desnoes, autor de *El cataclismo*, se convirtió en el fiscal de Pablo Neruda, autor de *Residencia en la tierra* y *Canto general*.

---

[86] Pablo Neruda, *Confieso que he vivido* (pág. 436-437), Editorial Losada, Buenos Aires, 1976.

[87] Pablo Neruda, *Confieso que he vivido* (pág. 436-437), Editorial Losada, Buenos Aires, 1976.

[88] Pablo Neruda, *Confieso que he vivido* (pág. 436-437), Editorial Losada, Buenos Aires, 1976.

Pero, ¿por qué no dejar que sea el mismo Pablo Neruda quien emita su parecer sobre esta carta redactada por Desnoes, Retamar y Lisandro Otero, obedeciendo los mandatos del «altísimo», quien a la vez obedecía otros mandatos más elevados? De esta forma ni siquiera los marxistas más obtusos dejarán de tomar en cuenta la validez de esta exposición:

«Pero cada uno tiene su debilidad. Yo tengo muchas. Por ejemplo no me gusta desprenderme del orgullo que siento por mi inflexible actitud de combatiente revolucionario. Tal vez será por eso, o por otra rendija de mi pequeñez, que me he negado hasta ahora, y me seguiré negando, a dar la mano a ninguno de los que consciente o incoscientemente firmaron aquella carta que me sigue pareciendo una *infamia*» (Neruda, *Memorias*).

He subrayado la palabra infamia.

Los exilados políticos chilenos, y tantos otros refugiados de izquierda que viven y trabajan en Estados Unidos (y con los que Desnoes intentará coquetear), así como cualquier otro ser humano objetivo, deben tener en cuenta estas actividades de Desnoes funcionario para poner en tela de juicio cualquier actitud de acercamiento o de rechazo, de antologamiento o desprecio por él mismo (aparentemente) sustentada.

Por otra parte, no deja de ser altamente irónico que Edmundo Desnoes, quien criticó tan duramente a Pablo Neruda por haber visitado durante una semana Nueva York, resida desde 1979 en Estados Unidos y sea profesor en Amherst, Massachusetts... Por todos los servicios prestados a la Unión Soviética y los ataques continuos a Estados Unidos, hoy en día Desnoes debería ocupar una cátedra prestigiosa en la Universidad Internacional de Moscú «Patricio Lumumba».

11. Fidel Castro en Desnoes: Transverberación

Fidel Castro (dando una violenta patada a la tribuna y levantando los puños): «¡Están en guerra con nosotros! ¡Qué bueno! ¡Qué bonito!

Se van a desenmascarar y se van a quedar desnudos hasta los tobillos!...[89]

Edmundo Desnoes (arrobado y avanzando de rodillas hacia Él): «Mi admiración por Fidel Castro, contra viento y marea, no tiene aparente justificación»...[90].

Coro formado por Gabriel García Márquez, Julio Cortázar, Juan Bosh y Vanessa Redgrave (moviéndose desenfrenadamente): ¡Ay! ¿Pero qué tiene ese hombre que me fascina y me pone las carnes de gallina[91]?

Fidel Castro (aún más violento): «¡Seudoizquierdistas descarados que quieren ganar laureles viviendo en París, en Londres o en Roma! ¡Algunos de ellos son latinoamericanos descarados, que en vez de estar allí en la trinchera de combate, ¡en la trinchera de combate! viven en los salones burgueses, a diez mil millas de los problemas, usufructuando un poquito de la fama que ganaron cuando en una primera fase fueron capaces de expresar algo de los problemas latinoamericanos! ¡Pero lo que es con Cuba, a Cuba, no la podrán volver a utilizar jamás! ¡Jamás! ¡Jamás! ¡Ni defendiéndola!»...[92].

Edmundo Desnoes (extasiado): «Tal vez sea la fascinación que el *hombre de acción* ejerce siempre sobre el *intelectual*, soy un admirador incondicional de su genio pragmático»[93].

Coro (contoneándose en forma vertiginosa): ¡Ay!... Pero, ¿qué tiene ese hombre que me fascina y me pone las carnes de gallina?

(Oscuridad absoluta. Se oyen golpes, latigazos, gritos lascivos y desenfrenados).

---

[89] Fidel Castro: Discurso de clausura del Primer Congreso Nacional de Educación y Cultura, La Habana, 30 de abril de 1971.

[90] E. Desnoes: Obra citada, pág. 547.

[91] A este coro el lector puede incorporar los personajes que estime convenientes, tales como Alfonso Sastre, Manuel Escorza, Eduardo Galiano y otros.

[92] Fidel Castro: Obra citada.

[93] E. Desnoes: pág. 547. Obra citada.

Una de las características castristas es que castra sicológicamente a los hombres. El sistema caudillista cubano sólo admite dos tipos de hombre, el *macho-macho*, encarnado naturalmente por el propio Fidel Castro, quien es el único que habla, patea sobre la tribuna, truena, ordena y reparte premios o prisiones: el otro ejemplar es el *macho-hembra*, es decir, el hombre que obedece y admira incondicionalmente al macho-macho.

La admiración del macho-hembra hacia el ejemplar macho-macho llega a ser tal que termina imitando sus giros verbales, su entonación, su manera de caminar y todos sus gestos. Por último se deja largas patillas y frondosa barba, si es que la naturaleza se lo permite. (Desnoes es lampiño). Nuestra tradición política machista-caudillista, desprendida directamente del reaccionario tronco español católico-inquisitorial, halla en la imagen de Fidel Castro la culminación del prototipo macho-macho, quien no vacilará en pronunciar un largo discurso ante las cámaras de televisión para «orientar» la forma en que deben llevar los pantalones los varones y de qué manera habrán de cortarse el cabello.

La adoración del macho-hembra (que nada tiene que ver con el homosexual) al supermacho, adquiere a veces matices tan alarmantes que harían las delicias de un Freud resucitado. Complejos de culpas, frustraciones, variadas aberraciones, inferioridades, mediocridad y tendencias sado-masoquistas (Desnoes utiliza incesantemente el verbo *exorcizar*) confluyen en la formación de ese macho-hembra, siempre a la caza del superhombre que lo redima; ya con un discurso tonitronante o con una resolución histriónica patrocinante y avasalladora... Y hasta con un puntapié.

Así, los momentos de delirante violencia e incongruencia en los discursos de Fidel Castro (véanse los fragmentos arriba citados) le producen a Desnoes una suerte de orgasmo sádico-político y una ofuscación de los sentidos que, llevándolo a un plano de irracionalidad incondicional, le hacen caer en trance, y declarar ser su «admirador incondicional»[94].

---

[94] E. Desnoes: pág. 547. Obra citada.

Desnoes queda maravillado ante «el sonido y la furia»[95] de Fidel Castro. Hasta los momentos de obscena violencia contra los intelectuales tanto europeos como latinoamericanos que habían firmado la carta de protesta por la prisión de Padilla (entre los que figuraban García Márquez, Carlos Fuentes y Julio Cortázar) y a quienes Castro llama «latinoamericanos descarados», «libelistas burgueses» y «agentes de la CIA», provocan en Desnoes una suerte de arrobamiento desmedido «Era el *encabronamiento* (sic) que naturalmente sentía», dice, orgulloso de su *macho-macho*.

He subrayado la palabra «encabronamiento» utilizada aquí por Edmundo Desnoes para definir con admiración el estado de ánimo de Fidel Castro, es decir de su super-hombre enfurecido.

Pero dejemos que sea el propio Edmundo Desnoes quien siga explicando su «caso»:

«La ambigüedad de mi reacción es evidente: mi admiración por Fidel contra viento y marea, no tiene *aparente* justificación, Fidel Castro es un hombre de escasa sensibilidad artística, lo cual podemos detectar desde sus posiciones culturales hasta su estilo retórico pero *sincero* (sic) de *oratoria*. Tal vez sea la fascinación que el *hombre de acción* siempre ejerce sobre el *intelectual*. Soy un admirador incondicional de su genio pragmático»[96]...

He subrayado deliberadamente *hombre de acción e intelectual*. Sustituyamos ahora «hombre de acción» por *macho* e «intelectual» por «*débil*» y veremos con mayor claridad qué es lo que realmente quiere decir (o se quiere decir) Desnoes. Cambiemos ahora la palabra *macho* por *macho-macho* y la palabra débil por *macho-hembra* y tendremos el aberrante binomio «*Castro-Desnoes*». Extraña transverberación que desgraciadamente no se detiene en Desnoes, sino que «traspasa» a miles de macho-hembras seducidos sin «justificación aparente» o incondicionalmente por aquel que da la patada más fuerte.

Algo infantil, primitivo y desamparado (el recuerdo de la manada, el aullido del gran bosque) yace (o subyace) siempre en cada ser humano. Explorar y explotar esta debilidad, ese recuerdo, es tarea y

---

[95] E. Desnoes: pág. 547. Obra citada.

[96] E. Desnoes: pág. 547. Obra citada.

recurso fundamentales para aquellos que tengan como meta convertirse en *machos-machos*, es decir, en dictadores vitalicios dueños de cuerpo alma y hacienda, y de devotos siervos que lo adorarán sin «aparente justificación».

El «Che» Guevara también produce en el ejemplar *macho-hembra* una especie de fascinación místico-erórica. «Si el Che no hubiese existido yo me sentiría moralmente disminuido en un mundo tan corrompido»[97], no vacila en aseverar Edmundo Desnoes. Afirmación que encajaría en cualquier de las sumisas damas medievales «reparadas» por las hazañas de su caballero. En otra parte del libro la adoración de Desnoes hacia el «Che» se hace más íntima, ya se habla ahí de «su contenida ternura», aunque, por si acaso, Desnoes menciona inmediatamente «su moral insobornable»[98]... Si el idioma empleado aquí no fuera tan pobre, el lector podría tener la ilusión, por algunos momentos, de estar leyendo a Santa Teresa de Jesús en sus arrebatos místicos o a Diego de San Pedro en su *Cárcel de amor*.

Por otra parte, esta actitud de fascinación incondicional e irracional de Edmundo Desnoes hacia el bravo que se «encabrona» (como él mismo expresa admirado) es en verdad poco masculina en alguien que alardea de tal condición: «Mi primer derramamiento (sic) fue la mujer»[99], nos dice al comienzo de su epílogo. Esta desatinada pasión (tan mal correspondida) de Edmundo Desnoes hacia Fidel Castro y Ernesto Guevara bien podría desencadenar una nueva *Malquerida* o un tumulto de cuplés cantados al ritmo de incesantes autoflagelaciones.

Desde luego, el verdadero intelectual, el hombre rebelde que cuestiona, investiga, critica y busca, nunca se resignará a esa actitud entre pasiva y mística, sadomasoquista y contemplativa ante el macho de acción «de escasa sensibilidad artística» que ha cautivado «contra viento y marea» a Edmundo Desnoes, a pesar de los repetidos insultos y vejaciones que como hombre de letras ha recibido.

---

[97] E. Desnoes: págs. XVIII y XXV. (Obra citada).

[98] E. Desnoes: págs. XVIII y XXV. (Obra citada).

[99] E. Desnoes: Obra citada, pág. 533.

El visionario y el rebelde, el verdadero creador, no será nunca el caudillo, ni su apologista. Aun cuando controlen todas las editoriales y hayan silenciado –cosa imposible– a todos los poetas.

Pero para Desnoes los poetas no son los visionarios. Ni siquiera un Lezama Lima con *Su noche insular y sus jardines invisibles*, ni siquiera un Virgilio Piñera con su *Isla en peso*, ni el mismo Nicolás Guillén con su *West Indies Ltd...* Nada de eso. El vate no es para Desnoes el visionario, el que vaticina, sino –¿pero acaso el lector ya no lo imagina?–: Fidel Castro y Ernesto Guevara. Sólo ellos dos aparecen en la última sección del libro *Visiones*, que naturalmente cierra la antología por Desnoes confeccionada.

Fidel Castro, quien en 1960 afirmó públicamente que la revolución cubana era «tan verde como las palmas y que nunca perseguiría a nadie por sus ideas políticas», y en 1961 declaró que «había hecho una revolución socialista», se proclamó marxista leninista y llenó hasta los estadiums de prisioneros políticos, aparece en esta antología como un visionario... Ernesto Guevara, quien proclamó la industrialización del país y en cinco años lo sumió en una ruina económica sin precedentes, destruyendo hasta gran parte de la industria azucarera desde hacía más de dos siglos establecida, sin crear solución alguna, es para Desnoes un visionario... Ernesto Guevara, quien dijo que «la culpabilidad (sic) de muchos de nuestros intelectuales y artistas reside en su pecado original (sic); no son auténticamente revolucionarios» y agregó que «las nuevas generaciones vendrán libres del pecado original»[100] es para Edmundo Desnoes a pesar de lo absurdo de este postulado y la retórica catolizante y medival en que va envuelto, un visionario... Fidel Castro quien recibió a Ben-Bella con bombo y platillo y lo proclamó el libertador de Argelia y varios años después le rindió los mismos homenajes a Boumedienne quien había depuesto y confinado a Ben-Bella, es para Desnoes un visionario... Fidel Castro quien en marzo de 1970 declaró que ese año se producirían diez millones de toneladas de azúcar y «ni una libra menos», y un mes después tuvo que admitir que sus cálculos habían fallado, no por una libra sino por

---

[100] Ernesto Che Guevara, *El hombre nuevo* (artículo antologado por Desnoes, pág. 528).

más de un millón de toneladas, es para Edmundo Desnoes un visionario.

Las pruebas de la falta de visión (tanto económica como política) de Fidel Castro son tan vastas que abrumarían a cualquier lector. Habría que repasar el periódico *Granma* día a día, desde su creación hasta la fecha. Castigo tan desmesurado que nadie se atrevería a imponerle ni a su enemigo más fiel.

Tanto la falta de visión de Ernesto Guevara como de Fidel Castro y su ambición desmesurada, han arruinado al país en todos los sentidos. Ya para 1970 la sucesiva cadena de torpezas cometidas culminó en el desplome absoluto de la economía de la Isla y la total entrega a la Unión Soviética (incluyendo hombres y territorios) quien a cambio envía desde el otro extremo del globo barcos con jabones, papas, sal y otros artículos que antes se producían libremente en el suelo cubano y que ahora, por constancia de la torpeza, el pueblo sólo puede adquirirlos eventualmente, luego de largas colas y previa presentación de la libreta de racionamiento.

O la admiración de Desnoes por Fidel Castro «contra viento y marea» es verdaderamente un caso paranoico, o Desnoes confunde *visiones* con *alucinaciones*. O...

12. De Edmundo Pérez a Edmundo Desnoes

El legítimo nombre de Edmundo Desnoes es Edmundo Pérez, por ser éste el apellido de su padre, de nacionalidad cubana. Pero Edmundo renunció al mismo, tomando el *Desnoes* de su madre (jamaiquina de origen británico) en un intento desesperado por dejar de ser «un Pérez cualquiera»... A este «mundo tan corrompido» al que alude Edmundo Pérez, digo, Desnoes, tan *cándidamente*, él también aporta su pequeña contribución, al renunciar a lo único que lo vinculaba directamente con Cuba en aras de una fulguración menos modesta, aunque fuese desde el punto de vista de su gentilicio.

Pues aunque es naturalmente, Fidel Castro la primera estrella de esta antología de la literatura cubana –hace su entrada cinco veces y cierra el «evento final» en la sección *visiones*–, Desnoes (¿o Pérez?) se autorreserva un generoso espacio para su ego hipertrofiado en relación a su talento... Bajo la sección *Obsesiones*, Edmundo Desnoes se antologa copiosamente. Luego, en el epílogo, Desnoes (que no es Pérez ni se escribe igual) nos inserta otro de sus cuentos, escrito, según sus propias palabras al sentirse «*calado hondamente*[101] por el Ché Guevara»... Me parece muy acertado que Desnoes se antologue bajo el epígrafe de *obsesiones*, ya que este libro es, entre otras cosas peores, una suerte de *obsesión pasional* hacia Fidel Castro y Ernesto Guevara –cuando Fidel Castro se encabrona e insulta a los mejores intelectuales latinoamericanos llamándolos descarados, Desnoes se estremece de admiración; cuando Ernesto Guevara habla de la «culpabilidad de nuestros intelectuales» y de su «pecado original» Desnoes descubre en ese hombre que lo insulta «una contenida ternura»...

Pero lo más sorprendente no lo constituye solamente esta suma de obsesiones pasionales de Desnoes ni su «generosa» autoinclusión en la antología, lo más sorprendente es que Edmundo Desnoes se hace a sí mismo su autoapología y su epitafio glorioso: «Desnoes será recordado por la comunidad intelectual –dentro y fuera de Cuba– por su coraje (sic) al mantenerse fiel al diálogo humano en una época polarizada»[102]. Eso escribe el mismo Desnoes hablando de Edmundo Desnoes en la antología por Edmundo Desnoes confeccionada... Esa fidelidad al «diálogo humano» consiste, en la práctica, en lo que, en buen cubano se llama estar con Dios y con el Diablo. Es decir, vivir en Estados Unidos, disfrutar de las ventajas que puede ofrecer un país democrático, ocupar «la prestigiosa cátedra de Montgomerey Professor en Dartmouth College», viajar y ofrecer conferencias, pero a la vez mantener relaciones *estrechamente amistosas con el amo violento de su país natal, poder ir hasta de paseo a la Isla y traficar con la demogogia de un sistema que no vacila en ametrallar o quien intente abandonarlo, pero que a la vez se proclama redentor de la humanidad –amparado en la mejor red de propaganda del mundo y en un terror eficiente...*

En realidad lo que se necesita para vivir en un país democrático y hacerle el juego a la dictadura castrista, es no tener ningún tipo de coraje. Los perseguidores no son los funcionarios de esa democracia

---

[101]   E. Desnoes: Obra citada, pág. 545.

[102]   E. Desnoes: Obra citada, pág. 434.

que se ataca, sino los enemigos de la misma, quienes, naturalmente, apoyarán y protegerán a sus aliados. Precisamente por carecer de todo coraje, Desnoes no tiene nada que temer. Aquí, en Estados Unidos, no tendrá que cortar caña, ni hacer guardias obligatorias, ni padecer la libreta de racionamiento, ni sufrir las humillaciones de la censura ni escuchar insultantes e infinitos discursos altisonantes. Sí podrá, sin embargo, recoger los frutos (siempre jugosos) de quien trafica con los esclavos... Lo que predomina actualmente en la literatura norteamericana es la mediocridad, el complejo de culpa, la autoflagelación, la impotencia trascendental y la bobería. Desnoes, quien gusta emplear repetidamente el verbo *exorcizar*, es posible que pueda ahora publicar sus obras anteriormente rechazadas y hasta que encuentre un pequeño público, tanto entre los que no tienen el coraje para desarrollarse como seres humanos como entre los miles de adoctrinados (y bien pagados) en el oficio de socavar (no de perfeccionar) la libertad.

Hoy, y siempre, mantenerse «fiel al diálogo» con los dictadores y los asesinos no implica ningún coraje; sino más bien una actitud negligente y en gran medida criminal. Este diálogo, esa neutralidad (diálogo y neutralidad que en la práctica son apoyos partidistas) con lo que sucede en Cuba, es además de una falacia, un acto imposible, como imposible es ser neutral ante los campos de exterminios de Hitler y los Goulag de Stalin. ¿Acaso se puede ser imparcial ante seis millones de judíos asfixiándose en cámaras letales o ante treinta millones de rusos fusilados a razón de mil por día? ¿O ante la situación actual de Cuba, donde más del diez por ciento de la población se encuentra en el exilio y el resto está literalmente cautivo y amordazado además de hambriento?... Desconfiemos siempre de los que tratan de mantener un diálogo o neutralidad con los esbirros, esos resultan siempre sus mejores agentes. No olvidemos que los que están dentro del campo no tienen ni opción ni diálogo y ni siquiera pueden ser neutrales.

«En la práctica» –se limita a decir Desnoes, refiriéndose a la situación actual en Cuba– «topamos con algunos *detalles* tal vez no absueltos por la historia»[103]... Quizás entre esos «detalles» haya que

---

[103] E. Desnoes: Obra citada, pág. 534.

incluir a los niños fusilados, a los diez mil ochocientos cubanos que en cuarenta y ocho horas se asilaron en una embajada, a las ciento treinta mil personas que en tres meses se lanzaron al mar huyendo del terror, al millón y pico de cubanos que ya estaban en el exilio, a los cien mil cubanos enviados por orden de la Unión Soviética a combatir en África, a los campos de trabajo forzados, a las cárceles repletas (al Combinado del Este en su totalidad) y a territorios cubanos convertidos oficialmente en territorio ruso para instalación de armas estratégicas. Realmente dudamos que tantas cosas puedan quedar cubiertas con la palabra «detalles».

Pasando ahora a un terreno menos dramático, detengámonos ante la visión casi angélica que sobre su propia persona intenta proyectarnos Desnoes en esta su «autoapología». No olvidemos que esta obra se desarrolla en el medioevo, es decir en la Cuba actual. Es requisito obligado que todo caballero medieval sea casto, varonil, valiente, dogmático, fiel a su Señor y amante de una dama única. «Mi primer derramamiento fue la mujer. Toda la cultura del ambiente y algunos instintos desembocaron en Gloria»[104]... Es de agradecer que Desnoes sustituya aquí al menos a Genoveva o Marfisa por un nombre más a la moda: Gloria.

Pero sigamos al trote de nuestro caballero: «Devoré novelas que no he vuelto a leer. A los veintiún años publiqué mis primeros garabatos gracias a la generosidad interesada (sic) de José Lezama Lima»[105]... Notemos aquí el encuentro de la «caperucita» con el «lobo feroz» naturalmente «interesado» en la fugacidad de esos veintiún años. «Entonces –sigue la voz candorosa de Caperuza, digo de Edmundo Pérez; digo, de Edmundo Desnoes:– «comprendí aquello (sic) de que no existe nada químicamente puro... Había despertado el interés del poeta más puro (por idealista) en medio de la podredumbre cubana de los años cincuenta, pero mi torpe literatura resultó una mercancía despreciable. Más valor tenía mi juventud, al menos valor de uso»[106].

---

[104] E. Desnoes: Obra citada, pág. 533.

[105] E. Desnoes: Obra citada, pág. 533.

[106] E. Desnoes: Obra citada, pág. 533.

Con esta cita que viene a ser precisamente la 69[107] (truculencias del azar) termina Desnoes este párrafo de su «epílogo». El lector queda en vilo. ¿Qué pasará? (o mejor dicho: ¿qué no pasó?): ¿Devorará el Lobo Feroz a la Caperucita? (¿la devoró?), ¿o logrará mantener, como la sin par Genoveva de Bradamante, su codiciada virginidad? ¿Se trastocaron las monedas y la «mercancía de cambio» no resultó ser finalmente, como parece sugerirnos Desnoes, su «torpe literatura»...?

Pero las páginas sonoras de *La Novela del Aire* –aunque quizás se trata de *Flor de fango*, o *El lirio del pantano* (no olvidemos que Desnoes dice encontrarse «en medio de la podredumbre»)– siguen cayendo: «Mis primeras inclinaciones fueron sentimentales y literarias, religión, verdad o vanidad»[108].

Para no ser demasiado indiscretos, dejamos a Desnoes con sus confesiones encerradas en un paréntesis. Aunque no podemos olvidar que a todas éstas estamos ante «una suma de literatura de la revolución», lo que no impide que Desnoes usurpe buena parte del prólogo y del epílogo hablando de sus «primeras inclinaciones», su «primer derramamiento» y sus «ajustes parciales y confusos».

En verdad, Desnoes muestra aquí un talento especial para el melodrama o el «dramón». Frases como «moral insobornable y contenida ternura»[109], «rito de peregrinaje revolucionario con el llamado de la carne»[110], hubieran hecho las delicias de un Vargas Vila o de nuestra profusa Caridad Bravo Adams...

Aunque a primera vista resulta inexplicable, Desnoes altera en su antología hasta sus propios datos biográficos. Así, en los mismos se consigna que de 1961 a 1966 es redactor de Arte y Literatura para la Editorial Nacional de Cuba y El Instituto Cubano del Libro. Sin embargo, el Instituto Cubano del Libro fue creado en 1966, al clausurarse la Editorial Nacional de Cuba. Fue por esta fecha cuando Des-

---

[107] Nota del Editor: En la edición original de *Necesidad de Libertad* la cita correspondía a la número 69.

[108] E. Desnoes: Obra citada, pág. 533.

[109] E. Desnoes: Obra citada, pág. XVIII.

[110] E. Desnoes: Obra citada, pág. XXII.

noes pasó al Instituto del Libro y no con el cargo de «redactor» como se biografía él mismo, sino como jefe, junto con Ambrosio Fornet, de la sección de Arte y Literatura. Allí estuvo Desnoes hasta 1970, siendo también miembro del consejo editorial de La Casa de las Américas y *Asesor de la Comisión de Orientación(?) Revolucionaria...* Desnoes no explica en qué consistían esas «orientaciones revolucionarias» que él asesoraba. Tampoco nos dice nada acerca de esa «comisión». Lo cierto es que al Desnoes adulterar las fechas, adelantando así su separación del Instituto Cubano del Libro, lo que quiere es evadir sus vínculos con la época en la que en la cultura cubana se implantó en forma permanente y «legalizada» el método stalinista. Lo insólito (y a la vez simpático) es que si nos regimos por esas fechas, Desnoes trabajó en un organismo antes de que el mismo existiera y se retiró cuando fue creado... No en balde Desnoes se apresura a abrir su libro con «un prólogo no para cubanos»[111].

13. Conclusiones

Obviamente *Los dispositivos en la flor* es un libro hecho para ser publicado fuera de Cuba, aunque concebido dentro de la Isla. La autorización oficial dada a Edmundo Desnoes por el gobierno cubano para poder viajar al extranjero (no en calidad de exiliado) implicaba la estrategia de la edición y difusión de esta obra en Estados Unidos y América Latina. La inclusión de un corto número de autores exiliados (solamente tres) se ha hecho teniendo en cuenta que este es un libro para lectores extranjeros a los cuales hay que ofrecerles una visión optimista, pero a la vez aceptable, de la cultura y la política bajo el castrismo. Hubiese sido demasiado burdo el hecho de que en esta «antología» no figurasen (aunque neutralizados) algunos nombres del exilio.

Por otra parte, la publicación de este libro en Cuba hubiese sido además de imposible, ineficaz. Ineficaz, ya que hasta ante los lectores *más ingenuos* se habría evidenciado la orientación oficial del mismo —en Cuba editar libros es una tarea que está sólo a cargo del Estado—;

---

[111] E. Desnoes: Obra citada, pág. XXV.

imposible, pues a los lectores cubanos les está terminantemente prohibido leer textos de sus compatriotas del exilio. Eso entra bajo el «delito» de «diversionismo ideológico», y se castiga naturalmente con la cárcel... Sí, evidentemente estamos de acuerdo con Desnoes en afirmar que este es un libro «no para cubanos». Tanto los cubanos que están en la Isla como en el exilio conocen muy bien (por padecerla o haberla padecido) la situación que allí impera. A ninguno, Desnoes podría endilgarle la tesis de que «allí las aguas recobraron su nivel» como textualmente expresa en el «No es un prólogo para cubanos».

En realidad, por todo lo antes expuesto –y por mucho más–, la represión, las depuraciones, la militarización, la miseria, la persecución, la discriminación, la tortura, el chantaje y el crimen, no sólo se han incrementado en Cuba, sino que se han *institucionalizado a la manera soviética*, es decir, a través de una burocracia y un terror hasta ahora no superados en la historia de la humanidad.

La creación de un inmenso aparato burocrático-represivo, destinado a fiscalizar y centralizar toda la cultura cubana, dirigido además por un miembro del Buró Político y del Comité Central del Partido Comunista, no puede «revitalizar» –como afirma Desnoes– esa cultura. Y no puede ser *revitalizada* por esa vía, porque, sencillamente, la creación literaria, la cultura en general, es en sí misma un acto de curiosidad y rebeldía, enemigo irreconciliable de todo comisario político u aparato oficial, quienes tienen como finalidad controlar y mantener esa cultura en un puño. El destino de la literatura, y del arte en general, bajo los quisquillosos y policiales sistemas totalitarios, es el de desaparecer o volverse una actividad subterránea, altamente punible por esos funcionarios «revitalizadores»; de los cuales Edmundo Desnoes forma parte... Ya la Historia se ha encargado de constatarlo. El pueblo ruso que, aún bajo los torpes y férreos mecanismos de los zares, dio un Tolstoi, un Dostoyevski, un Chejov y un Turgueniev (para sólo nombrar cuatro), no ha podido no ya igualar esas figuras bajo el totalitarismo comunista, sino ni siquiera continuar la rica tradición literaria que ellos dejaron... Dostoyevski bajo el sistema actual hubiese sido ingresado a perpetuidad en un manicomio. De surgir un Shakespeare en el bloque comunista sería –como certeramente escribió el joven Miguel

Correa—[112] «un callado jornalero»... Y eso en el mejor de los casos, pues si sus sonetos eróticos hubiesen llegado a manos del Presidente del Consejo Nacional de Cultura, el viejo William habría ido a dar con sus huesos a la UMAP o a cualquier otro campo de trabajo forzado para homosexuales.

Lo que se propone el libro de Edmundo Desnoes es una empresa imposible: rehabilitar veinte años de tiranía y torpeza mediante la distorsión, la omisión y la mentira. A veces los intentos de Desnoes resultan casi patéticos, como cuando tiene que hacerle la apología a Manuel Cofiño por su novela *La última mujer y el próximo combate*; otros, son verdaderamente irritantes y malignos, como cuando dice que «Fidel Castro respaldó con algunas reservas la intervención de las tropas del Pacto de Varsovia en Checoslovaquia»[113] —nótese aquí cómo el lenguaje, en función de una infamia, adquiere una retórica oficial-burocrática: Desnoes no dice *la invasión soviética a Checoslovaquia*, sino «la intervención de las tropas del Pacto de Varsovia», con lo cual el crimen (la invasión armada a un país) parece quedar obnubilado tras una fraseología casi abstracta... —En esa breve línea descubrimos lo que Lezama llamaba en Desnoes «su malignidad y su afán filisteo»[114] y lo que Neruda brillantemente señaló (al referirse a la carta por Desnoes y Retamar redactada) como «una bola de malversaciones ideológicas»[115]. Primero, Desnoes trata de trasladar la invasión de los tanques soviéticos a Checoslovaquia a una especie de fundación mesiánica extraterritorial llamada «las tropas del Pacto de Varsovia» (nótese que la Unión Soviética ni siquiera se menciona). Segundo, Desnoes intenta a toda costa proteger la imagen de Fidel Castro como «caudillo independiente», desvinculado del bloque soviético, quien «con reservas» apoya la intervención de «las Tropas del Pacto de Varsovia en Checoslovaquia». Esta tendenciosa adulteración de

---

[112] Miguel Correa, *La universidad en Cuba*, ensayo publicado en *Noticias de Arte*, New York, noviembre de 1981.

[113] E. Desnoes: Obra citada, pág. 546.

[114] José Lezama Lima, *Paradiso* (pág. 34), Ediciones de la flor, Argentina, 1966.

[115] Pablo Neruda: Obra citada.

Desnoes a un acontecimiento histórico reciente y fácil de probar parece indicar que sus ideas sobre el pueblo norteamericano no es que éste sea tonto, sino irremediablemente idiota... En realidad lo que Fidel Castro planteó abiertamente en su discurso sobre la invasión rusa a Checoslovaquia el 23 de agosto de 1968 fue, no solamente su apoyo incondicional a esa invasión, sino también la petición explícita a la Unión Soviética de que, en circunstancias semejantes, es decir en caso de una «Primavera de Praga» en Cuba, los tanques soviéticos invadiesen, sin vacilar, a la Isla. Para demostrar que esto fue así, sólo hay que limitarse a transcribir textualmente (con perdón del lector) el discurso de Fidel Castro:

«Empezó a desatarse allí en Checoslovaquia una verdadera furia liberal: empezaron a surgir toda una serie de consignas políticas en favor de la formación de partidos de oposición... Y nuestro punto de vista es que no es permisible y que el campo socialista *tiene derecho a impedirlo de una forma o de otra*»[116].

Vemos ahí como Fidel Castro se manifiesta contrario a toda *actitud liberal* –como buen dictador, conservador y reaccionario– y cómo ante la posibilidad de la creación de un partido de oposición expresa que *eso debe impedirse de una forma o de otra* (sic). Los hombres liberales de Estados Unidos y del mundo entero ya pueden ir nominando (si es que les falta) su enemigo número uno... Por otra parte, volviendo al discurso citado, quisiéramos saber dónde encontró Desnoes las «ciertas reservas» de Fidel Castro a la invasión a Checoslovaquia, cuando de acuerdo con lo que acabamos de leer, el dictador cubano no solamente aprueba la invasión de los tanques rusos sino «cualquier otra forma»...

Pero sigamos repasando su discurso hasta llegar a este párrafo final y concluyente que ningún cubano, ningún ser humano (que se considere como tal) debe pasar por alto:

«Ahora bien, las dos preguntas a nuestro juicio más importantes. En la declaración de *Tass*, al explicar la decisión de los gobiernos del Pacto de Varsovia, en sus últimos párrafos se declara: *Los países hermanos oponen firme y resueltamente su solidaridad inquebranta-*

---

[116] Fidel Castro, Discurso pronunciado el 23 de agosto de 1968.

ble a cualquier amenaza del exterior. *Nunca se permitirá a nadie arrancar ni un solo eslabón de la comunidad de estados socialistas*: y nosotros nos preguntamos: ¿esta declaración incluye a Viet-Nam ¿Esta declaración incluye a Corea? ¿Esta declaración incluye a Cuba? ¿Se considera o no a Viet-Nam, a Corea y a Cuba eslabones del campo socialista que no podrán ser arrancados por los imperialistas?»

«En aras de esta declaración se enviaron las divisiones del Pacto de Varsovia a Checoslovaquia. Y nosotros nos preguntamos: ¿serán enviadas también las divisiones del Pacto de Varsovia a Viet-Nam si los imperialistas yanquis acrecientan su agresión contra ese país y el pueblo de Viet-Nam solicita de esa ayuda? ¿Se enviarán también las divisiones del Pacto de Varsovia a la República Democrática de Corea si los imperialistas yanquis atacan ese país? *Se enviarán las divisiones del Pacto de Varsovia a Cuba* si los imperialistas yanquis atacan a nuestro país, o *incluso ante la amenaza de ataque de los imperialistas yanquis a nuestro país,* si *nuestro país lo solicita?»*[117] –Naturalmente, cuando Fidel Castro dice «nuestro país» se refiere a su propia persona.

Después de haber leído este discurso, a nadie le puede quedar la menor duda de cuál fue la actitud de Fidel Castro ante la invasión soviética a Checoslovaquia. –Véase cómo también Fidel Castro echa mano a los malabarismos de la retórica en boga por la burocracia oficial: aquí no se habla ya de tanques rusos, ni siquiera de «las tropas del Pacto de Varsovia»; sino de «divisiones del Pacto de Varsovia»; de este modo la supermoderna maquinaria de guerra que invadió a Checoslovaquia queda reducida a una especie de entidad invisible, una «división» que forma parte de un «pacto», y que no parece ser capaz de matar ni a una mosca... El cinismo llega aquí a grados cimeros cuando Fidel Castro afirma que el pueblo checo pidió ser invadido por los tanques rusos, y todo naturalmente por culpa de «los imperialistas yanquis»...

Pero si leemos con atención el texto vemos que Fidel Castro no sólo pide abiertamente la invasión de las tropas rusas a Cuba en el caso de una confrontación con Estados Unidos, o en el caso de que el pueblo cubano en actitud desesperada y suicida se rebele abiertamen-

---

[117] Fidel Castro: Discurso pronunciado el 23 de agosto de 1968.

te; sino por adelantado, antes de que estas cosas sucedan, cito textualmente: «incluso ante la amenaza de ataque».

Es por todo el pueblo cubano conocido (y padecido) el hecho de que Fidel Castro mantiene hacia los Estados Unidos una actitud de belicismo histérico y aspavientoso. Incesantemente anuncia invasiones extranjeras (que nunca arriban) con el fin de mantener al pueblo bajo su control absoluto. Ese estado de «alerta de combate», prolongado por veinte años, le es propicio para desplegar cualquier tipo de represión y para mantener al país bajo una minuciosa militarización.

Fidel Castro no vacila en adjudicarle a los Estados Unidos todo tipo de fechorías (hasta las por él mismo realizadas). Dentro de ese catálogo incluye plagas de tifus e influenzas, enfermedades contagiosas y mortales contraídas por sus tropas en África y Asia, hambrunas, sequías, mortandad de cerdos, aves y peces: enfermedades de las plantas, proliferaciones de mosquitos y hasta la manifestación de un simple catarro... Todo eso, aunque parezca el capítulo de una novela fantástica, no es más que un somero resumen de sus últimos discursos...

En fin, ya que Castro augura siempre un ataque inminente y apocalíptico proveniente del Norte, de hecho está siempre pidiendo –de acuerdo con el discurso que acabamos de leer– la invasión de las tropas soviéticas a Cuba.

La doctrina Brezhniev (la de los eslabones comunistas bien engrampados) le viene como anillo al dedo.

Es realmente lamentable que, en «esta suma», Edmundo Desnoes no haya incluido el discurso de Fidel Castro pronunciado el 23 de agosto de 1968, en apoyo incondicional a la invasión soviética a Checoslovaquia y solicitando la invasión a Cuba. Después de todo, ya que había antologado a Fidel Castro cinco veces, una vez más no importaba... Pero naturalmente la imagen de un Fidel Castro más prosoviético que el mismo Brezhniev y más obediente que la misma Bulgaria, no era apropiada en un libro hecho para el mundo occidental, donde aún es moneda de cambio una revolución cubana contraria a todos los imperios, independiente de la Unión Soviética y enemiga de los Estados Unidos. Esa falacia tan fácil de rebatir (bastaría leerse los discursos de Fidel Castro) sirve aún de piedra de toque para que escritores tan *diplomáticos y cautelosos* (con sus intereses) como

Carlos Fuentes manifiesten su apoyo a la más sórdida y larga de las dictaduras que ha padecido el pueblo cubano.

Pero, si es probable que ese pueblo tenga que soportar por muchos años más a Fidel Castro (quien lleva ya 22 en el poder), es seguro que Fidel Castro tendrá que resignarse (a pesar de los oportunistas izquierdistas de lujo) a pasar a la Historia como lo que es: *un dictador al servicio de una potencia extranjera.* Como en gran medida lo fueron Fulgencio Batista y Gerardo Machado. Que esa potencia sea hoy la Unión Soviética y no los Estados Unidos resulta tan insignificante para la Historia, como lo es para el prisionero el hecho de que el candado de su celda sea un *yale* o un *leningrad.*

Por otra parte, tampoco es cierto que a Fidel Castro sólo le quedara una salida: caer de rodillas ante el bloque soviético. Desde 1961, luego de la ligera ayuda de Estados Unidos a los cubanos anticastristas, Estados Unidos no ha vuelto a apoyar ningún intento de rebelión similar. Lejos de ello, más bien ha impedido cualquier intento. El tan cacareado bloqueo contra Cuba ha pasado a ser una superficial y manida justificación de Fidel Castro ante cualquier problema económico o político por él mismo creado. Cuba castrista o «socialista» ha comerciado con el mundo entero, incluyendo a países altamente industrializados como Francia, y Canadá y otros en proceso de industrialización como España, México, Grecia además de China, Argelia y todo el Bloque Soviético. Justificar la entrega de la Isla de Cuba a la Unión Soviética alegando que Fidel Castro no tenía otra solución –como abiertamente hace el Señor Carmelo Mesa Lago en su libro *Dialéctica de la Revolución Cubana*– es como afirmar que en Cuba el café, la malanga, la sal y el azúcar están estrictamente racionados por culpa del bloqueo norteamericano. Esa es una actitud que de tan ingenua se vuelve sospechosa...

La conversión de Cuba en la más fiel, la más armada, la más represiva y la más pobre de las colonias soviéticas, se puede resumir en dos palabras: *ambición y torpeza*; y esas dos palabras en una sola figura: Fidel Castro.

Esa ambición, ese delirio de grandeza, han hecho que Fidel Castro ensoberbecido y envanecido, no se conformase con ser parte de la revolución que hizo el pueblo; sino que ha querido ser el conquistador de dos continentes, América Latina y África, además del amo absoluto de un país, Cuba. Casi todas las figuras importantes que lo rodeaban, desde Camilo Cienfuegos hasta Ernesto Guevara, desde Húber Matos hasta Carlos Franqui, desde el comandante Menoyo hasta Haydeé Santamaría, han sido eliminadas o se han tenido que eliminar por una u otra vía –muerte, suicidio, fusilamiento, prisión o exilio– del aparato del poder que sólo Fidel Castro tolera manipular.

Para intentar realizar su delirio imperialista y napoléonico, Castro ha tenido que alistarse (y con él todo el país) a una gran potencia que no podía ser otra que la Unión Soviética, siempre capaz de acoger en su redil a todo aquel que le haga una mueca a los Estados Unidos. Metido, pues, en las patas de este caballo, Fidel Castro ha convertido la Isla en una base de cohetes atómicos, por cuya avenida central desfila Brezhniev.

Esa ambición de poder va unida a una descomunal torpeza para ejercerlo y por lo tanto desarrollar el país. Fracasos (previstos por los técnicos) como «la zafra de los diez millones» que nunca se produjeron y que sumieron al país en casi absoluto monocultivo contrario a las ideas de todos los cubanos ilustres a través de toda la Historia; planes gigantescos y delirantes como *El Cordón de La Habana*, que tenía como meta convertir la ciudad en un inmenso cafetal; supresión de la propiedad privada hasta en sus manifestaciones más insignificantes, y otros centenares de teorías castristas, fatídicamente puestas en práctica, han llevado a Cuba a lo que es hoy: el único país del mundo donde la cuota de alimentación es tres veces menor que la que recibían los esclavos doscientos años atrás. Para comprobar lo expuesto basta consultar las estadísticas.

La revolución cubana hubiese podido haber tomado otro camino si se hubiese contado con el pueblo; si Fidel Castro hubiese pensado, no en su delirante ambición de grandeza personal, sino en una solución colectiva, democrática e independiente y en un desarrollo económico. Es doblemente lamentable, patético y hasta criminal que una revolución que contaba con el apoyo de casi todo el pueblo, y con el beneplácito del mundo en general, haya degenerado en lo que es hoy: una prisión para forzados donde el mismo pueblo, despavorido, se lanza al mar en cualquier artefacto flotante, pereciendo muchas veces ahogado o ametrallado.

Una verdadera suma de la revolución cubana no se podría concebir si no muestra todo eso, y mucho menos una suma literaria, cuando en realidad casi todos los escritores cubanos están hoy en el exilio, en la tumba o en la cárcel. Pero el libro de Edmundo Desnoes no pretende mostrar ni sumar; sino ocultar, restar y escoltar (distorsionar) lo que presenta.

Que no ha surgido una gran literatura dentro del castrismo. No importa, nos dice, Desnoes agitando banderas, el Instituto Cubano de Arte e Industria Cinematográfica ha hecho en veintiún años dos a tres películas aceptables, siguiendo la pauta oficial, entre ellas *Memorias del Subdesarrollo* de la cual, naturalmente, yo soy su autor intelectual... Que la poesía sea cada vez peor; que la canción popular haya desaparecido, que nuestra verdadera continuación pictórica ya no exista: Albricias, albricias, grita Desnoes lleno de optimismo, todo ha culminado en el «transitorio affiche»[118], donde naturalmente se refleja la imagen de Fidel Castro... Que Lezama Lima haya muerto en el más burdo de los ostracismos: pero bueno, arguye Desnoes pleno de goce, de todos modos el periódico declaró que «era una sensible pérdida»... Que Virgilio Piñera haya desaparecido «repentinamente», conjuntamente con casi toda su obra, inédita desde hacía más de diez años: Sí, sí, dice Desnoes, pero ahora tenemos novelas policiales «donde inclusive aparecen los agentes de la Seguridad del Estado y demuestran que la contrarrevolución nunca paga»[119]... y obras como *El comandante veneno*, de Manuel Pereyra que comienza, qué maravilla, con un exergo de... Fidel Castro, y «donde se copian formas felices de García Márquez y logra encajárselas (sic) al tema de la alfabetización»[120]... Que Heberto Padilla fuese torturado, humillado y vejado, vejando así a todos los intelectuales cubanos; que adolescentes de quince años sean fusilados; que las depuraciones estudiantiles y los campos de trabajo forzado se hayan incrementado en los últimos cinco años; que tengamos por primera vez una prisión como *El Combinado del Este*, imponente ciudad con altos edificios como nunca se ha construido

---

[118] E. Desnoes: Obra citada, pág. 552.

[119] E. Desnoes: Obra citada, pág. 550.

[120] E. Desnoes: Obra citada, pág. 550.

para los obreros; que diez mil ochocientos cubanos, a riesgo de su vida invadan una embajada en cuarenta y ocho horas; que ciento treinta mil personas se lancen al mar en fuga desesperada, sólo en tres meses; que Fidel Castro pida por adelantado la invasión de los tanques rusos contra el pueblo cubano; que el mismo Fidel Castro ataque la embajada del Ecuador y haga desaparecer impunemente a los hombres, mujeres y niños que se encontraban en ese territorio extranjero; que un poeta paralítico se pudra desde hace veinte años en una celda y sólo pueda ser liberado por la influencia política de un socialista francés... Nada de esto amedrenta la amamantada, sádica, optimista y nada ambigua actitud de Edmundo (Perez) Desnoes hacia el castrismo. Y si no, que lo diga él mismo con sus propias palabras.

«Mi admiración por Fidel contra viento y marea no tiene *aparente* justificación»[121]. Y no olviden que he subrayado la palabra *aparente*.

Cuba –la Cuba de Fidel Castro– hace ya muchos años que dejó de ser la solitaria y heroica Isla desasida y abandonada a los embates de los Estados Unidos y empeñada a todo trance en construir un mundo feliz, como tan «candorosamente» nos quiere mostrar Edmundo Desnoes.

Cuba es hoy por hoy la primera potencia militar en América Latina y el ama de llaves de la Unión Soviética en esas tierras y en África.

Cuba ha enviado a África más de cien mil soldados –cifra conservadora, pues la ha suministrado el propio Fidel Castro en uno de sus discursos.

Cuba, la más fiel de las provincias soviéticas, mantiene escuelas de adoctrinamiento marxista y de preparación militar y terrorista, tanto para jóvenes latinoamericanos como asiáticos y africanos.

Cuba es el único país del mundo donde el servicio militar obligatorio comienza a los trece años (prerreclutamiento), prosigue a los diecisiete (reclutamiento) y continúa hasta los cincuenta años (reserva militar).

Cuba es el único país del mundo donde la atención médica hay que pagarla directamente con sangre y por adelantado. Así, para ingresar actualmente en un hospital cubano (todos bajo control estatal), el

---

[121] E. Desnoes: Obra citada, pág. 547.

paciente tiene que «donar» como mínimo quinientos gramos de sangre, la cual pasa a un llamado «banco de sangre» que puede enviarla a los soldados que invaden África o Asia, o a cualquier otro lugar del mundo donde la Unión Soviética lo estipule.

Cuba es uno de los pocos lugares del mundo –quizás el único– donde la educación se paga con trabajo físico en la agricultura. Todo estudiante, desde la enseñanza primaria, debe ingresar en lo que se llama «la escuela al campo», que consiste en grandes naves situadas en el centro de las plantaciones agrícolas, donde se trabaja desde las seis de la mañana hasta la una de la tarde, y luego, a partir de las dos, se reciben las clases, que consisten, hasta un noventa por ciento, en adoctrinamiento político, y el resto en aprender los rudimentos necesarios para servir al sistema en la rama que éste lo solicite. El estudiante, además, de tener que trabajar obligatoriamente, no tiene ningún tipo de opción acorde con su sensibilidad, inquietudes o afinidades intelectuales.

Cuba –la Cuba de Fidel Castro– es el único país del mundo que cuenta, entre otras, con las siguientes leyes represivas: *La Ley de Peligrosidad* (bajo la que entran todos los intelectuales, la mayor parte de la población negra, los judíos, los que tengan ideas religiosas, los que hayan cumplido una condena, y en fin cualquier persona con un rasgo vital distintivo); *La Ley de la Predelincuencia*, (bajo la cual se condena a la persona antes de realizar el delito, por la «sospecha» de que pueda cometerlo); *La Ley del Diversionismo Ideológico*, (bajo la cual es condenada hasta con quince años de cárcel toda persona que difiera de la ideología oficial bajo cualquier tipo de manifestación); *La Ley del Desarrollo Normal de la Familia y de la Juventud* (con la cual el Estado se toma las prerrogativas «morales» y «legales» para orientar y vigilar a cada miembro de la familia, y determinar, en última instancia, si es digno de seguir transitando por las calles o debe transladársele a «un campo de rehabilitación»...); *La Ley contra la Extravagancia* (escudándose en esta insólita ley el Estado dicta las pautas oficiales a lo relativo a la manera de vestirse, peinarse, hablar y hasta la manera de caminar y de «comportarse» de cada ser humano, en cualquiera de sus manifestaciones personales. Un joven que se deje el pelo largo, alguien que se desabotone la camisa, otro que quiera salir en short a la calle, comenten el delito de «extravagancia»...)

Cuba es uno de los pocos países del mundo donde la pena de muerte se aplica a los jóvenes de dieciséis años y donde los fusilamientos son cosa cotidiana.

Cuba, la más fiel de las provincias soviéticas, hace veintiún años que mantiene bajo riguroso racionamiento los artículos y víveres que ella misma produce (desde la carne, vegetales, frutas, leche, azúcar, hasta la sal..., los cuales son exportados) en tanto que puede darse el lujo de mantener un MINISTERIO PARA LA CONSTRUCCIÓN EN EL EXTRANJERO, y de fabricar un país y anexárselo políticamente como intentó hacer con la isla de Granada.

Cuba mantiene una incesante infiltración ideológica y terrorista en Europa, América Latina, Asia, África y Estados Unidos, a través de agentes e instituciones supuestamente culturales o turísticas, que no son más que focos de propaganda y de reclutamiento. Cuba auspicia incesantes congresos, patrocina revistas, periódicos, teatros y editoriales internacionales, organiza ferias y eventos mundiales al costo de millones de dólares, como el llamado «Festival Mundial de la Juventud y de los Estudiantes», el congreso de los llamados «países no alineados», la «Tricontinental» y cientos de actividades más, dedicadas específicamente a exaltar a la Unión Soviética y atacar a los Estados Unidos y todas las instituciones verdaderamente democráticas.

Cuba tiene un personal especializado en el desvío de aviones internacionales, lanchas superrápidas que custodian incesantemente las costas para que nadie pueda escapar y ciudades-prisiones como la ya mencionada de *El Combinado del Este.*

Cuba mantiene una discriminación taimada e implacable contra toda minoría racial o religiosa (desde el judío, hasta el Testigo de Jehová) y sostiene una élite militar obediente y represiva, que usufructúa las mejores viviendas, los mejores repartos, las mejores escuelas, los mejores productos (ofrecidos en tiendas exclusivas) los mejores hoteles, el mejor transporte, las mejores playas, que son, otra vez privadas y (por primera vez) custodiadas por militares armados, como el *antiguo Miramar Yacht Club y el Comodoro.*

Cuba es quizás el único lugar del mundo donde la entrega de los premios literarios es también una tarea de las Fuerzas Armadas y del Ministerio del Interior, a través de los concursos de las FAR (Fuerzas

Armadas Revolucionarias) y del MINIT (Ministero del Interior). Cuba es uno de los pocos países del mundo donde la creación artística no pertenece ya a su autor sino al Estado (Fidel Castro) a través de un organismo oficial llamado el CENDA (Centro Nacional de Derechos de Autor).

Cuba, es decir, Fidel Castro y la Unión Soviética, puede fabricar una figura literaria a nivel mundial, como han hecho con Gabriel García Márquez y hasta con autores tan irrelevantes como Eduardo Galeano, y puede destruir a autores verdaderamente notables como sucedió con Virgilio Piñera, Manuel Hernández, Óscar Hurtado, Nelson Rodríguez... Ellos otorgan los premios, los viajes, las gratificaciones, las medallas y las apologías. Ellos inventan crímenes y dictan sentencias, planifican el futuro, modifican el pasado, desestabilizan el presente, eliminan por una u otra vía a sus enemigos y finalmente se proclaman virtuosos abanderados del porvenir. El control que sobre el ser humano tiene el actual sistema totalitario, al estilo soviético, es el más sofisticado e implacable que ha conocido la humanidad. Su ejército, tanto visible como solapado, está diseminado ya por el mundo entero.

Dentro de esa eficacia militar, esta «antología» de Edmundo Desnoes viene a ser una escaramuza menor y defectuosa. Indirectamente sin embargo, *Los dispositivos en la flor* puede ser de gran utilidad para cualquier lector inteligente, ya sea éste cubano o no: El libro pone en evidencia una grandeza y una torpeza.

La grandeza de un sistema es la del verdaderamente democrático, que aún puede albergar a sus enemigos irreconciliables y a los resentidos y frustrados por derecho propio, permitiéndoles que lo ataquen directamente, que vivan además a sus expensas y que trafiquen con el producto de ese ataque... La torpeza es la del exilio cubano, que si bien en casi todos los campos ha mantenido una actitud y una voluntad admirables, no cuenta sin embargo con verdaderas editoriales y órganos de difusión capaces de antologar, publicar y revalorizar a toda la cultura cubana, (cultura que ha sido casi siempre una manifestación del exilio), olvidando que una identidad nacional, un grupo étnico, un pueblo se define, permanece y trasciende por su creación artística... En tanto que un libro como esta «suma» de Edmundo Desnoes ve la luz a sólo unos meses de estar el autor en Estados Unidos —celeridad digna de tomarse en cuenta–, en lujosa edición y en el mismo centro cultural del país.

Que ese libro se haya editado aquí demuestra claramente que los dispositivos ya no están en la flor, sino en lugares más estratégicos y eficaces y que apuntan directamente hacia su objetivo fundamental: hacia el norte, hacia los Estados Unidos.

(Nueva York, 1982)

PRIMERA CARTA DE LOS INTELECTUALES EUROPEOS Y LATINOAMERICANOS A FIDEL CASTRO

(Esta carta apareció en francés en el periódico *Le Monde* el 9 de abril de 1971).

Comandante Fidel Castro
Primer Ministro del Gobierno Revolucionario

Los abajo firmantes, solidarios con los principios y objetivos de la Revolución Cubana, le dirigimos la presente para expresar nuestra inquietud debida al encarcelamiento del poeta y escritor Heberto Padilla y pedirle reexamine la situación que este arresto ha creado.

Como el gobierno cubano hasta el momento no ha proporcionado información alguna relacionada con este arresto, tememos la reaparición de una tendencia sectaria mucho más violenta y peligrosa que la denunciada por usted en marzo de 1962, y a la cual el Comandante Che Guevara aludió en distintas ocasiones al denunciar la supresión del derecho de crítica dentro del seno de la Revolución.

En estos momentos –cuando se instaura en Chile un gobierno socialista y cuando la nueva situación creada en el Perú y Bolivia facilita la ruptura del bloqueo criminal impuesto a Cuba por el imperialismo norteamericano– el uso de medidas represivas contra intelectuales y escritores quienes han ejercido el derecho de crítica dentro de la Revolución, puede únicamente tener repercusiones sumamente negativas entre las fuerzas anti-imperialistas del mundo entero, y muy especialmente en la América Latina, para quienes la Revolución Cubana representa un símbolo y estandarte.

Al agradecerle la atención que se sirva prestar a nuestra petición, reafirmamos nuestra solidaridad con los principios que inspiraron la lucha en la Sierra Maestra y que el gobierno revolucionario de Cuba ha expresado tantas veces por medio de las palabras y acciones de su Primer Ministro, del comandante Ché Guevara y de tantos otros dirigentes revolucionarios.

Firman (Lista de «Le Monde», abril 9, 1971):

Carlos Barral, Simone de Beauvoir, Italo Calvino, José María Castellet, Fernando Claudín, Julio Cortázar, Jean Daniel, Marguerite Duras, Hans Magnus Enzensberger, Jean-Pierre Faye, Carlos Franqui, Carlos Fuentes, Gabriel García Márquez, Juan Goytisolo, Luis Goytisolo, Alain Jouffroy, André Pieyre de Mandiargues, Joyce Mansour, Dionys Mascolo, Alberto Moravia, Maurice Nadezu, Hélene Parmelin, Octavio Paz, Anne Philipe, Pignon, Jean Pronteau, Rebeyrolles, Rossana Rossanda, Francisco Rossi, Claude Roy, Jean-Paul Sartre, Jorge Semprún, Mario Vargas Llosa.

FIDEL CASTRO:

DISCURSO DE CLAUSURA DEL PRIMER CONGRESO NACIONAL DE EDUCACIÓN Y CULTURA (30 DE ABRIL DE 1971)

(FRAGMENTO)

Texto tomado de la revista *Casa de las Américas*, Año IX, No. 65-66 (mayo-junio, 1971), pp. 21-33.

A veces se han impreso determinados libros. El número no importa. Por cuestión de principios hay algunos libros de los cuales no se debe publicar ni un ejemplar, ni un capítulo, ni una página, ¡ni una letra!

Claro está que tenemos que tener en cuenta el aprendizaje, nuestro aprendizaje. Claro está que en el transcurso de estos años hemos ido cada día conociendo mejor el mundo y sus personajes. Algunos de esos personajes fueron retratados aquí con nítidos y subidos colores. Como aquellos que hasta trataron de presentarse como simpatizantes de la Revolución, ¡entre los cuales había cada pájaro de cuenta! Pero que ya conocemos, y nuestra experiencia servirá para los demás, y servirá para los países latinoamericanos, y servirá para los países asiáticos y los países africanos.

Hemos descubierto esa otra forma sutil de colonización que muchas veces subsiste y pretende subsistir al imperialismo económico, al colonialismo, y es el imperialismo cultural, el colonialismo político, mal que hemos descubierto ampliamente. Que tuvo aquí algunas manifestaciones, que no vale la pena ni detenerse a hablar de eso. Creemos que el Congreso y sus acuerdos son más que suficientes para aplastar como con una catapulta esas corrientes.

Porque en definitiva, en Europa, si usted lee un periódico burgués liberal de Europa, y en Europa, para ellos los problemas de este país, no, no son los problemas de un país a noventa millas de los Estados Unidos, amenazado por los aviones, las escuadras, los millones de soldados del imperialismo, sus armas químicas, bacteriológicas, convencionales y de todo tipo. No es el país librando una épica batalla contra ese imperio que nos quiere hundir y bloquear por todas partes, ¡no! No son estos problemas que nos plantean las condiciones de un país subdesarrollado, que tiene que librar su sustento en condiciones difíciles. No son los problemas de los más de dos millones de niños y jóvenes o de estudiantes que tenemos que atender, llevarles libros, materiales, lápices, ropa, zapatos, muebles, pupitres, pizarras, medios audiovisuales, tizas, alimentos en muchas ocasiones –puesto que tenemos medio millón aproximadamente que comen en las escuelas–, aulas, edificaciones, ropa, zapatos. ¡No! Para esos señores que viven aquel mundo tan irreal estos no son problemas, esto no existe.

Hay que estar locos de remate, adormecidos hasta el infinito, marginados de la realidad del mundo, para creer que estos no son nuestros problemas, para ignorar estos reales problemas que tenemos nosotros, que van desde el libro de texto, el medio audiovisual, el programa, la articulación de los programas, los métodos de enseñanza, los niveles, las preparaciones, etcétera, etcétera, etcétera. Y creen que los problemas de este país pueden ser los problemas de dos o tres ovejas descarriadas, que puedan tener algunos problemas con la Revolución porque «no les dan el derecho» a seguir sembrando el veneno, la insidia y la intriga en la Revolución.

Por eso, cuando trabajábamos en estos días en el Congreso, algunos decían que seguramente a eso me iba a referir yo esta noche. Pero,

¿por qué? ¿Por qué tengo que referirme a esas basuras? ¿Por qué tenemos que elevar a la categoría de problemas de este país problemas que no son problemas para este país? ¿Por qué, señores liberales burgueses? ¿Acaso no sienten y no palpan lo que opina y lo que expresa la masa de millones de trabajadores y campesinos, de millones de estudiantes, de millones de familias, de millones de profesores y maestros, que saben de sobra cuáles son sus verdaderos y fundamentales problemas?

Algunas cuestiones relacionadas con chismografía intelectual no han aparecido en nuestros periódicos. Entonces: «¡Qué problema, qué crisis, qué misterio, que no aparecen en los periódicos!» Es que, señores liberales burgueses, estas cuestiones son demasiado intranscendentes, demasiado basura para que ocupen la atención de nuestros trabajadores y las páginas de nuestros periódicos.

Nuestros problemas son otros. Y ya aparecerán las historias, y ya aparecerán los problemillas en alguna revista literaria: más que suficiente. Y algún rato de ocio, de aburrimiento –si es que cabe– lo puede dedicar el público como un entretenimiento o como una ilustración útil a esas cuestiones que quieren a toda costa que las elevemos a la categoría de problemas importantes.

Porque ellos allá, todos esos periódicos reaccionarios, burgueses, pagados por el imperialismo, corrompidos hasta la médula de los huesos, a mil millas de distancia de los problemas de esta Revolución y de los países como el nuestro, creen que ésos son los problemas. ¡No!, señores burgueses: nuestros problemas son los problemas del subdesarrollo y cómo salirnos del atraso en que nos dejaron ustedes, los explotadores, los imperialistas, los colonialistas; cómo defendernos del problema del criminal intercambio desigual, del saqueo de siglos. Esos son nuestros problemas.

¿Y los otros problemas? Si a cualquiera de esos «agentillos» del colonialismo cultural lo presentamos nada más que en este Congreso, creo que hay que usar la Policía, no obstante lo cívicos y lo disciplinados que son nuestros trabajadores y que son estos delegados al Congreso. No se pueden ni traer, eso lo sabe todo el mundo. Así es. Por el desprecio profundo que se ha manifestado incesantemente sobre todas estas cuestiones.

De manera que me he querido referir a esto para explicarles el por qué a los liberales burgueses.

Están en guerra contra nosotros. ¡Qué bueno! ¡Qué magnífico! Se van a desenmascarar y se van a quedar desnudos hasta los tobillos. Están en guerra, sí, contra el país que mantiene una posición como la de Cuba, a noventa millas de los Estados Unidos, sin una sola concesión, sin el menor asomo de claudicación, y que forma parte de todo un mundo integrado por cientos de millones que no podrán servir de pretexto a los seudoizquierdistas descarados que quieren ganar laureles viviendo en París, en Londres, en Roma. Algunos de ellos son latinoamericanos descarados, que en vez de estar allí en la trinchera de combate, en la trinchera de combate, viven en los salones burgueses, a diez mil millas de los problemas, usufructuando un poquito de la fama que ganaron cuando en una primera fase fueron capaces de expresar algo de los problemas latinoamericanos. Pero lo que es con Cuba, a Cuba no la podrán volver a utilizar jamás, ¡jamás!, ni defendiéndola. Cuando nos vayan a defender les vamos a decir: «No nos defiendan, compadres, por favor, no nos defiendan». «¡No nos conviene que nos defiendan»! «¡No nos conviene que nos defiendan!», les diremos.

Y desde luego, como se acordó por el Congreso, ¿concursitos aquí para venir a hacer el papel de jueces? ¡No! ¡Para hacer el papel de jueces hay que ser aquí revolucionarios de verdad, intelectuales de verdad, combatientes de verdad! Y para volver a recibir un premio, en concurso nacional o internacional, tiene que ser revolucionario de verdad, escritor de verdad, poeta de verdad, revolucionario de verdad. Eso está claro. Y más claro que el agua. Y las revistas y concursos, no aptos para farsantes. Y tendrán cabida los escritores revolucionarios, esos que desde París ellos desprecian, porque los miran como unos aprendices, como unos pobrecitos y unos infelices que no tienen fama internacional. Y esos señores buscan la fama, aunque sea la peor fama: pero siempre tratan, desde luego, si fuera posible, la mejor.

Tendrán cabida ahora aquí, y sin contemplación de ninguna clase ni vacilaciones, ni medias tintas, ni paños calientes, tendrán cabida únicamente los revolucionarios.

Ya saben, señores intelectuales burgueses y libelistas burgueses y agentes de la CIA y de las inteligencias del imperialismo, es decir, de los servicios de Inteligencia, de espionaje del imperialismo: en Cuba no tendrán entrada, ¡no tendrán entrada!, como no se la damos a UPI y a AP. ¡Cerrada la entrada indefinidamente, por tiempo indefinido y por tiempo infinito!

Eso es todo lo que tenemos que decir al respecto.

SEGUNDA CARTA DE LOS INTELECTUALES EUROPEOS Y LATINOAMERICANOS A FIDEL CASTRO

(Esta carta apareció por primera vez en el diario «Madrid», del 21 de mayo de 1971).

París, mayo 20, 1971

Comandante Fidel Castro
Primer Ministro del Gobierno Cubano

Creemos un deber comunicarle nuestra vergüenza y nuestra cólera. El lastimoso texto de la confesión que ha firmado Heberto Padilla sólo puede haberse obtenido por medio de métodos que son la negación de la legalidad y la justicia revolucionarias. El contenido y la forma de dicha confesión, con sus acusaciones absurdas y afirmaciones delirantes, así como el acto celebrado en la UNEAC, en el cual el propio Padilla y los compañeros Belkis Cuza, Díaz Martínez, César López y Pablo Armando Fernández se sometieron a una penosa mascarada de autocrítica, recuerda los momentos más sórdidos de la época stalinista, sus juicios prefabricados y sus cacerías de brujas.

Con la misma vehemencia con que hemos defendido desde el primer día la Revolución Cubana, que nos parecía ejemplar en su respeto al ser humano y en su lucha por su liberación, lo exhortamos a evitar a Cuba el oscurantismo dogmático, la xenofobia cultural y el sistema represivo que impuso el stalinismo en los países socialistas, y del que fueron manifestaciones flagrantes sucesos similares a los que están sucediendo en Cuba.

El desprecio a la dignidad humana que supone forzar a un hombre a acusarse ridículamente de las peores traiciones y vilezas no nos alarma por tratarse de un escritor, sino porque cualquier compañero cubano –campesino, obrero, técnico o intelectual– pueda ser también víctima de una violencia y una humillación parecidas. Quisiéramos que la Revolución Cubana volviera a ser lo que en un momento nos hizo considerarla un modelo dentro del socialismo.

Firman:

Claribel Alegría, Simone de Beauvoir, Fernando Benítez, Jacques-Laurent Rost, Italo Calvino, José María Castellet, Fernando Claudín, Tamara Deutscher, Roger Dosse, Marguerite Duras, Giulio Einaudi, Hans Magnus Enzensberger, Francisco Fernández Santos, Darwin Flakoll, Jean Michel Fossey, Carlos Franqui, Carlos Fuentes, Ángel González, Adriano González León, André Gortz, José Agustín Goytisolo, Juan Goytisolo, Luis Goytisolo, Rodolfo Hinostroza, Mervin Jones, Monti Johnstone, Monique Langue, Michel Leiris, Mario Vargas Llosa, Lucio Magri, Joyce Mansour, Daci Maraini, Juan Marsé, Dionys Mascolo, Plinio Mendoza, István Meszaris, Ray Miliban, Carlos Monsiváis, Marco Antonio Montes de Oca, Alberto Moravia, Maurice Nadeau, José Emilio Pacheco, Pier Paolo Pasolini, Ricardo Porro, Jean Pronteau, Paul Rebeyrolles, Alain Resnais, José Revueltas, Rossana Rossanda, Vicente Rojo, Claude Roy, Juan Rulfo, Nathalie Sarraute, Jean Paul Sartre, Jorge Semprún, Jean Shuster, Susan Sontag, Lorenzo Tornabuoni, José Miguel Ullán, José Ángel Valente.

EL ASALTO

REINALDO ARENAS

EDICIONES UNIVERSAL

VII

EPÍLOGOS

Nueva York, abril 9 de 1983

Señor Gabriel García Márquez, C. de M.
Palacio Presidencial
Bogotá. Colombia

Respetable fabulista:

Numerosos escritores allegados a su persona me han informado lo que gracias a usted es ya *vox populi*; que su amigo íntimo, el señor Fidel Castro, le comunicó que yo me había ido de Cuba por problemas absolutamente personales y que para ilustrar esta información sacó de su amplio pecho y le mostró a usted una carta de amor dirigida a él y firmada por mí... De ninguna manera pretendo desmentir aquí la existencia de esa carta comentada internacionalmente por usted. Todo lo contrario: la carta existe y fue entregada por mí a los agentes del Ministerio del Interior de Cuba, como salvoconducto para obtener mi salida del país. Como evidentemente las relaciones de usted con la policía secreta de Cuba son muy estrechas, quizás podría usted mismo enviarme una fotocopia de dicha carta para insertarla en un libro que estoy preparando. De esta manera, al aparecer la carta publicada en varios países, se ahorraría usted la tarea encomendada por su comandante. De lo contrario, y por su culpa, me veré precisado a reconstruir de memoria aquel texto, reconstrucción que, naturalmente, carecerá del ímpetu y la pasión del original. Así pues, como el excelente periodista que ha sido usted, le ruego no prive a los lectores de dicho documento.

Sin más, atentamente,

Reinaldo Arenas .

Nota del autor: Como García Márquez no envió la carta pedida, dejamos esta hoja en blanco con la esperanza de algún día poder publicar el texto.

UNO

Un largo viaje
de Mariel a Nueva York

C UANDO la pequeña embarcación (un bote de veinticinco pies) salió del Mariel, una sensación no de alegría pero sí de inmenso descanso invadió a los treinta viajeros, que hambrientos y apelmazados partíamos. Atrás quedaban veinte años de nuestras novidas, vividos bajo una misma consigna, un mismo estado, una miseria y una represión siempre en aumento incesante. Veinte años de los cuales los últimos diez (cifra conservadora) podrían resumirse en un sólo año, en un sólo día, en un sólo instante presente, incesante, reiterativo, fatigoso e ineludible. Instante que de un fogonazo se transformaba y abolía la mitad de nuestra vida... El tripulante y dueño de la ilusoria embarcación llamada «San Lázaro», a quien le habían llenado el bote de desconocidos –nosotros–, permitiéndole sólo traer una tía y dos primos, de toda la familia reclamada por la que había hecho el viaje y se había arruinado, nos cuenta aún alterado cómo vio pasar a cuchillo a un miliciano de guardia, quien en el momento en que salían las embarcaciones rumbo a Cayo Hueso soltó el rifle y se lanzó al agua intentando también marcharse. Veloces guardacostas del litoral le dieron alcance, y, para no alarmar con disparos a la inmensa población flotante (unas tres mil embarcaciones ancladas en el puerto) lo calaron a ballonetazos sobre las aguas.

Aún escoltados, salimos ya al mar abierto. Por la mañana nos recibe y arrastra, en incesante torbellino, la Corriente del Golfo que atraviesa el estrecho de la Florida; corriente que no es corriente, sino torrente enfurecido; estrecho que no es tal, al menos para quien como nosotros lo atrevesamos en una pequeña y bamboleante embarcación que ahora (tres de la tarde), sin mayores trámites, se rompe (se le apaga) el motor... ¿Qué estadísticas? –¿compiladas acaso por la UNESCO?– podrán enumerar la cifra exacta de cadáveres que yacen (o mejor dicho fluyen y se deshacen) en el fondo de esta corriente? ¿Diez mil?, ¿treinta mil? La aleta de un tiburón, que rápida emerge y vuelve a desaparecer cerca de nosotros, no quiere –discreta– darnos el número exacto... La selva sigue fluyendo, arrastrándonos, no precisamente a la Florida, sino al Océano Atlántico. Por fortuna, la radio de la embarcación funciona y nuestro improvisado y temerario capitán (primera vez que coge un timón) no cesa de enviar señales de SOS. Algunas embarcaciones repletas pasan cerca de nosotros, diciéndonos adiós. Nadie, en estos momentos, está para perder tiempo... Como no queda otra alternativa que esperar a que alguien nos rescate, nos dedicamos a vomitar la bilis (lo único que nos quedaba dentro) mientras nos balanceamos aferrados unos a los otros y nos dirigimos algunas palabras. El viajero que viene pegado a mí, se niega rotundamente a aceptar la teoría de que vamos hacia la Florida. «USA, USA», le gritan, pero él no admite no sólo que vayamos para USA, ni siquiera que exista un lugar llamado así. Emite extraños ronquidos, alza los brazos y mira, en otro mundo (¿el de la demencia?, ¿el de la inocencia?), el mar que se nos abalanza. Así, desistimos de intentar hacerle entrar en razón comprendiendo que el pobre hombre desde hace mucho tiempo la ha perdido, y que, precisamente por eso, había ido a parar, (lo habían llevado) del manicomio, a aquella tabla que se bamboleaba, junto con algún pícaro acribillado de tatuajes, y –la gran mayoría– gente, jóvenes, viejos, mujeres, que se las habían agenciado, entre pedradas y golpes, para conseguir el salvoconducto liberador. La inquietud mayor de uno de ellos (un muchacho) es que, aunque lo llevaron con toda su familia hasta el Mariel, sólo a él lo embarcaron, y ahora no sabía si su madre y demás parientes vendrían en otro bote, o dónde habían ido a parar.

Al oscurecer, agotada la bilis, solamente arqueamos. En el horizonte aparece un helicóptero; desciende. Nos tira unas cuantas fotos y se marcha. El viejo «que se hizo pasar por delincuente» se desmaya. Todos, aferrados a cualquier objeto, nos recluimos un poco en nuestras propias calamidades. Sólo el hombre que no sabe a dónde va, alza los brazos –en su mundo– y sostiene sus ininteligibles gemidos. A media noche, un enorme barco con el estimulante nombre de *Vigorosus II* se nos acerca, conducido por el helicóptero. Es un guardacostas norteamericano. Que ya tira sus botes-salvavidas al agua, que ya llegan hasta nosotros, que ya nos transportan, que ya, subidos por sogas, nos depositan en la cubierta. Los enfermos de cuidado son transportados por el helicóptero que aterriza y despega sobre el mismo guardacostas. Su tripulación, en su mayoría puertorriqueña, nos recibe con júbilo. Podemos secarnos, tomar algo caliente, comer... Así pasamos la madrugada, y al día siguiente (el tercero de nuestra travesía) estamos ya frente a Key West.

Amalgama de voces, cuerpos sudorosos y sucios, pies descalzos, bocas en su mayoría desdentadas, abrazos. Un pueblo entero que en oleadas desciende y atraviesa, harapiento, los primeros pasillos, las primeras improvisadas oficinas de inmigración. Raro, el que hable algo de inglés. El mismo español a veces sólo se balbucea: logros irrefutables de la educación en la Cuba actual... Ciento treinta mil personas lanzándose, como ganado en estampida, al mar; llegando los más afortunados al otro lado, para volver (intentar) de nuevo nacer, comenzar, tratar, urgentemente, desgarradoramente, de recuperar, veinte, quince, diez años perdidos.

¿Qué es lo más conmovedor? ¿Qué es lo que, sometido a un survey de la N.V.S. el *New York Times*, o *Selecciones*, señalaría usted, distinguidísimo ciudadano, como lo más patético?

Las manos. En Cayo Hueso, en las bases militares convertidas transitoriamente en campos de refugiados, en los estadios convertidos en albergues, en todos los sitios por los cuales multitudinariamente pasamos, por encima de los gritos de *vivas* y *libertad*, brazos y abrazos, lo más patético son esas manos, manos, por lo general enflaquecidas, afanadas en coleccionar hamburguesas, bocaditos, perros calientes; para irlos a guardar (*de reserva*) bajo las literas. Imposible hacerles comprender a los dueños de esas manos que ya no es necesario tomar tales precauciones, que ya no es necesario almacenar, acaparar, guardar comida para cuando se acabe. Que los alimentos no son aquí artículos que se «sacan» eventualmente y que *al instante* desaparecen. Imposible hacerles ver (por ahora) que bastaría sencillamente con ir al mostrador y pedir otro «hamburger» cuando tengan hambre. Veinte años bajo la urgencia de la sobrevida, bajo la inseguridad de mantener esa sobrevida, bajo la desconfianza, el escepticismo o la mera burla, ante cualquier promesa que implique asegurarnos la sobrevida, no se olvidan así como así. Por eso, ellos siguen en otro tiempo, –allá–, ahora, llenando jabas de perros calientes y escondiéndolas debajo de la cama. No se trata de ambición o egoísmo, se trata, sencillamente, de un hambre y una desconfianza antiguas. De haber tenido –padecido– una racionalización rigurosa, una estricta libreta de racionamiento, donde aún lo racionado casi nunca podía obtenerse... Alguien da la voz de «alerta, la ropa». Y allá van, allá vamos, despotricados. Uno intenta colarse en la fila. Breve altercado en el tumulto... No es fácil, no es fácil adaptarse –comprender– a la seguridad, el orden, cuando desde siempre se ha vivido en la inseguridad y el desorden. Resulta difícil hacerles ver a los que organizan las donaciones, los que desde hace años viven acá, no lo desagradable, sino lo patético, lo trágico de esos rostros, de esos jóvenes desesperados por acumular hamburgers o coger un pulóver... Miro para mi alrededor y sólo el hombre que aún no sabe que ha llegado a los Estados Unidos –que quizás nunca lo sabrá– se mantiene abstraído, fuera del tumulto («*en babia* y nada menos que ahora», dicen algunos que pasan apresurados, rumbo al *molote*... Sigue haciendo gestos desconcertantes y produciendo ese ruido como de gemido, apagado, lejano, bocarriba, tirado en la cama, sin preocuparse siquiera por comer, a pesar de mis insistencias...

La voz de Olga Guillot inunda ahora todo el stadium –u Orange Bowl– repleto, no de turistas, no de visitantes endomingados con sus autos parqueados en el gran parque, no de hispanos residentes; sino de un mar de gente averiada, esquilmada, magra –unos con piernas rotas, ya enyesadas, otros exhibiendo orondos una camisa nueva y desproporcionada a su talla–. Esa voz, y el mar de gente extasiado, cautivado, escuchando. Esa voz –allá, también, prohibida– ronca y desgarrada, en el recuerdo navegando, una vez más identificándonos. Nuevamente congregados para empezar.

Esa voz –y ya andamos por las calles– intentando reconstruir un tiempo, sosteniendo un tiempo, una época, una ciudad, unas noches, una ilusión, que ya sólo en el timbre que la emite y en los emocionados que escuchan existe. Esa voz y los que la escuchan, los que pueden escucharla, ya en la otra ciudad, en Miami, re-edificando un mundo que hace mucho tiempo se derrumbó... Un pueblo entero intentando reconstruir una ciudad que ya no existe, un pueblo entero fregando platos, conduciendo automóviles, manipulando cajas y ladrillos, limpiando escaleras, dirigiendo, ya, bancos, bibliotecas, escuelas, cines y librerías, mercados o supermercados, pero aún dedicados a la terca minuciosa y heroica tarea de reinventar un país. Un pueblo entero tratando de materializar una sombra reinventando un edificio, una fachada, una calle, un parque, un gesto, una voz, un nombre, un lenguaje, un ritmo, un mundo cuyo patrón sólo en el recuerdo existe ya. Una ciudad heroicamente fantasmágorica, mágica, expandiéndose vertiginosa por la arenosa Península, queriendo hacer de la Península una Isla, de la Isla un mito, queriendo a toda costa resucitar el cadáver putrefacto de un fantasma. Una ciudad patética e irreal, heroica e irreal, reinventando, reconstuyendo, remodelando (*caricaturizando*) lo que no existe. Una ciudad patéticamente empecinada, lánzandole al tiempo su heroico y triste desafío... Esa voz, esa voz. ¿Volver a lo que ya no existe? Difícil. ¿Olvidar lo que ya no existe? Imposible.

¿Imposible?

Nueva York no es realmente una ciudad heroica. Es una ciudad auténtica. Su *autenticidad* radica precisamente en su desinterés por esa palabra. Nueva York –y cuando se dice Nueva York, se dice, desde luego, Manhattan– no es una ciudad norteamericana; es, además de eso, china, suramericana, puertorriqueña, negra y alemana, judía, rusa, italiana, cubana... En su fluir incesante, ¿qué rostro puede sorprendernos? ¿qué idioma llamarnos la atención? La inmensa muchedumbre se abalanza de nuevo, y yo con ella –hay que aprovechar el WALK iluminado– yo, pleno, anónimo, auténtico, solo, integrándome a esa desintegración. El corazón de esta ciudad está en ese desconsuelo universalizador, gentil, y febril, apresurado. Para esta muchedumbre desconocida, la amistad es algo más que una palabra; una simple mirada es algo ya digno de tomarse en consideración... Esos trenes que parten cruzando incesantes bajo nosotros, estos edificios que lanzan a las nubes el reto de sus empalmes, ese millón de luces que ahora convierten la Isla en una lámpara gigantesca, ese fluir que no se detiene, esos ríos sobre los cuales parece que incesantemente navegáramos, ese tumulto que se hace y se difumina hacia cines, subways, teatros, bares y bibliotecas, cuevas y torres, parques y avenidas, museos, iglesias, antros, puentes y cementerios, pistas, tiendas y universidades, taxis o quién sabe a dónde demonios, ese torrente que, en hormigueo multicolor y sin igual, se precipita, rápido, rápido, rápido, secretamente nos conmina, nos dice en qué consiste la verdadera, la única sabiduría: *No te detengas*.

(Nueva York, febrero 14 de 1981)

Escritores denuncian labor cubana en E.U.

Con motivo del número especial de la revista *Noticias de Arte*, dedicado a un grupo de escritores y pintores cubanos llegados por el éxodo del Mariel, su director y varios colaboradores hemos recibido llamadas telefónicas hechas por los agentes castristas infiltrados en Estados Unidos en las que se nos amenaza de muerte. Al parecer, Fidel Castro no sólo nos censuró, discriminó, coaccionó o redujo a prisión en la isla, sino que aún acá, en Estados Unidos, pretende desplegar su misma actitud criminal y represiva, como corresponde a un gánster internacional.

Ante esas criminales amenazas, sólo podemos comunicarle al mundo que gozamos de una salud perfecta, que no tenemos aquí ningún enemigo y de que en caso de cualquier accidente, desaparición o muerte ya sabe la opinión pública y la justicia internacional de dónde viene la orden.

No podemos, como el dictador cubano, costearnos una escolta ni comprarnos un chaleco blindado –muchos, ni siquiera un abrigo para el invierno– pero no por eso nos va a intimidar. Si en Cuba no quedaba otra alternativa que padecer la censura, el chantaje o la prisión, ahora estamos, afortunadamente, en un mundo libre, donde ningún dictador podrá impedir que sigamos denunciando las actividades de sus esbirros a sueldo contra la libertad y los que la defienden.

Reinaldo Arenas
Florencio G. Cisneros
Roberto Valero

DOS

Elogio de las furias

DECIR LA verdad ha sido siempre un acto de violencia. En el mundo contemporáneo, en manos ya de dos grandes facciones –una controlada por la barbarie, la otra por la estupidez y la hipocresía–, la verdad, la simple, la escueta, la pura verdad se ha convertido en una palabra subversiva, prohibida o de mal gusto. Se prefiere la caballerosidad canallesca en lugar de la sinceridad y el desenfado... Y así desgraciadamente parece haber sido siempre.

Una brevísima incursión por la literatura universal constata abrumadoramente que el creador, el poseedor de la verdad trascendente, ese que no se avergüenza de contar su vergüenza, ha sido siempre un poseído por las furias. Así, la verdad creadora, la obra de arte, eso que queda después del estruendo y del crimen, de los himnos y los discursos, la pasión y la ilusión, tiene muchas veces como acicate la cólera.

«Canta, oh Diosa, la cólera de Aquiles», dice el primer verso de la Ilíada y esa cólera flamea por todo el poema, justificándolo. Y es que los *griegos armoniosos* –los que desaparecieron hace más de dos mil años– comprendieron que las furias eran señoras muy respetables y las convirtieron en diosas. Esas diosas alimentan todas las tragedias clásicas, el ciclo dramático más monumental de todos los tiempos.

En el medioevo lo más interesante resulta ser el infierno (de Dante) y la furia del Orlando (de Ariosto). Heredero de una furia divina, la cólera de Dios (Jehová), que marcó para siempre al hombre con el estigma de la expulsión del paraíso, el medioevo, con la *violencia de la expulsión y la condena*, da origen al desequilibrio existencial que caracteriza y justifica casi toda la literatura contemporánea. Veamos pues cómo las dos obras que podríamos llamar capitales de toda la cultura universal. *La Ilíada* y la *Biblia*, están marcadas y condicionadas por un acto colérico.

Shakespeare, con la lucidez típica del genio, dice en *Macbeth* que *la vida no es más que un cuento, lleno de ruido y furia, narrado por un idiota*. Esa furia trasciende e ilumina toda la literatura contemporánea. Sin intenciones de confeccionar un catálogo abrumador, basta señalar toda la obra de Faulkner, una de cuyas novelas se titula precisamente *El sonido y la furia*; la novelística de Virginia Woolf, a quien las furias llevaron al suicidio. El análisis de esa violencia suicida, de esa furia incontrolable, obsesionó a Albert Camus, quien en *El hombre rebelde* plantea abiertamente que el único tema que en la filosofía contemporánea vale la pena tratar es el del suicidio. Los más destacados existencialistas fueron traspasados por las furias. Sartre, en sus momentos más lúcidos, confesó que esperaba morir «absolutamente desesperado». Dos de sus libros más logrados, *El muro* y *La náusea* son formidables tributos a la cólera. Esa grandiosa violencia de la mejor literatura francesa (hay otra, la de salón y miriñaque, pomposidad y verborrea) recorre también la poesía desde Villon a Rimbaud. (¿Cómo olvidar su *Estación en el infierno* y su *Barco ebrio*?), culminando naturalmente en Lautréamont... Hay un candor virginal (y enfurecido) en la narrativa de Dostoyewski esperando por un justo análisis: el campo de la violencia y la locura en casi todas sus obras, desde *La casa de los muertos* hasta *Humillados y ofendidos*, sin olvidarnos de *Crimen y castigo* donde el hacha juega un papel nada secundario... ¿Y qué decir de las hermanas Brontë, y de *Cumbres borrascosas*, donde las furias parecen contaminar al mismo cielo?

Lo mejor de la literatura cubana también participa de ese ciclo furioso, impregnando el teatro, la poesía, la prosa y el ensayo. Nuestro primer poema, *El espejo de paciencia*, tiene como argumento la violencia; el rescate del obispo Altamirano de manos de unos piratas por parte del pueblo enfurecido de Bayamo y el castigo a los bandidos. Hasta lo más destacado de la aristocracia habanera en el siglo XIX fue iluminado por un instinto de rebeldía. De la misma Condesa de Merlín leemos que «hay que hablar sin odio, pero sin debilidad» y más adelante escribe que «Cuba es un país de amos y esclavos. El pueblo no existe», palabras realmente violentas para el tiempo y la sociedad en los que la lúcida condesa se desenvolvía... En lo más inspirado de José Martí flagela siempre la cólera, los verbos *romper, destruir, desgarrar*, marcan toda su obra. Ya en su primer alegato y ensayo, *El presidio político en Cuba*, queda claramente demostrado que él es un poseído de las furias; es decir, alguien que quiere a toda costa contar al mundo el horror padecido o que ha visto padecer a los demás. Uno de los poetas más sustanciales de todo el siglo XIX cubano, y creador cuanto a otros escritores, del Modernismo, Julián del Casal, escribió estos versos: «Ansias de aniquilarme sólo siento», resumiendo así su vida desesperada y furiosa, acosado por un medio hostil y provinciano. Y no deja de ser significativo que ese verso haya servido de inspiración para la *Oda a Julián del Casal*, poema mayor de José Lezama Lima, escrito en La Habana en circunstancias más o menos similares a las del poeta anterior.

Las furias, esa dolorosa y desgarrada manera de sentir y expresarse, nunca abandonaron a Virgilio Piñera, sus mejores obras son fulgores desesperados. Baste decir que su primer libro de poemas se llama *Las furias* y que su revista (fundada con Rodríguez Feo) tuvo por título *Ciclón*... Podemos afirmar que en el furioso ciclón literario de América Latina, Cuba marcha a la vanguardia y esto ha sido saludable, pues resulta realmente insólito que un país geográficamente tan pequeño haya dado artistas tan desmesurados.

Pero el resto de América no se queda atrás. En uno de sus mejores libros, Alfonso Reyes recoge el testimonio literario de los Mayas, quienes aspiraban –y así lo cantaban– a «una muerte florida en guerra»... «¿Quién es Pedro Páramo»?, le oímos decir a un personaje en la novela homónima de Juan Rulfo. Al momento alguien responde: «Pedro Páramo es un rencor vivo»... No se ha hecho aún un profundo análisis de la violencia en la obra de Jorge Luis Borges, de hacerse el mismo abarcaría casi toda su poesía y prosa y arrojaría que el más grande de los escritores latinoamericanos de este siglo tuvo como fuente de inspiración los crímenes cometidos en los arrabales de Buenos Aires, el espionaje, la traición, la delación, las ejecuciones, la venganza, la exaltación de un pasado militar y guerrero, el incesto y el suicidio... Ernesto Sábato, su lúcido contemporáneo, escribió: «*Si un creador es profundo, si no practica esa fabricación de best-seller de temporada que hoy reemplaza en su mayor parte aquella misión sagrada que recuerda Jaspers en los trágicos griegos, es por lo tanto un rebelde, es un delegado de las Furias, aún sin saberlo, y por supuesto sin quererlo*».

Recordemos pues la lección de los maestros –tan grandes como para admitir que no todos pueden serlo–: Habiéndolo perdido casi todo, aún un dios invulnerable nos inspira y sostiene, el dios de la cólera. Él nos ha alentado en los momentos de mayor espanto. Gracias a él hemos tenido y tendremos fuerzas para decir eso que no nos permiten decir y somos, nuestro íntimo e intransferible desasosiego, nuestro inexpugnable estupor... Que nos aliente siempre, en un mundo conminado por la estupidez, el oportunismo, la cobardía, la vileza, la bobería y el crimen, la dicha de perecer prisioneros de una indignación legendaria.

(Nueva York, mayo de 1983)

Alexandra Reccio
Nápoli, Italia

Nueva York, agosto 5 de 1983

Señora Alexandra Reccio

Quizás le sorprenda esta carta. Sé de usted por Enrico M. Santí, quien me comunicó cuán defraudada –y hasta indignada– se siente usted porque yo, al fin fuera de Cuba, es decir de la cárcel, puedo decir realmente lo que allí sucede. Usted fue a mi cuchitril de la calle Monserrate 401, en La Habana Vieja, en 1980, con el proyecto de una flamante antología de la literatura oficial cubana, además de un libro de entrevistas «positivas»... Usted, muy bien ataviada, miembro del Partido Comunista de Italia, oficialmente dirigida por Edmundo Pérez Desnoes (¿hubo también algún pequeño romance? Digo «pequeño» y usted sabe, naturalmente, a lo que me refiero...), muy bien albergada y tratada en La Habana, cumplía cabalmente con su misión: dar una imagen idílica y radiante del castrismo, una imagen para ser exportada. Como las mulas cuando van cargadas (con la única diferencia de que las otras mulas van obligadas) llevaba también usted unas enormes orejeras que no le permitían mirar más que hacia un fin «recto» y seguramente bien remunerado. La Habana Vieja en ruinas sucesivas, con sus balcones apuntalados, sus casas derrumbadas, sus mercados cerrados y con miles de familias viviendo en estrictos recovecos como el mío, le pareció «una de las ciudades más bellas del mundo»; la falta de transporte fue un motivo para que usted elogiase «el maravilloso silencio de la ciudad»; la escasez de comida para usted era hasta una medida sanitaria y una «forma de conservar la línea».

Recuerdo –cómo olvidarlo– que mientras en compañía de Vicente Echerri, me comía un huevo duro que usted «generosamente» se negó a compartir, me dijo que Virginia Woolf no era más que «una señora burguesa»... Comprendí en ese momento el grado de bajeza y miseria al que una persona puede llegar cuando es el instrumento (por cualquier razón) de una ideología perversa.

Ese instrumento es usted. Ejemplo típico de mediocridad resentida e insatisfecha, a quien la libertad que disfruta (y combate) le ha servido sólo para reflejar su incapacidad y fracaso. Estando en Cuba no vio las prisiones, no vio el racionamiento, no vio la represión, no vio las colas, no vio la censura, no preguntó por los escritores fusilados, ni los silenciados, ni los exiliados... estando en Cuba no vio usted a Cuba ni preguntó por ella... ¡Un libro sobre Cuba! ¡Qué bonito! Un libro como una tarjeta postal. Escrito por otra militante de *la izquierda festiva*, la que nunca arriesga el pellejo; pero no se pierde una invitación oficial o un congreso con los gastos pagados. Y luego escapar. Y nosotros, allá, en lo más estrecho del embudo, viéndola a usted partir; nosotros, sin poderle ni siquiera decir que también quisiéramos viajar, ver otros mundos, ser (como usted) libres... Nosotros, diciéndole todo lo contrario a lo que sentíamos, a lo que es evidente, a la verdad que no hay que ser ni siquiera demasiado inteligente para descubrir. No tuvo usted ni siquiera la dignidad de preguntarse por qué a Virgilio Piñera no se le publicaba ni una cuartilla, por qué a Lezama Lima se le censuró toda su obra durante los últimos años de su vida; por qué yo mismo no había vuelto a publicar un libro más en Cuba desde 1967. Y todavía se indigna porque ahora yo digo parte de la verdad, toda me sería imposible decirla, aunque viviera sólo para ello, y aún así sólo diría la que yo padecí. Lamento tener que decirle (pero tampoco puedo perder la oportunidad) que como intelectual su actitud resulta aún más vil que la de los funcionarios cubanos, pues ellos al menos están también en el infierno.

Ojalá algún día usted comprenda (o le convenga comprender) que para denunciar una injusticia no es necesario apoyar otra aún peor, y que el único sitio donde el hombre es libre, y por lo tanto es realmente hombre, es aquel donde puede manifestar su desprecio.

Reciba pues sincera y modestamente el mío.

Reinaldo Arenas

TRES

(resumen)

Cuba: ¿Futuro o supervivencia?

U NA MIRADA CREADORA hacia el futuro de Cuba no se puede ni siquiera esbozar, si no lanzamos primero una mirada al presente y al pasado cubanos, a la idiosincrasia de nuestro pueblo y al caso y el posible ocaso de Fidel Castro.

El hecho de haber sido Cuba una de las últimas colonias en independizarse de España, luego de prolongadas e incesantes guerras, motines y alzamientos, hizo madurar en el pueblo cubano renovados conceptos independentistas y nuevos métodos de lucha. En el siglo XIX los exiliados cubanos en los Estados Unidos (representados por cientos de intelectuales y miles de obreros) habían logrado un extraordinario desarrollo cultural y político, a tal punto que la libertad de Cuba fue dirigida y organizada en gran medida desde Nueva York por José Martí.

El siglo XX cubano también ha sido un siglo de tiranías, golpes de estado y revoluciones que, hasta ahora, han desembocado en dictaduras más atroces que aquellas por las cuales habían surgido. Ninguna, sin embargo, de todas las dictaduras padecidas por nuestro pueblo puede igualarse en crueldad, extensión y control con la actual tiranía castrosoviética, que lleva ya 23 años en el poder. A diferencia de las otras dictaduras, ésta se caracteriza no solamente por controlar el presente y planificar el futuro, sino también por borrar el pasado y rehacerlo a su antojo y conveniencia. Para un dictador comunista antes de que él tomara el poder, el mundo es, como en el génesis, una tiniebla desordenada a la que él, cual nuevo Dios, ha de meter en cintura.

Una propaganda bien organizada y bien remunerada se encargará de esparcir a los cuatro vientos las supuestas «maravillas» de este sistema, y un meticuloso y numeroso aparato policial se encargará de amparar y silenciar sus crímenes... Pero la realidad será siempre distinta a la versión oficial que propagandistas, turistas y esbirros auspician. En Cuba lo cierto es que el sistema comunista ha incrementado la miseria y la estupidez, a través de la represión; la falta de información, y la distorsión de lo poco que se informa. Para comprobar lo antes expuesto basta echar una ojeada al periódico *Granma* que sobre los acontecimientos ocurridos en Polonia y el intento de los trabajadores de participar en el poder (es decir sobre un verdadero movimiento socialista) publica la siguiente «información» tomada naturalmente de Moscú: «Estados Unidos (Washington) realiza una instigación directa a los elementos antisocialistas para que incrementen sus actividades antipopulares», y agrega que «E.U. financia a esos grupos antisocialistas y le suministran imprentas y otras instalaciones que son sufragadas por la Agencia Central de Inteligencia, CIA» (*Granma*, 1 agosto 1981). Esta es toda la información que tiene el pueblo cubano sobre lo que está ocurriendo en Polonia... Es bueno recordar que nunca, durante las pasadas y no menos aborrecibles dictaduras, Cuba sufrió una incomunicación y una censura como la que ahora padece.

Durante las pasadas dictaduras, a José Lezama Lima no se le grabaron a mansalva sus conversaciones privadas por miembros de la policía secreta, como tantas veces se le hizo bajo el régimen de Fidel Castro y como consta en el «Caso Padilla»; ni se le censuró su obra como se le hizo en los últimos diez años de su vida bajo el castrismo.

Por otra parte, nunca a Heberto Padilla durante las otras dictaduras se le encerró en una celda ni se le torturó durante 37 días hasta obtener una abjuración de su obra y vida, con métodos tan siniestramente eficaces que hubiesen hecho las delicias de un Torquemada... Durante esas pasadas y aborrecibles dictaduras, Virgilio Piñera no fue conducido a la prisión entre una gigantesca recogida de seres humanos tachados de «antisociables», ni se le confiscaron sus manuscritos, ni se le impidió publicarlos, ni se le prohibió que leyese sus poemas ante un grupo de amigos íntimos. Todo lo cual padeció durante los últimos diez años de su vida. Durante esas pasadas y desde luego despreciables tiranías, aún hubo un margen de indiferencia y de desprecio oficiales, bajo el que pudieron hacer sus obras autores como Lino Novás Calvo, Lydia Cabrera, Carlos Montenegro, Enrique Labrador Ruiz, Fernando Ortiz y hasta el mismo Alejo Carpentier, a quien su militante obediencia a Fidel Castro (pero desde París y bien remunerada) le reportó literariamente un gran desbalance...

La dictadura castrista, hay que decirlo una vez más, no socializó las riquezas, socializó el terror y el hambre, y –lo que es aún más trágico– ha abolido en gran medida la esperanza, es decir el futuro. Porque el futuro en un país comunista no es la consecuencia lógica de los esfuerzos del ser humano, sino el resultado artificial de un plan estatal. Bajo el comunismo el hombre (pero ¿ya no propuse que era anacrónico llamarlo así?) es una oveja o un enemigo. Y si es un enemigo el sistema lo encarcela, fusila o elimina con la pericia, deshumanización y eficacia de una gran maquinaria.

Bajo el castrismo las clases humildes han sido, a la larga, las más perjudicadas, ya que la gran burguesía, por tener recursos o dejar propiedades, pudo marcharse a tiempo. Fidel Castro ha realizado una «reforma agraria», no para darle la tierra al campesino trabajador sino para quitársela al que la tenía y enviarlo como esclavo asalariado a trabajar en las granjas estatales, donde vive en edificios colectivos, estrictamente vigilado, lejos de su paisaje e idiosincrasia. La situación de la juventud no es menos desesperada: o se es un militar o un obrero asalariado en el campo, aún cuando aparentemente se esté estudiando. Cuba castrista es uno de los pocos países del mundo donde la pena de muerte se aplica a los jóvenes de 16 años y donde los fusilamientos son cosas cotidianas. Cuba comunista es el único país del mundo donde un joven, por huir, atravesó el Océano Atlántico sujeto a la rueda de un avión, y el único sitio donde en 72 horas diez mil ochocientas personas se asilan en una embajada, y donde en tres meses 130 mil personas se lanzan huyendo al mar. Embajadas y costas se mantienen estrictamente custodiadas para impedir que todo un pueblo parta en estampida... En cuanto a los obreros (tanto hombres como mujeres) solamente tienen un derecho: trabajar sin protestar, y por un salario que apenas si le alcanza para comer. Un obrero en Cuba no tiene derecho a cambiar de empleo, ni a protestar, ni mucho menos a hacer huelga, siendo el sueldo mínimo de $ 85 al mes. Recientemente varios hombres (hombres y mujeres) por intentar fundar un sindicato o reclamar ciertos derechos fueron condenados a la pena de muerte, pena que se les conmutó, por las protestas internacionales a «sólo» treinta años de cárcel. De más está decir que esa clase obrera hambrienta y amordazada jamás podrá (ni siquiera aspira o sueña) a tomar unas vacaciones en un país extranjero o a tener un automóvil o una casa propia.

Cuba ocupa el primer lugar en América Latina en la escala de suicidios (cifras de las Naciones Unidas).

Esa es la meta, el presente, el «futuro luminoso» del pueblo cubano. Y esa es también la meta –el futuro– que el bloque soviético planifica para todo el género humano.

Porque la meta –el futuro– para un país comunista no es solamente el control absoluto y permanente de los pueblos ya invadidos; sino muy especialmente del resto del mundo; y esto lo deberían tomar muy en cuenta los países democráticos.

A estas alturas esos países democráticos (incluyendo naturalmente los Estados Unidos, y las repúblicas libres de América Latina y de Europa) tienen que plantearse el siguiente dilema: ¿depende de ellos el futuro de Cuba o, por el contrario, depende de Cuba (es decir, de la Unión Soviética) el futuro de ellos?

Creo que la respuesta es elemental. De seguir existiendo en escala ascendente una supremacía militar soviética que ha convertido a Cuba –entre otros muchos satélites– en una base militar imperialista e invasora de una agresividad ilimitada, que entrena ejércitos completos y los envía por toda América Latina, Asia y África, realizando triunfales campañas coloniales, el futuro de los países democráticos (y naturalmente el de los países autoritarios contrarios al dogma marxista) estará, en un tiempo bastante próximo, en manos de la Unión Soviética.

No se trata, pues, solamente de liberar a Cuba, se trata de asegurar la existencia del mundo libre, del hombre como tal. Y ese mundo libre lo constituyen los países democráticos, a pesar de sus defectos, donde no hay campos de concentración, ni archipiélagos Gulag, ni hospitales para los demasiados lúcidos, y donde cada ser humano puede protestar, hacer huelgas, entrar y salir libremente, y desarrollándose en la medida de su capacidad y esfuerzos.

Pero la libertad no se puede defender sólo con protestas diplomáticas, ni mucho menos tirando las armas ante un enemigo que avanza incesantemente. En términos de profundidad, ni la OEA, ni la ONU resolverán nada (aún cuando estén imbuidas de las mejores intenciones, cosa además discutible) pues los procedimientos diplomáticos y democráticos no pueden tener eficacia ante un enemigo que precisamente existe porque ha burlado todos esos procedimientos. Ese enemigo sólo estará satisfecho cuando nos hayamos sometido absolutamente. Una aparente (y nunca verdadera) distensión por parte del mismo sólo sería una tregua para reforzar más su agresividad... Así, pues, ningún tipo de diálogo ni procedimiento democrático, ni pacto, va a detener la invasión terrorista de la Unión Soviética por la simple razón de que si la Unión Soviética existe es sencillamente por ser una potencia invasora. Que los países democráticos no se hayan declarado en estado de guerra no significa que la guerra contra ellos no haya comenzado; significa sencillamente que el enemigo avanza con más comodidad.

Pero, en medio de todo esto, ¿cuál es el futuro del pueblo cubano y por lo tanto de Cuba? ¿Hay un futuro o una supervivencia en los pueblos sometidos al comunismo? ¿Se puede decir que el pueblo ruso, con más de sesenta años de esclavitud y sometimiento, tiene un futuro? ¿No se ofendería un estoniano si le preguntásemos *qué opina usted del futuro de su país?*... Quiero pensar que se puede aún pensar que los pueblos esclavizados por el bloque soviético tienen un futuro. Pero pensarlo solamente no nos ayudaría a vislumbrar ese futuro. Más interesante sería argumentarlo.

Creo que el pueblo cubano ha tenido siempre una gran capacidad de resistencia y de supervivencia, que está tocado –como casi todos los pueblos– por un perenne instinto de rebeldía. Creo que todo hombre está hecho para ser libre y que esa condición esencial se puede demostrar a lo largo de toda la humanidad.

En nuestro caso, esa tradición la amparan desde los indios (que preferían el suicidio colectivo a la esclavitud) hasta los negros cimarrones; desde los intelectuales cubanos (exiliados a lo largo de todo el siglo XIX en Europa, Estados Unidos y México) hasta los torcedores de tabaco que ayudaron a José Martí a preparar la guerra del 95. Esa tradición la amparan hoy en día los miles de cubanos que abarrotan, o han abarrotado, las cárceles de la Isla, desde Ángel Cuadra hasta Julián Portal, desde Armando Valladares hasta Ernesto Díaz Rodríguez... Esa tradición la amparan los intelectuales cubanos más ilustres de este siglo, casi todos actualmente en el exilio: esa tradición la amparan ciudades cubanas completas surgidas fuera de Cuba, como Tampa, Miami y Unión City. Esa tradición la ampara y revitaliza, en fin, un millón de cubanos en el exilio, desde el empleado, el obrero, el profesional que llegaron hace veinte años hasta el último «marielito»[122], que no trae más fortuna y recuerdos que el cúmulo de humillaciones padecidas.

En esa rebeldía sostenida por más de cuatrocientos años, en ese no tolerar la opresión, en ese acto colectivo de libertad, es donde descansa la esperanza de un pueblo y, desde luego, su futuro.

(Nueva York, 1983)

---

[122] Se les llama «marielitos» a los jóvenes cubanos escapados por el puerto de Mariel en la provincia de La Habana durante el éxodo de 1980. La cifra aproximada fue de 130 a 140 mil personas.

Suicide Rates
for Selected Countries

(Per 100,000 population)

Country	Year	Rate	Country	Year	Rate
Romania	1978	66.5	Portugal	1975	8.5
Hungary	1978	43.1	Hong Kong	1978	8.3
East Germany	1970	30.5	U.K., Scotland	1977	8.1
Finland	1974	25.1	U.K., England		
Austria	1978	24.8	and Wales	1977	8.0
Switzerland	1978	23.9	Argentina	1977	7.8
Denmark	1978	23.3	Italy	1972	5.8
West Germany	1978	22.2	Chile	1976	5.7
Czechoslovakia	1976	20.8	Israel	1978	5.6
Sweden	1978	19.0	South Africa (black)	1971	5.6
Luxembourg	1978	18.5	Ireland	1975	4.7
Japan	1978	17.7	U.K., Northern Ireland	1977	4.6
Belgium	1976	16.6	Venezuela	1977	4.6
France	1977	16.5	Costa Rica	1978	4.5
Cuba	1971	15.0	Spain	1975	3.9
South Africa (white)	1971	14.5	Guatemala	1972	3.4
Yugoslavia	1975	13.4	Greece	1978	2.9
Poland	1978	13.3	Ecuador	1975	2.7
Canada	1976	12.8	Panama	1975	2.6
United States	1976	12.5	Turkey	1971	1.9
Iceland	1978	11.6	Peru	1972	1.8
Norway	1977	11.4	Mexico	1975	1.7
Singapore	1978	11.4	Barbados	1975	1.2
Australia	1977	11.1	Philippines	1974	1.1
Uruguay	1978	10.5	Jamaica	1971	1.0
Netherlands	1978	9.7	Bahamas	1975	0.5
Puerto Rico	1977	9.5	Kuwait	1977	0.4
New Zealand	1976	9.2	Jordan	1976	0.2
El Salvador	1971	8.7	Kenya	1970	0.2

Source. *United Nations Demographic Yearbook*, 1979. Figures are latest available.
Soviet Union, Peoples Republic of China and several African countries not reporting

A QUIEN PUEDA INTERESAR

El manuscrito original de este libro integra la colección de Reinaldo Arenas de la Universidad de Princeton, Nueva Jersey, (Departamento de Manuscritos).

REINALDO ARENAS nació en Holguín, Cuba, en 1943. De 1974 a 1976 estuvo confinado en la prisión de El Morro. Salió de Cuba (por el Puerto de El Mariel con otros 125,000 cubanos) en 1980, radicándose en Nueva York. Obtuvo las becas *Cintas* y *Guggenheim*, así como el premio al mejor novelista extranjero publicado en Francia en 1969.

Su obra ha sido traducida al inglés, al francés, al alemán, al italiano, al portugués, al holandés, al japonés, al turco, al polaco, al finés, al sueco y al sistema Braille para ciegos. En 1988 (antes del derrumbe del campo socialista) redactó la primera carta abierta a Fidel Castro, solicitándole un plebiscito. Dicha carta ha obtenido una repercusión mundial (e innumerables variantes) y ha sido firmada por cientos de personalidades, incluyendo nueve Premios Nóbel.

El viernes 7 de diciembre de 1990 puso fin a su vida. En carta enviada al Director del *Diario Las Américas* de Miami, Dr. Horacio Aguirre, se despide escribiendo:

Queridos amigos: debido al estado precario de mi salud y a la terrible depresión sentimental que siento al no poder seguir escribiendo y luchando por la libertad de Cuba, pongo fin a mi vida. En los últimos años, aunque me sentía muy enfermo, he podido terminar mi obra literaria en la cual he trabajado por casi treinta años. Les dejo pues como legado todos mis terrores, pero también la esperanza de que pronto Cuba será libre. Me siento satisfecho con haber podido contribuir aunque modestamente al triunfo de esa libertad. Pongo fin a mi vida voluntariamente porque no puedo seguir trabajando. Ninguna de las personas que me rodean están comprometidas en esta decisión. Sólo hay un responsable: Fidel Castro. Los sufrimientos del exilio, las penas del destierro, la soledad y las enfermedades que haya podido contraer en el destierro seguramente no las hubiera sufrido de haber vivido libre en mi país.

Al pueblo cubano tanto en el exilio como en la isla los exhorto a que sigan luchando por la libertad. Mi mensaje no es un mensaje de derrota, sino de lucha y esperanza.

Cuba será libre. Yo ya lo soy.

Firmado:

Reinaldo Arenas

Algunas obras publicadas de REINALDO ARENAS:

Novelas:
La pentagonía:
 Celestino antes del Alba
 El palacio de las blanquísimas mofetas
 Otra vez el mar
 El color del verano
 El asalto
Otras novelas:
 El mundo alucinante
 Arturo, la estrella más brillante
 Viaje a La Habana
 El portero
 La loma del Ángel

Teatro:
Persecución (Cinco piezas de teatro experimental)

Relatos:
Termina el desfile
La vieja Rosa
Adiós a mamá

Poesías:
El central
Voluntad de vivir manifestándose
Leprosorio (Trilogía poética)

Ensayos:
Necesidad de libertad
Plebiscito a Fidel Castro (en colaboración con Jorge Camacho)

Antes que anochezca (autobiografía)